I0233657

Camino hacia la libertad

Un Perenigraje por la India

Volumen 1

por
Swami Paramatmananda

Mata Amritanandamayi Center, San Ramon
California, Estados Unidos

Camino hacia la Libertad,

Un Peregrinaje por la India — Volumen 1

Publicado por:
Mata Amritanandamayi Center
P.O. Box 613
San Ramon, CA 94583
Estados Unidos

———————— *On the Road to Freedom 1 (Spanish)* ————————

Copyright © 2001 Mata Amritanandamayi Mission Trust, Amritapuri, Kerala 690546, India

Todos los derechos reservados. No se permite la reproducción total o parcial de este libro, ni su incorporación a un sistema informático, ni su transmisión, reproducción, transcripción o traducción a ninguna lengua, en ningún formato y por ninguna editorial.

Primera edición por MA Center: septiembre de 2016

En España: www.amma-spain.org
   fundación@amma-spain.org

En la India:
   inform@amritapuri.org
   www.amritapuri.org

Este libro se ofrece con toda humildad a
Sri Mata Amritanandamayi
Encarnación de la Madre Divina,
con profunda devoción, respeto y alabanzas

gurucaraṇāmbuja nirbhara bhaktaḥ
saṁsārād acirād bhava muktaḥ |
sendriya mānasa niyamād evaṁ
drakṣyasi nijahṛdayastham devam ||

Dedicado por completo a los pies de loto del Gurú, libérate
pronto del proceso de transmigración.

Así, a través de la disciplina de los sentidos y del control
de la mente, mira la Deidad que reside en tu corazón.

Bhaja Govindam v.31

Contenido

Introducción

Este libro ha sido escrito por la insistencia de unos compañeros, buscadores espirituales, a quienes les pareció que mi vida y mis experiencias con algunos de los verdaderos sabios de la India, durante los últimos veintiocho años, serían interesantes y útiles a otros aspirantes que recorren el sendero espiritual. Al oír su petición, inmediatamente recordé las palabras de uno de esos santos que me dijo que sólo un Alma Realizada debería escribir un libro sobre espiritualidad. Si una persona ignorante (uno que no ha realizado la Verdad) lo hiciera, sólo caería en la trampa del egoísmo y sería su ruina espiritual. Esto mismo les dije a estos sinceros amigos que, sin embargo, persistieron en su petición. Finalmente les dije que si mi maestra espiritual, Mata Amritanandamayi, me dijera que escribiese un libro, sólo entonces lo haría, sabiendo que su Gracia me protegería y guiaría. Después de hablar estos amigos con Amma, ella me dijo que debería escribir el libro como un servicio a otros aspirantes.

Aunque este libro adopta la forma de una autobiografía, su único propósito es exaltar la grandeza y los métodos de enseñanza de los *mahatmas* (sabios espirituales) de la India. Si después de leerlo, uno se siente inspirado para buscar la compañía de esos santos y obtiene sus maravillosos frutos, entonces este libro ya habrá cumplido con su propósito. Como dice el antiguo sabio Narada en los *Narada Bhakti Sutras* o *Aforismos sobre la Devoción*:

> *"Rara es la compañía de los grandes sabios; es inaccesible, pero infalible, y puede ganarse únicamente por medio de la Gracia del Señor."*

> (v.39-40)

Aunque es verdad que siempre ha habido y habrá charlatanes con apariencia de santos, quizás hoy abundan más que en el pasado. Si uno es sincero en su búsqueda intensa de la Realidad, seguramente encontrará un verdadero *mahatma* para que le guíe y proteja en el sendero espiritual. Ese sendero ha sido comparado con el filo de una navaja por la dificultad que entraña recorrerlo sin caerse. En tanto exista la humanidad en esta Tierra, habrá Almas Realizadas para guiarnos y saciar nuestra sed de experiencias espirituales reales y de paz mental. No sólo poseen grandeza los más conocidos. De hecho, hay muchos *mahatmas* que son relativamente desconocidos. Benditos son, sin duda, los santos que alcanzan la bienaventuranza y hacen que otros sean también bienaventurados.

Swami Paramatmananda Puri

Sri Mata Amritanandamayi

Capítulo 1

Comienzos: De Chicago a la India

"He leído que mucha gente que transita por el sendero espiritual logra lo que podría llamarse una vislumbre de Conciencia Cósmica. ¿Me podría explicar, por favor, cómo es exactamente una experiencia así?", pregunté.

Ratnamyi, un gran místico de la India, aunque poco conocido, me respondió sin vacilar, con una sonrisa levemente picaresca en su rostro radiante: "Si estás situado en una colina como ésta, cuando de pronto, en la noche oscura, se produce un destello de relámpago, podrás observar cómo todo el espacio circundante, que era totalmente invisible a tus ojos, se torna claro e iluminado durante unos segundos. Al momento siguiente, sin embargo, todo vuelve a estar oscuro."

Tan pronto terminó su frase, un rayo cruzó el firmamento. Todo el espacio circundante, en un radio de muchos kilómetros, quedó iluminado por un segundo y después se oscureció. A pesar de que estaba nublado, no se habían producido relámpagos hasta aquel momento. Me emocioné mucho al ver cómo su ejemplo se materializaba, de forma inmediata y dramática, por la misma Madre Naturaleza, y me pregunté quién sería aquel hombre al que la Naturaleza le servía. No pregunté nada más. Deslumbrado, regresé a mi habitación y me acosté para dormir, pensando si podría volver a encontrarme con ese hombre maravilloso.

No pude dormir. Apenas podía creer que tuviese la buena suerte de haber llegado a la presencia de un verdadero santo sin tan siquiera haberlo buscado. ¿Estaba soñando? ¿Cómo había llegado a este santo lugar, situado en el otro extremo del mundo? Surgieron en mi mente los recuerdos de tiempo atrás que tenían que ver con mi viaje desde los Estados Unidos a la India. El primer incidente que recordé fue la muerte de mi padre, unos siete años antes...

"¡Oh, Dios mío! ¡Neal, ven enseguida! ¡Algo le pasa a papá!"

Cuando llegué corriendo al dormitorio de mis padres, encontré a mi padre inconsciente con un sonido que salía borboteando de su garganta. Rápidamente y sin perder la calma, lo tendí sobre la cama y empecé a darle masajes en su corazón, presionándolo ocasionalmente con vigor, tal como había visto en un programa de televisión sobre personas que sufrían infartos. Al ver que no respondía en absoluto, llamé de inmediato al médico de la familia y a la policía. Mi madre y mi hermana estaban histéricas; les pedí que salieran de la habitación y esperamos a la policía. Aunque enseguida se presentó la policía, nada se pudo hacer, pues mi padre estaba más allá de toda recuperación. Había tenido un colapso cardíaco a la edad de cuarenta y cuatro años. Era un exitoso hombre de negocios que iba camino de convertirse en millonario. Nunca había estado gravemente enfermo y, sin embargo, la muerte nos lo arrebató inesperadamente.

Los familiares empezaron a llegar y trataron de consolar a mi madre y a mi hermana, pero en vano. Entonces se dirigieron a mí, el más joven de la familia, que tenía doce años en ese momento. Yo me sentía bastante tranquilo y desapegado, sin la más leve inclinación a llorar, y quizás esto les chocó. Salí a caminar y a pensar sobre el significado de lo que había pasado. ¿Adónde se había ido mi padre? Su cuerpo estaba tendido en la cama de su dormitorio y pronto sería enterrado. Nunca volvería a verlo. Tuve un leve sentimiento de vacío, pero solo eso. Más que ninguna otra cosa, me sentí fuera de sitio; todos lloraban mientras yo me encontraba como de costumbre. Durante el funeral traté de llorar al máximo, pues me sentía un poco culpable al ver que todos lloraban menos yo, pero fue inútil. Las lágrimas no querían salir. No se trataba de que yo no amara a mi padre, pero tampoco había nada especial que me apegara a él.

Poco después de la muerte de mi padre, empezaron a brotar en mi mente los inevitables deseos de la juventud. Me sentí vivo, por así decirlo, ante el mundo que me rodeaba. Aunque asistía a la escuela, mi único pensamiento era salir y disfrutar del mundo. Mi madre no era un obstáculo para conseguirlo, ya que apenas me controlaba al pensar que había sufrido una gran pérdida con la muerte de mi padre. Tal vez creía que imponerme una disciplina estricta sería, para mí, una fuente adicional de sufrimiento, o quizás carecía de la naturaleza severa propia de un padre. Si ella hubiera encontrado una forma de controlarme en esa etapa impresionable de mi juventud, mi vida espiritual posterior podría haber sido mucho más suave de lo que fue. A causa de mi egoísmo y de mi arrogancia, unidos a la naturaleza indulgente de mi madre, se me permitió crecer como hierba salvaje.

Libertad era mi segundo nombre. Por aquel entonces no sabía que, aunque similares en apariencia, la libertad y la anarquía eran dos polos opuestos. La verdadera libertad nace de una disciplina interior y se caracteriza por una calma interna que no se ve afectada por los altibajos inevitables de la vida. En la anarquía, por el contrario, uno baila al compás de los caprichos y los estados de la mente, sin pensar en las consecuencias. Lejos de gozar de la bienaventuranza y la paz de la libertad, el anarquista está siempre desasosegado, es esclavo de sus impulsos y es zarandeado de un lado a otro por las olas alternantes de placer y dolor, que constituyen la vida. Sin disciplinar sistemáticamente la mente, la verdadera libertad no es posible. En aquel entonces, por supuesto, no sabía ni me importaba la diferencia entre ambas.

Cuando me gradué de la escuela secundaria, mi madre me preguntó qué deseaba como regalo de graduación. Le dije que deseaba ir a Europa en verano, antes de decidir sobre el futuro de mi educación. Ella se mostró de acuerdo, e inicié por mi cuenta una gira por Europa. Lleno de expectativas, fui de lugar en lugar, visitando muchísimos monumentos históricos y obras de arte de renombre, como la Torre Eiffel o las esculturas de la Abadía de Westminster y de Leonardo da Vinci. En cierto sentido, todas esas cosas me parecían iguales. Las veía simplemente hechas de ladrillos, cemento, madera o hierro, y presentadas de diferentes maneras. Nada me producía ninguna reacción. La esperada y emocionante gira resultó ser un aburrimiento.

Pensé que tal vez el problema radicaba en mí y que había algo que no andaba bien. ¿Cómo era posible que millones de turistas se emocionaran ante estas cosas, mientras yo permanecía sin conmoverme? Aunque entonces sólo tenía diecisiete años, empecé a preguntarme seriamente acerca del propósito de mi vida. No encontré ninguna respuesta satisfactoria. El goce y el placer parecían ser las metas inmediatas de mi vida, pero ya había experimentado mi primera desilusión con este viaje. Quizás mis próximas búsquedas de placer serían más beneficiosas, ¿o acaso el placer era sólo una proyección de mi mente? Lo que para tantos era fuente de felicidad, a mí no me daba dicha alguna. Regresé a Estados Unidos, decepcionado y un poco desconcertado, pero decidido a encontrar aquello que me hiciera feliz.

Al volver de Europa, mi hermano mayor, Earl, me invitó a visitarlo en Ann Arbor, Michigan, donde estudiaba para graduarse en Letras. Viajé en coche desde Chicago y llegué a la hora de la cena. Me sorprendí al ver que mi hermano se había hecho vegetariano. Parecía notablemente más apuesto, más saludable y más calmado que la última vez que lo había visto. Le pregunté qué le había hecho cambiar sus hábitos de comida.

"Hace seis meses empecé a aprender y practicar *hatha yoga*. Encontré una instructora aquí, en Ann Arbor, que ha pasado varios años en la India, estudiando yoga con un Maestro. Es una persona excepcional. Quiero que la conozcas. Ella me explicó que el alimento posee una doble naturaleza, sutil y densa. La parte densa compone el cuerpo y la esencia sutil afecta la naturaleza de la mente. Los componentes sutiles de la comida vegetariana son mejores para la salud y gradualmente dan una inclinación más suave a la mente, lo que a su vez hace más fácil la meditación. A través de la meditación, se puede experimentar la bienaventuranza de la Auto-Realización, una bienaventuranza que si la comparamos con el placer mundano, éste resulta insípido. Al saber, mediante la experiencia intuitiva directa, que uno no es el cuerpo físico o la mente inquieta, sino más bien una masa imperecedera de Pura Existencia y Bienaventuranza, llegamos a la Auto-Realización o el conocimiento de la propia Verdadera Naturaleza. Han habido muchas personas que han alcanzado ese estado y han contado que la meta real de la existencia humana se basa en esa experiencia. Podemos ir a ver a mi profesora mañana."

La India, yoga, meditación... un parpadeo de luz echó destellos en mi corazón, hasta entonces muerto. Estaba deseoso y, al mismo tiempo, asustado ante la perspectiva de encontrar una "yoguini." Imaginé que ella sería algo que llegaba desde la cuarta dimensión.

Por la mañana, mi hermano me llevó a casa de su profesora de yoga. ¡Qué sorpresa! ¡Se trataba, a fin de cuentas, de un ser humano de carne y hueso! Bárbara era una mujer de mediana edad, vivaz, dulce y natural. Me sentí aliviado, pues esperaba encontrarme con una persona seria, ¡levitando a un metro del suelo y tocando con su cabeza el techo! Nos hicimos amigos inmediatamente. Me dio una copia del *Bhagavad Guita*, una famosa obra de yoga, y me pidió que la leyera. Después de almorzar con ella y de hablar sobre cosas corrientes, regresamos a casa de Earl. Un encuentro breve, pero quizás ¡el más trascendental de mi vida! Apenas comprendía, en ese momento, que la semilla de la espiritualidad había sido sembrada y que, muy pronto, germinaría y crecería para convertirse en un frondoso árbol de profunda paz interior.

Esa noche me llevé la copia del *Bhagavad Guita* que tal vez sea la más venerada de todas las Escrituras hindúes, ya que contiene la esencia de todas ellas. Es parte de una obra mucho mayor, el *Mahabharata*, y contiene la filosofía de la ciencia del Auto-Conocimiento, tal como fue enseñada por Sri Krishna, una Encarnación de Dios, a su devoto Aryuna, mientras se encontraban en el campo de batalla. Ha sido ampliamente aclamada por renombrados eruditos de todo el mundo como poseedora de la más elevada sabiduría que el hombre puede alcanzar. Yo ni siquiera sabía cómo pronunciar su título, pero lleno de esperanza, comencé a leer.

Mientras leía, cada palabra me estremecía el corazón. Me figuraba que yo era Aryuna y que Sri Krishna me hablaba directamente a mí. Todas las preguntas, ancladas en mi mente, eran contestadas, e incluso algunas preguntas que no me había formulado, se aclaraban y las dudas se despejaban. Hasta leer el *Bhagavad Guita*, nunca supe qué significaba la palabra "sabiduría". A través de un lenguaje nada ambiguo, se me revelaba la naturaleza de la mente y la meta de esta vida. Era obvio, o así me lo parecía a mí, que el propósito de la vida no consistía en buscar y disfrutar, interminablemente, los placeres sensuales. Más bien se trataba de entender, de forma clara, a la mente, de purificarla e ir más allá de ella para experimentar la Realidad, allí donde sólo reina, con toda su gloria, la pacífica Bienaventuranza. Por primera vez, desde que era un niño, lloré. Esas lágrimas no provenían del dolor ni del egoísmo, sino del gozo. Tenía tanta sed de terminar el libro, que esa noche no dormí. De vez en cuando, mi hermano entraba para ver qué pasaba. ¿Qué podía decirle? Esa noche yo había entrado en otra órbita, por así decirlo.

Al día siguiente decidí seguir una dieta vegetariana. Ingenuo como era, pensé que esto sería suficiente para alcanzar la Auto-Realización. Esperaba lograr el estado más elevado de *samadhi*, o absorción en la Realidad Suprema, ¡en cuestión de días! Pasé varios días con mi hermano y, después, volví a Chicago, feliz de haber hallado un camino en mi vida.

Decidí no ingresar directamente en la universidad. Me parecía que el propósito último de la educación universitaria era capacitar a los estudiantes para hacer dinero y, de esta forma, les aseguraba poder gozar de los supuestos placeres de la vida. Sentía que me bastaba con llevar una vida muy sencilla, con poco dinero, y para ello no necesitaba más que un empleo modesto. ¿Para qué iba a pasarme cuatro o seis años de mi vida en la universidad?

Mi madre se sintió decepcionada con esta decisión. Ella esperaba que yo ingresara en la universidad, al igual que otros jóvenes de mi edad, pero al final aceptó la propuesta. Como esperaba que, más adelante, cambiara de parecer, me dejó que hiciera las cosas a mi manera. Con el dinero que conseguí de la venta de mi telescopio, mi colección de monedas, el coche y otras pertenencias, que cualquier adolescente norteamericano de clase media alta suele tener, decidí marcharme a la costa occidental y buscar un sitio tranquilo, en el campo, donde pudiese hacer una dieta vegetariana ¡y meditar! Además, mi apetito sensual no estaba todavía lo suficientemente satisfecho. Aunque había leído el *Bhagavad Guita*, aún no había comprendido que, a menos que los sentidos estén bajo control, la mente jamás se calmará. Sin una mente pacífica no es posible avanzar en la meditación y, mucho menos, alcanzar la Auto-Realización. Igual que en cualquier otra ciencia, la del yoga debe seguirse de acuerdo con las reglas y los métodos establecidos, si lo que deseamos es obtener los resultados anhelados. Erróneamente, pensaba que, como la Auto-Realización suponía gozar de la Bienaventuranza Suprema, también podría conseguirse, al igual que los placeres mundanos, por medio de un cierto esfuerzo y una dosis de buena suerte.

En compañía de unos amigos, conduje el coche de mi hermana hasta Berkeley, California, en otoño de 1967. En aquellos días, la dieta vegetariana no se había extendido por los Estados Unidos, y encontrar ese tipo de comida, mientras se viajaba, resultaba difícil. ¿Cuánto tiempo se puede vivir de bocadillos de queso y ensalada? Fue entonces cuando pensé que quizás la vida espiritual no era para mí, pero la vergüenza de tener que admitir tan pronto esa derrota, me impidió rendirme. Al llegar a Berkeley, emprendí la tarea de buscar la casa ideal en el medio natural más apropiado. No resultó tan fácil como pensaba. Me dediqué a buscar durante varios días, recorriendo kilómetros en todas direcciones por los alrededores de Berkeley, sin encontrar nada. Al final, se apoderó de mí un sentimiento de fracaso y resignación. Cuando ya estaba a punto de abandonar, apareció la casa ideal sin buscarla, y la alquilamos. Era lo bastante grande como para alojarnos a todos y muchos más. Escribí a mi hermano y a mi hermana, y también decidieron mudarse a California. Muy pronto se unieron a nosotros.

Uno de los principales intereses de mi vida era lograr la Auto-Realización pero, para ser sincero y honesto, debo reconocer que todavía pesaba más el deseo de vivir con una mujer. Era un deseo perfectamente normal en un adolescente norteamericano, pero resultaba difícil, si no imposible, mientras vivía en casa con mi madre. Esa era, sin duda, una de mis razones para abandonar

Chicago e instalarme en California, que en aquel entonces era el refugio para la gente como yo. Después de mudarme a la nueva casa, mis pensamientos se centraron en el logro de mi meta inmediata. Como por naturaleza era algo reservado, decidí que si tenía que conseguir una compañera apropiada, ésta surgiría del mismo modo que encontré la casa; es decir, por medio de la Providencia. Así que no hice ningún esfuerzo para buscar novia. Aunque parezca extraño, al día siguiente, una chica apareció en mi puerta. ¡Me estaba buscando! Había oído hablar de mí en Chicago, y había venido a California para buscarme. Si aquella chica decía o no la verdad, no lo puedo asegurar pero tampoco me importaba, ya que mi deseo se cumplía por sí solo.

Fue tal el impacto de esta experiencia en mi mente, que empecé a creer, de verdad, en la posibilidad de que cualquier cosa que realmente necesitara me sería dada. De hecho, hasta el presente, he experimentado la certeza de esta intuición en innumerables ocasiones. Por supuesto, lo que se necesita varía, naturalmente, en función del momento y el lugar, y puede ser tan doloroso como placentero. Sin embargo, si uno es paciente y mantiene su meta en la Realización de Dios, verá cómo aparecen las circunstancias adecuadas para el progreso espiritual. En aquella época, lo que necesitaba era una compañera. Más tarde, fue esencial la compañía de santos. Posteriormente, se hicieron necesarios la enfermedad y el sufrimiento. En efecto, todo lo que sucede en cada momento es, a los ojos de los aspirantes espirituales, lo mejor para ellos, y en el momento adecuado y del modo más misterioso, se encontrarán con un Ser pleno de gracia.

Después de la llegada de Earl, éste me dio un nuevo libro para leer. Trataba sobre la vida y las enseñanzas de un gran sabio espiritual de la India, Sri Ramana Maharshi. Cuando Ramana tenía dieciséis años, fue asaltado de repente por el miedo a la muerte. No tenía ningún problema de salud, ni tampoco existía razón alguna para que surgiera ese temor en aquel momento. No obstante, se sentía morir y quería resolver el problema de inmediato. Se tendió y simuló estar muerto. Entonces pensó para sí: "Ahora el cuerpo está muerto, pero todavía tengo el sentimiento de 'yo' brillando dentro de mí. Por lo tanto, soy el Espíritu inmortal y no el cuerpo inerte." Este pensamiento no le llegó como una conclusión lógica, sino más bien como un destello de intuición y experiencia directa. Aquella visión no se debió a una mera vislumbre de la Realidad, que la oscuridad de la ignorancia iba a ocultar enseguida, tras la experiencia. Desde ese momento, la conciencia y percepción de sí mismo como Espíritu puro, más allá de la muerte, permaneció intacta hasta su partida del cuerpo, unos cincuenta y tres años más tarde, en 1950. Justo antes de morir, Ramana aseguró a sus devotos que continuaría junto a ellos y los guiaría, a pesar de la muerte del cuerpo físico. Al alcanzar la Realización mediante un acto espontáneo de preguntarse interiormente: "¿Quién soy yo?", al desechar el sentimiento de que el cuerpo y la mente son el Ser real, y al experimentar claramente su yo como la Conciencia Pura que lo trasciende todo, Ramana se libró de todo deseo y miedo, incluso del miedo a la muerte, y quedó establecido en la paz perfecta. Ramana vivió cerca de una montaña sagrada, Arunachala, en la parte sur de la India, irradiando luz espiritual y paz. Se convirtió en un ejemplo viviente de la conducta ideal de un sabio Auto-Realizado. Como medios para alcanzar ese Estado, proponía la guía continua de un Ser Iluminado a quien uno debe entregarse, o bien seguir, de forma independiente, por el sendero de la Auto-indagación. Adoptando cualquiera de estas dos vías, uno adquiere la serenidad y la concentración necesarias para experimentar la Verdad en su interior.

Su vida y enseñanzas ejercieron una gran atracción sobre mí, y decidí practicar ambos métodos. La Auto-indagación la realizaba sentándome tranquilamente y repitiendo para mí mismo: "yo, yo, yo..." Mientras tanto, intentaba fijar la atención en el significado de aquellas palabras, de aquello que está dentro de mí y que brilla como "yo". En mi vida cotidiana intentaba practicar la entrega a Ramana, a quien consideré mi Maestro. Aceptaba las circunstancias que se me presentaban, sin reaccionar positivamente a lo placentero, ni negativamente a lo doloroso. Mi hermano me enseñó algunas posturas de *hatha yoga* para mejorar mi salud y purificar el sistema nervioso. Todo esto me ayudó a disciplinar mi vida y evitar que fuera licenciosa. En aquel entonces, pensaba que me casaría y viviría una mezcla de vida espiritual y mundana o una vida mundana espiritualizada. Sin embargo, iba a ser de otra manera.

Un día llegó una carta para Earl de Bárbara, su profesora de yoga en Michigan. Decía: "Estoy muy contenta de saber que Neal está practicando las posturas que tú le enseñas. Él es todavía muy joven. ¿Por qué no se convierte en monje y se dedica por completo al logro del Ser superior?" Earl me mostró la carta. Después de leerla, me sentí como alguien a quien le dan una hierba amarga mientras está comiendo un dulce bizcocho. Yo me sentía bastante feliz con mi novia y mi práctica de meditación, y no tenía intención de abandonar ninguna de las dos. Deseché aquella idea y seguí con mi rutina.

Unos días más tarde, mientras meditaba, mi concentración se volvió, de pronto, intensa y mi mente dispersa se concentró en un único punto. La mente, como una pequeña luz, se extinguió, y en aquel momento apareció solamente una Luz infinita, una Bienaventuranza Perfecta y una Unidad que todo lo abarca. Desapareció todo rastro de individualidad y objetividad. La experiencia fue indescriptible. Entonces, como un ascensor que desciende, mi mente volvió a la existencia y tomé conciencia del cuerpo y del mundo, pero enseguida me sumergí de nuevo en esa Luz. Este proceso se repitió tres o cuatro veces y, tras él, me puse a sollozar como un niño, pues solo pensaba en esa tremenda Paz y Vastedad. La revelación de que volvería a sumergirme en esa Luz Suprema para siempre, después de superar muchas lecciones dolorosas de la vida, apareció como una certeza en mi interior.

Sentí que Ramana, de alguna manera inexplicable, era responsable de esta experiencia sublime, pues ¿no le había entregado yo mentalmente mi vida? Si él había asegurado a sus devotos que estaría con ellos, incluso después de la muerte del cuerpo, era posible que estuviera conmigo también. Me ilusioné al pensar que si había tenido una experiencia tan maravillosa, tras unos días de meditación, obtendría una y otra vez la misma experiencia, y que practicando un poco más llegaría a ser permanente. ¡Todo se conseguiría en unas pocas semanas, a lo sumo! No está de más decir que no sucedió así, aunque el recuerdo y el sabor de aquella Bienaventuranza ha permanecido constante desde ese momento. De alguna manera me fue concedida una vislumbre de la Meta y, ahora, era yo el que debía andar el empinado sendero que conduce hasta Ella.

A partir de entonces comenzó una transformación gradual de mi mente. Después de practicar yoga sentía una suave y sutil embriaguez. No era sólo un fortalecimiento físico, sino más bien un sentimiento de dichoso desapego del cuerpo y del mundo. También me di cuenta de que la intimidad sexual hacía que la bienaventuranza se desvaneciera casi totalmente, y no retornaba hasta que realizaba de nuevo los ejercicios yóguicos. Aunque los placeres animales del sexo eran muy atractivos, parecían ciertamente toscos comparados con la sutil bienaventuranza espiritual. Yo no podía, sin embargo, renunciar sin más al sexo, ni tampoco estaba dispuesto a seguir perdiendo mi recién hallado tesoro de experiencia espiritual. Decidí entonces evitar la compañía de mi chica tanto como me fuera posible y, así, después de practicar yoga por la mañana, tomaba el coche y me iba a las colinas situadas detrás de Berkeley. Leía libros espirituales, meditaba y observaba las colinas y los valles hasta el ocaso. El pensamiento de tener que volver con mi compañera después del atardecer, me deprimía y regresaba a casa de muy mala gana. Esta rutina continuó algunos días, pero no parecía resolver el problema. Mi novia empezó a sospechar que yo estaba saliendo con otra mujer durante el día, y eso hacía que deseara poseerme aún más por la noche.

Esta situación me hizo percibir la relación entre hombre y mujer como basada principalmente en el interés personal. Si ella me amaba realmente, tal como decía, ¿por qué no trataba de hacerme feliz, en lugar de desdichado? Yo le había explicado mis experiencias espirituales y mis razones para irme a las montañas durante el día, y también el efecto que producía la intimidad sexual sobre mi bienaventuranza interior. En realidad, con la confianza de un niño inocente, no le oculté nada, pero ella sólo podía pensar en su propio placer. Un día le pregunté: "¿Si me afeitara la cabeza y la barba, aún me amarías? O si no pudiera tener más sexo contigo, ¿todavía me amarías?" Su rostro se cubrió de una expresión de disgusto y no respondió a la pregunta. Así comprendí que lo que estábamos llamando amor, no era otra cosa que satisfacción mutua de deseos egoístas, físicos y mentales. Principalmente, se basaba sólo en la atracción física que sentíamos el uno por el otro, y también en algún grado de afinidad mental. Este supuesto amor era muy superficial y cualquier desacuerdo lo haría venirse abajo.

En aquel momento no sabía del humilde Amor Divino que los grandes santos sienten por la sufrida humanidad, pero sí sabía que el amor superficial tenía muy poco valor para mí. Me preguntaba cómo podría salir de aquella situación, sin lastimar su mente ya turbulenta. Además, empezaron a perseguirme las palabras de Bárbara, la profesora de yoga de mi hermano: "Hacerse monje, hacerse monje", y empecé a sentir que eso era lo que tenía que hacer, ¿pero cómo?

En aquella época, Bárbara se mudó a Nepal con su esposo, ya que había sido trasladado allí como jefe del Cuerpo de Paz. Mi hermano deseaba ver a Bárbara y visitar la India, y me preguntó si quería acompañarle, junto con su esposa y su bebé, a Nepal. Me dijo que por el camino podría entrar en un monasterio de budismo Zen y hacerme monje, si me parecía bien. Consideré esta invitación como una gran oportunidad para salir de mi situación e, inmediatamente, acepté acompañarle. Arreglé temporalmente algunas cuestiones económicas con mi novia. Prometí escribirle y más adelante, tal vez, podría viajar a la India. Yo quería que nuestra separación fuera lo menos dolorosa posible. Ni siquiera pensé en lo absurdo de mi propuesta, aunque ella sí se dio cuenta. "¿Qué vas a hacer en un monasterio si yo me presento allí?", preguntó un poco enojada por mi aparente insinceridad. Ahora era yo el que no podía responder a su pregunta.

Por fin llegó el día de la partida y después de un breve saludo en el muelle, me despedí de mi madre, mi novia y unos cuantos amigos. Cuando por fin el barco se alejó del muelle, suspiré profundamente aliviado. Estaba abandonando todo lo que me era familiar y, sin embargo, me sentía bastante indiferente a todo ello. Recordé el mismo sentimiento de desapego que experimenté cuando murió mi padre. Mi vida avanzaba como la proa del barco rompiendo las olas, mientras me preguntaba qué me depararía el destino.

Cuando el barco salió de la bahía de San Francisco, subí a la cubierta superior y me senté. Aunque sólo tenía dieciocho años, sentía como si hubiese pasado por una larga experiencia matrimonial y estuviese saliendo de un profundo abismo. Mi fe en Ramana, obviamente, no se había perdido, pues tenía la sensación de que él, por alguna razón desconocida, me había sacado de una difícil situación. Mientras estaba allí sentado, observando la cubierta inferior del barco, sentí de pronto como si algo presionara suavemente la coronilla de mi cabeza, y empezó a fluir una gran paz dentro de mi mente. Cesó el proceso mental y, mientras miraba hacia abajo, me fijé en cómo hablaban entre sí los hombres y mujeres, sobre la cubierta. Me fue entonces "revelado", por decirlo de algún modo, que la atracción sexual era el impulso más poderoso de la Naturaleza, responsable, en gran medida, de la incesante actividad humana. Ésta puede parecer una conclusión de lo más elemental, y admito que lo es, pero en ese momento fue verdaderamente una revelación nueva para mí. Estaba decidido a no seguir el mismo camino que el hombre común y corriente, el sendero del placer, e iba a luchar por alcanzar la infinita bienaventuranza del Ser supremo o moriría en el intento. No sabía nada del monacato ortodoxo, ni siquiera que estuviera prescrito el celibato como una disciplina esencial para lograr la Iluminación, pero, de alguna manera, sentía la necesidad de vivir una vida casta, que estuviera dedicada a una meta sublime. Todavía no había leído, ni oído nada, sobre la conveniencia de controlar y sublimar el deseo sexual y, sin embargo, había llegado a la misma conclusión a través de mi propia experiencia.

Earl y yo habíamos decidido tomar el barco, en lugar del avión, porque anhelábamos continuar puntualmente con nuestra práctica de yoga, sin ninguna interrupción. Solíamos hacer las posturas durante una hora por la mañana y otra por la noche. Además, dedicábamos algún tiempo a la meditación y al estudio de libros espirituales. No teníamos prisa en llegar a Japón, y el ritmo de un viaje en barco se adaptaba a nuestro estilo de vida. Mientras todos dormían, yo me levantaba a las cuatro y media de la madrugada, me duchaba, hacía yoga y meditaba en la cubierta. El aire puro, el silencio del inmenso mar y la grandiosidad del espectáculo cotidiano de la salida del sol, apaciguaban mi mente.

Sin embargo, mi corazón ardía de impaciencia por experimentar la Realización espiritual.

Por alguna razón, había arraigado en mí una fe infantil en un gran *mahatma*. Nunca había pensado en Dios, salvo en dos ocasiones: una vez en mi niñez y en aquel momento. Recuerdo que durante mi infancia recé a Dios para probar si podía conseguir algo que anhelaba. Se trataba de un experimento y funcionó. Realmente, me sorprendí al ver cómo se cumplía mi amado deseo. Mis padres eran agnósticos y me habían enviado a la catequesis, tal vez, por la sencilla razón de que también iban otros niños de la comunidad, y no por ninguna creencia o temor de Dios. Dios parecía ser sólo una palabra, utilizada como una expresión del tipo "Dios me libre", "válgame Dios" "si Dios quiere", y otras expresiones no tan ortodoxas...

Incluso en aquel momento, tampoco pensaba en Dios o en el Ser Universal que guiaba mi nueva vida, sino más bien en Ramana, que había prometido guiar a sus devotos, entre los que, ahora, ¡me incluía yo! Jamás racionalicé cómo podía ser posible aquello. ¿Cómo podía un hombre controlar las vicisitudes de otro y, especialmente, un hombre que había vivido a veinte mil kilómetros de distancia, y hacía dieciocho años que había muerto? Bueno, Ramana había realizado al Ser superior y, como tal, no era ni es diferente del Ser Supremo, sin nacimiento ni muerte. Desde entonces consideré esta idea como una verdad evangélica, y la he experimentado en cada momento de mi vida.

Mi personalidad estaba sufriendo un profundo cambio a un ritmo muy veloz. Mientras hablaba con otros en el barco, escuchaba sus problemas con un nuevo sentimiento de solidaridad. Comencé a ver que todos, por felices que fueran, seguían anhelando más y mayor felicidad. La satisfacción de un deseo solamente abría el camino a otro deseo. La gente parecía no saber, ni importarle, que había algo más allá de la felicidad mundana. Su única preocupación se centraba en el dinero, el sexo, la fama o la salud. Perseguían estas cosas y solo lograban una pizca de placer a cambio de un considerable esfuerzo. Y antes de percatarse de este hecho, llegaban a la vejez y la muerte se los llevaba.

Me invadía la tristeza al pensar: "¿Así es como transcurre la vida del común de los mortales? ¿Nacer, buscar placer y luego morir?" Yo había disfrutado al vislumbrar una felicidad que se encuentra más allá de los límites de los sentidos y la mente. Seguía el sendero espiritual, pero ¿qué ocurre con los demás? Como no pude hallar ninguna respuesta satisfactoria a mis dudas, empecé a ver la vida y los problemas del hombre desde un punto de vista compasivo, no deseando nada de nadie, sino dando lo que pudiera. Me parecía que el egoísmo impedía ver más allá del propio y pequeño mundo circundante, tal como nos cuenta el proverbio de la rana en el pozo.

Un día, mientras miraba libros en la biblioteca del barco, me encontré con un libro escrito por Swami Sivananda, de Rishikesh, un pueblo situado a los pies del Himalaya. Aparentemente su discípulo, Swami Chidananda, había viajado en este mismo barco y había donado el libro a su biblioteca. Allí había referencias a todos los aspectos de la vida espiritual. Mientras lo leía, me encontré con la afirmación de que es esencial la compañía de un Maestro viviente, si se desea obtener la Auto-Realización. Empecé a reflexionar sobre qué hacer. ¿No era suficiente con Ramana? Por la noche, cuando todos se retiraron a dormir, subí a la cubierta del barco con el corazón partido. Por primera vez en mi vida, lloré desde el fondo de mi corazón, gritando en la noche oscura: "¡Oh, Ramana! ¿Qué puedo hacer? Sin un Maestro, ¿cómo voy a alcanzar la meta? ¿Quién va a mostrarme el camino y a enseñarme cómo llevar una vida espiritual? ¿Es posible que exista otro tan grande como tú? No aceptaré a nadie inferior a ti. ¿No vas a mostrarme el camino?" Lloré y lloré como un niño. Nunca había experimentado tanta tristeza, ni conocido la bienaventuranza que suponía el llorar de todo corazón al Señor, al Gurú. En los meses que siguieron comprobé que mi plegaria, en efecto, había sido oída.

El barco se detuvo en Hawai y aprovechamos para visitar la isla. Alquilamos un coche y llegamos a una hermosa playa con aguas color turquesa, cielo azul y filosos acantilados dentados que retrocedían desde el mar. El paisaje era sin duda encantador, pero mi mente estaba en otro lugar. No podía gozar de nada, me sentía como el amante afligido por su amada, estaba distraído y era incapaz de participar en nada con entusiasmo. Earl y su esposa disfrutaban inmensamente de aquel paraje. Para evitar que se preocuparan por mí, di muestras de interés y placer.

Al cabo de unos días de navegación, llegamos a Japón. Después de desembarcar en Yokohama, Earl decidió que tomáramos un tren hasta Kioto, la Ciudad de los Templos. En pocas horas, llegamos al lugar que iba a ser mi nuevo hogar durante los siguientes cuatro meses.

Después de instalarnos en una confortable posada, Earl decidió que lo primero que teníamos que hacer era buscar a Gary Snyder, un famoso poeta norteamericano, de quien sabíamos que vivía en Kioto. Él había visitado el ashram de Ramana Maharshi, en la India, y había publicado algunos poemas en el periódico trimestral del ashram. Como devotos de Ramana, pensamos que convenía visitarlo para pedirle consejo sobre dónde alojarnos y los lugares de interés turístico. Estuvimos varias horas intentando localizar su residencia, y cuando ya habíamos perdido casi toda esperanza, un caballero de habla inglesa nos indicó el lugar.

Gary era muy afable y hospitalario. Nos invitó a pasar y le pidió a su esposa que preparara té para todos. Nos contó que durante ocho años había vivido en un monasterio, como monje Zen, y que posteriormente decidió casarse. Se había casado con una chica japonesa y habían tenido un bebé hacía poco. Estaba trabajando en la traducción al inglés de algunas de las Escrituras budistas, y también estaba escribiendo algunos poemas. En realidad, proyectaba regresar a los Estados Unidos para vivir allí y establecer una comunidad espiritual. Con agrado nos hubiera alquilado su casa tras su partida a los Estados Unidos, pero ya se la había prometido a otra persona. Nos aseguró que al día siguiente nos encontraría un sitio apropiado y que vendría a comunicarnos el resultado de sus gestiones.

A continuación, Gary se dirigió a mí y preguntó sobre mis planes. Le dije que deseaba hacerme monje, quizás monje Zen, pero que no estaba seguro. Le pregunté si conocía algún lugar donde pudiera probar esa clase de vida. Parecía muy feliz al conocer mi aspiración y dijo que me mostraría un lugar tan pronto como nos hubiésemos instalado. Yo me sentía con mucha paz y muy a gusto en su compañía y pensé que seguramente habría alcanzado un buen nivel de espiritualidad mediante su entrenamiento Zen. Tenía la esperanza de que me daría algún consejo espiritual, y no fui decepcionado. Cuando nos marchamos, nos acompañó hasta la puerta. En todos los países orientales uno se quita el calzado antes de entrar a una casa. Nosotros habíamos dejado nuestros zapatos en la puerta. Gary les echó una mirada. Había un par que estaban muy bien situados y los restantes aparecían desordenados. Él esperó para ver a quién pertenecían aquellos zapatos. Al ver que era yo quien se los ponía, sonrió y dijo: "Puedo conocer la mente de un hombre por algo tan simple como esto. Aquél que está interesado en la meditación debe ser siempre cuidadoso y llevar una vida ordenada y concentrada. Sólo entonces será posible lograr concentración en la meditación." Me sentí muy feliz de poder oír aquel consejo práctico, e incluso hoy pienso en él cuando me quito los zapatos antes de entrar a un lugar. Esta cualidad de asumir sinceramente los buenos consejos y ponerlos en práctica hasta que den sus frutos, empezó en ese momento. Aunque el consejo era de poca importancia, sus repercusiones eran importantes, pues ya no se trataba sólo de dejar bien los zapatos, sino de realizar todas las acciones con concentración y cuidado. Decidí seguir al máximo su consejo.

A la mañana siguiente, Gary vino a nuestro albergue y, después del desayuno, partimos en busca de una casa. Yo sentía la felicidad de alguien que había encontrado un amigo perdido hacía mucho tiempo. Por alguna razón inexplicable, comencé a sentirme unido espiritualmente a Gary. Era una experiencia nueva que iba a repetirse muchas veces en el futuro con otras personas.

Gary nos llevó a numerosas casas. En Japón, un extraño no se acerca a nadie directamente para abordar una cuestión importante, se debe ir a través de un intermediario. Aunque es un poco molesto, asegura a ambas partes que el otro es fiable; en otras palabras, más vale prevenir que curar. Esta saludable práctica es válida en todo el Oriente. Por fin, encontró una casa muy confortable de dos pisos, que no era muy cara. Nos instalamos al cabo de pocos días.

Una noche, Gary nos invitó a visitar un templo Zen que se encontraba cerca. Nos dijo que al lado había un pequeño centro de meditación dirigido por un Maestro Zen japonés, al que podían acudir las personas instruidas para meditar tres o cuatro noches a la semana, bajo la supervisión del *Roshi* o Maestro y su asistente. Me preguntó si me gustaría meditar allí. Ansiosamente le respondí que sí.

Llegamos alrededor de las cinco y media de la tarde. El centro era un pequeño recinto cerrado, junto a la pared externa del templo Zen principal. En su interior había un pequeño y agradable jardín japonés, una biblioteca, una sala de estar, el alojamiento para el *Roshi* y una sala de meditación o *zendo*. Tras intercambiar algunas palabras con el *Roshi*, Gary nos condujo a Earl y a mí hacia el *zendo* y los tres nos sentamos en la plataforma elevada. Yo no sabía cómo comportarme, así que observé lo que hacían las otras veinte personas. Sonó un gong y todos se sentaron erguidos en sus cojines. Yo me senté en media postura de loto y traté de meditar en el "Yo" que brilla en el interior. Podía ver al asistente del *Roshi* paseándose lentamente de un lado a otro de la sala, con una varilla en su mano, y me pregunté para qué sería usada. Mi pregunta tuvo pronta respuesta. Él se acercó al hombre que estaba sentado a mi lado y ligeramente le golpeó en el hombro con la varilla. Después de saludarse mutuamente juntando sus palmas al estilo oriental, el hombre que estaba junto a mí se inclinó y recibió dos fuertes golpes en su espalda con la varilla. ¡Yo salté del susto!

Temiendo el golpe, ya no pude concentrarme. ¡Mi mente estaba en el hombre con la varilla! Después de media hora, mis piernas se durmieron y mi espalda empezó a encorvarse. No me atrevía a moverme para no recibir un golpe. Imaginé que mis piernas se desprenderían o, por lo menos, ¡que nunca más volverían a la vida! El asistente seguía caminando por la sala. Entonces, para mi gran disgusto, se detuvo frente a mí y me tocó en el hombro con la varilla. Transpirando profusamente, lo saludé, me incliné y VARILLAZO. Fue tan rápido que no me di cuenta de lo sucedido. Tuve una sensación de ardor, pero no de dolor. Por el contrario, inmediatamente después me sentí con un nuevo vigor y me enderecé. Mis piernas, sin embargo, seguían completamente tiesas.

Transcurridos cuarenta minutos, sonó el gong. Levantándose de sus almohadones, los meditadores salieron en fila. Tratando de continuar su meditación, caminaron, enérgicamente y en silencio, alrededor del *zendo* durante cinco minutos. Después regresaron al *zendo* y siguieron meditando. Esta actividad se repitió otra vez. Entonces unos monjes cantaron el *Prajñaparamita Sutra* en tonos resonantes y todos se postraron. Luego se dirigieron a la sala de estar para encontrarse con el *Roshi* durante unos minutos y beber un poco de té. El *Roshi*, aunque tenía unos sesenta años, irradiaba una inocencia infantil. Le pregunté cómo había alcanzado un estado de felicidad semejante.

"Me hice monje cuando tenía ocho años. Estaba convencido de la verdad de las enseñanzas de Buda y me apliqué plenamente para alcanzar la Iluminación. Cuando estalló la Segunda Guerra Mundial, hasta los monjes fueron reclutados para el servicio militar, pero hubo dos o tres que fueron eximidos en virtud de su dedicación a la vida monástica. Yo fui uno de ellos. He trabajado tan duro para lograr mi actual estado de felicidad que, a veces, sentía como si mis huesos fueran a quebrarse. Si deseas lo mismo para ti, también debes estar dispuesto a que se rompan tus huesos." Estas palabras dejaron una profunda impresión en mi mente.

Después de beber té, regresamos a casa. Gary se fue por su cuenta después de decirnos que podíamos ir al *zendo* cuatro noches a la semana, a la misma hora. Camino de casa, me sentía muy humillado, pero no dolorosamente, sino refrescantemente. En mi subconsciente me consideraba muy importante, pero mi orgullo y arrogancia habían recibido un duro golpe por medio de la varilla del asistente. Las palabras del *Roshi* resonaban en mis oídos. Decidí que, pasara lo que pasara, volvería al *zendo* y "me rompería los huesos."

A los dos días, Earl y yo volvimos al centro de meditación. Entré directamente al *zendo* y encontré un sitio para sentarme. El calor del verano era sofocante y los mosquitos estaban dándose un banquete. No corría la más mínima brisa dentro del *zendo*. Bueno, yo había venido a romperme los huesos, ¿no es así? La sesión comenzó con el sonar del gong. Apenas había empezado a meditar cuando mi mente se quedó profundamente concentrada. Los pensamientos disminuyeron y el sentimiento de "yo soy" se manifestó en forma de iluminación sutil o corriente de luz en mi interior. Sentí con toda claridad que no era ni el cuerpo ni la mente, sino sólo esa corriente de luz. Estaba lleno de regocijo. Incluso al final de la sesión, persistía esa experiencia. Cuando Earl y yo dejamos el *zendo* al terminar la meditación, estuve a punto de ser atropellado por un autobús. Me resultaba casi imposible prestar atención a las cosas externas y, ciertamente, no me importaba lo que me pudiera suceder. Afortunadamente, Earl me tomó del brazo y me preguntó qué me pasaba. Pensé que tal vez no me creyera o que podría sentir algún vestigio de orgullo en mi voz. Tras pensarlo una y otra vez, respondí cuidadosamente:

"Mientras meditaba allí dentro, de repente sentí como si solamente fuera 'yo', y no el cuerpo. En realidad, el cuerpo me parecía que era un objeto completamente extraño, diferente de mí. Aun ahora persiste ese sentimiento. También tengo la sensación de que mi mente ha sido lavada con agua fría y permanece pura y calmada. Justamente ahora estoy empezando a comprender algo del significado de las enseñanzas de Ramana."

Earl parecía estar inmerso en sus propios pensamientos y llegamos a casa sin volver a hablar. Durante media hora, más o menos, persistió ese sentimiento de iluminación, y después fue desapareciendo poco a poco. Yo estaba, naturalmente, deseoso de recobrar ese estado y esperaba anhelante regresar al *zendo*. Cada vez que volvía al *zendo* a meditar, tenía la misma experiencia de luminosidad fresca y pura. El calor, los mosquitos y el dolor de piernas sólo hacían que me aferrara más intensamente a mi calma interior. Después de cada sesión, sentía como si mi mente hubiera recibido una ducha fresca, y aunque el calor del verano era insoportable, tenía la impresión de que el tiempo era bastante agradable. Esta experiencia de luz interior persistía durante un cierto tiempo después de la meditación y, posteriormente, se desvanecía.

Un día, Gary nos invitó a su casa para tomar un pic-nic. Allí nos encontramos con otros ocho o diez occidentales amigos suyos. Nos fuimos a una colina, cercana a la casa, y nos sentamos en círculo con Gary en el centro. A continuación se puso a cantar:

"Hare Krishna Hare Krishna Krishna Krishna Hare Hare Hare Rama Hare Rama Rama Rama Hare Hare."

Cantaba con todo su corazón y parecía que iba a llorar. Me sentí conmovido y deseoso de saber qué era lo que estaba cantando. Cuando terminó, todos permanecimos en silencio por algún tiempo. Entonces, le pregunté sobre aquella canción.

"Un amigo mío, Richard Alpert (conocido ahora como Ramdas), que pasó un tiempo en la India, me enseñó esta canción. Está compuesta con los diferentes Nombres de Dios. En la India, a la Realidad Suprema se la denomina con distintos nombres. Aquí podemos llamarla con el Nombre de la Naturaleza de Buda, pero allí la gente la llama Krishna, Rama o Hari. El cantar el Nombre Divino otorga una bienaventuranza única. Mientras se canta, uno debería tratar de sumergirse en Eso y hacerse uno con Eso."

Al oír aquellas palabras, volvió a despertarse mi interés por ir a la India. Aunque lograba, sin duda, un poco de paz espiritual gracias a mi meditación en el *zendo*, tenía la impresión de que Japón no me pertenecía, y aquella idea me asaltaba insistentemente. La cultura budista me resultaba extraña. Pensaba que nunca podría llegar a considerarla como propia. Habíamos pasado cuatro meses en Japón y Earl también estaba ansioso de seguir viaje a la India. Reservamos nuestros pasajes en el primer barco a Bangkok, y después de despedirnos de Gary y su familia, iniciamos el viaje.

Nos detuvimos en Manila, en Hong Kong y en algunos otros sitios antes de llegar a Bangkok. Una vez allí, encontramos una habitación barata y decidimos hacer un poco de turismo. Mientras Earl y su esposa salieron para informarse de algunos lugares de interés, me puse a hacer mi práctica de yoga. Acababa de terminar y seguía sentado en la postura de loto, cuando alguien golpeó en la puerta. Una voz femenina preguntó si podía pasar. Cuando dije que sí, se abrió la puerta y entró una atractiva señorita que iba muy ligera de ropa. Al principio no entendí lo que quería, ya que hablaba en tailandés, y pensé que era una empleada del hotel. Finalmente, al observar sus gestos, se me ocurrió que podía ser una prostituta en busca de negocio. Nunca había visto una prostituta antes o, al menos, nunca había reconocido a ninguna. Por un momento sentí una leve tentación. Después, al fijarme en mi postura de loto, gané fuerza y le dije: "Estoy haciendo yoga, ¿no lo ves?" Ella, por supuesto, no comprendía lo que le decía, y probablemente nunca antes había visto a nadie haciendo yoga. Siguió preguntándome si quería que se quedara y yo seguí diciéndole "yoga, yoga", hasta que finalmente se cansó y salió enojada. Bueno, de algún modo me había librado de una caída, pero me sentí algo triste por mi falta de fuerza mental para decir sin más "¡Sal de aquí!"

Nuestro turismo en Tailandia consistió en visitar, uno tras otro, varios templos budistas. Estas visitas solo aumentaban mi impaciencia por llegar a la India, la tierra donde nació el budismo. A los pocos días, tomamos un avión y llegamos a la bendita tierra de los santos. Mientras estábamos sentados en el aeropuerto de Calcuta, esperando nuestro vuelo hacia Nepal, apenas era consciente de estar en un aeropuerto. Cada palmo de tierra, cada árbol y cada persona me parecían llenos de santidad. Una y otra vez pensaba que ésta era la tierra santa donde el Señor Krishna había nacido y transmitido el *Bhagavad Guita* a Aryuna, donde Buda nació y difundió el evangelio de la Iluminación y donde Ramana había alcanzado el Auto-Conocimiento. Cada hombre con barba me parecía un santo. Se podría decir que era un crédulo, pero incluso ahora, después de vivir en la India durante veintiocho años, todavía considero que es el lugar más sagrado de la Tierra.

No puedo expresar la felicidad que sentí al llegar a la India. Desde Calcuta nos encaminamos hacia Nepal.

Una vez en Katmandú, nos dirigimos a casa de Bárbara, la profesora de yoga de Earl en Estados Unidos. Ella ya había sido la causa de muchos cambios importantes en mi vida, me había dado el *Bhagavad Guita* para que lo leyera y me había sugerido que me hiciera monje. Me preguntaba qué otras cosas podría aprender de ella. Bárbara y su marido habían recibido del gobierno de Nepal una hermosa y espaciosa casa de tres pisos, como residencia particular. Estaba muy cerca de la Embajada de la India y sólo a unos minutos a pie de los campos de arroz. En los días claros, podían verse a lo lejos los picos nevados del Himalaya. Bárbara había convertido el piso superior de la casa en un estudio para practicar y enseñar yoga. Tenía buena ventilación, mucha luz y bellas vistas por todos lados. A mí me dieron una habitación individual.

Bárbara acababa de regresar a Nepal después de hacer un viaje por la India. Había viajado al sur para visitar el ashram de Ramana Maharshi. Estaba rebosante de gozo y me contó que había sentido claramente la presencia de Ramana en ese lugar. Dijo que la paz espiritual era tan palpable que uno podía, incluso, cortarla con una navaja. No se trataba de la paz de un cementerio, sino de la radiante paz que rodea a un santo Auto-Realizado. El monte sagrado, Arunachala, le dio la sensación de que estaba vivo, y había caminado por él y sus alrededores muchas veces, experimentando una profunda concentración mental. También me contó que había un discípulo de Ramana en el ashram, de nombre Ratnamyi, que daba vida al ashram. En realidad, opinaba que sin él, el ashram, aunque era una morada de paz, estaría desprovisto de vida. Ratnamyi había conocido a Ramana, en 1942, cuando tenía veinte años, y se había convertido en su asistente personal hasta 1950, cuando Ramana abandonó su cuerpo. Ratnamyi había viajado por toda la India, manteniendo una estrecha relación con algunos de los grandes sabios espirituales del país y sirviendo a muchos de ellos. Durante treinta años se había dedicado al estudio y a seguir una vida de intensa austeridad espiritual. Había una visible luminosidad en su entorno, tenía un vasto conocimiento de las Escrituras y, sobre todo, un poder en sus palabras que elevaba al oyente a sublimes alturas de entendimiento y experiencia. Me dijo que no dejara de conocerle. Esto, por supuesto, era mucho más de lo que yo podía esperar. Si ya estaba impaciente por llegar al ashram, al oír aquellas palabras mi anhelo se incrementó todavía más. Solo tenía un deseo, hacer mis maletas y correr hacia la santa presencia de Ramana. Earl, sin embargo, quería hacer un poco de turismo, y hasta me propuso que pasáramos algún tiempo en el Himalaya. Pero yo no tenía ningún interés en moverme de allí, pues trataba de aferrarme a mi meditación día y noche. Le dije que el Himalaya estaría siempre en el mismo lugar, pero nosotros no; que la realización espiritual debía alcanzarse de inmediato. Quedó estupefacto con mi afirmación. Le dije que prefería ir a la India y llegar al ashram de Ramana lo antes posible.

Con una mezcla de sentimientos heridos y algo de enfado, Earl me dijo que hiciera lo que quisiera, que no necesitaba seguir con él. Hasta entonces había sido mi guía, y se había interesado siempre por mi felicidad y bienestar. Él había planificado nuestro viaje y asumido la responsabilidad para asegurar que todo trans-curriera tranquilamente. Era, por tanto, natural que se sintiese herido ante mi repentina muestra de independencia, pero ¿qué podía hacer yo? Me sentía como un pequeño filamento de hierro que estaba siendo atraído por un poderoso imán. Este imán me alejaba de todo para llevarme hacia él. Se lo comenté a Earl y luego fui a comprarme un billete de regreso a la India.

Al día siguiente me encontraba en el aeropuerto con Earl, Bárbara y su esposo, despidiéndome de ellos, después de pasar unos días en Nepal. Me sentía un poco inseguro. Tenía diecinueve años y empezaba a volar con mis propias alas. Me hallaba a miles de kilómetros de mi país y a punto de zambullirme de cabeza en una nueva cultura de la que no tenía ni idea. Mi único plan era llegar como pudiera al ashram de Ramana y alcanzar la Auto-Realización. Ante la llamada interior resultaba innecesario preguntarse si era conveniente o no dejarlo todo y a todos. Era tan evidente como el sol en lo alto del cielo, pero la incertidumbre acerca del futuro me asustaba un poco.

Después de marcharme de Nepal y llegar de nuevo a Calcuta, tomé el primer avión a Madrás, situado al sur de la India y cuyo aeropuerto es el más cercano a Tiruvannamalai, mi destino. Me alojé en un hotel, dejé las maletas en la habitación y salí a dar un paseo. Vi que la mayoría de la personas caminaban descalzas. En este clima, no parecían tener necesidad de zapatos. Además, en lugar de pantalones, los hombres usaban una tela que les envolvía de la cintura para abajo, llamada *dhoti*. Podía lavarse y secarse fácilmente, el atuendo era barato y se adaptaba al clima cálido. Decidí abandonar mis ropas occidentales, incluso los zapatos. Compré un *dhoti* y le pedí al gerente del hotel que me enseñara a ponérmelo. Después de mostrármelo, traté de atarlo varias veces alrededor de mi cintura pero, tan pronto empezaba a caminar, se me caía, ¡quedándome en ropa interior en medio del vestíbulo del hotel! Con algún esfuerzo, logré que finalmente permaneciera en su sitio cada vez más tiempo.

Lo siguiente fue acostumbrarme a la comida hindú. Nunca en mi vida había comido un *chili* rojo. Aunque la palabra [en inglés] significa frío, ¡puedo asegurar que no es nada frío! Igualmente, casi todo el mundo en la India come con las manos, no con tenedor o cuchara. ¡Dicen que usar cubiertos es como utilizar un intérprete en una relación amorosa! En el restaurante, el camarero me preguntó si quería una cuchara, pero la rechacé. Tímidamente observé cómo comían los demás y procuré imitarlos. Debo reconocer que, a pesar de todo, conseguía poner más comida en mi boca que cuando usaba palillos, pero no mucho más. El camarero me insistía repetidamente para que utilizara una cuchara, pero yo seguía inflexible. Lo que al hombre que estaba a mi lado le costó diez minutos, a mí me llevó media hora, sin mencionar el desorden y la suciedad que dejé en la mesa y en mis ropas. Muerto de vergüenza, me levanté por fin del campo de batalla de la mesa y, con una actitud triunfante, me fui a lavar las manos. Me sentí contento al ver que lo peor ya había pasado, ¡al menos tenía la esperanza de que la próxima vez resultaría más fácil!

A la mañana siguiente, el gerente del hotel me dijo que podía tomar un autobús para Tiruvannamalai, y que salían cada hora a partir de las seis de la mañana. Afortunadamente, me escribió en un trozo de papel, y en su idioma, el nombre de la ciudad, pues dijo que mi pronunciación era tan rara que ¡probablemente terminaría en Pakistán! Después de pagar la cuenta del hotel, tomé un *rickshaw* hasta la parada del autobús. Mostré el papel a varias personas y me indicaron el autobús al que tenía que subir. Iba con la maleta en una mano, las instrucciones en la otra, y mi *dhoti* deslizándose una y otra vez, ¡debí ofrecer un espectáculo divertido a mis compañeros de viaje! Por fin, el autobús emprendió la marcha y me instalé en un incómodo asiento de madera, en espera de poder vislumbrar la sagrada montaña de Arunachala.

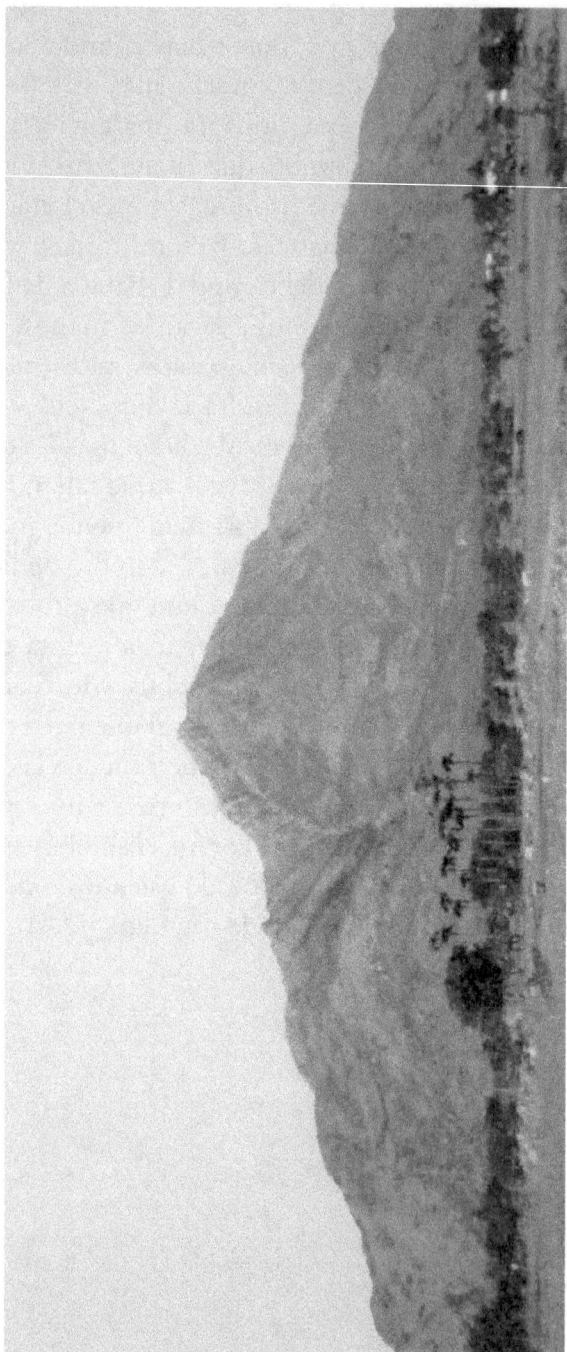

El Monte Arunachala

Capítulo 2

Vaciando el recipiente

Tiruvannamalai — 1968

Tras recorrer ciento noventa y dos kilómetros y pasar cinco horas de viaje, me encontré al pie de la montaña sagrada. Según cuentan las antiguas leyendas hindúes, esta montaña fue el primer lugar sobre la superficie de la Tierra donde Dios se manifestó, después de la Creación, como un resplandeciente pilar de Luz que se extendía interminablemente hacia el cielo. Gracias a las plegarias de sus devotos que le pedían que adoptara una forma más concreta, el Señor se convirtió en una montaña, Arunachala. Este nombre significa Montaña Roja o de Fuego, ya que su color rojizo simboliza la Luz Divina. Con los años, numerosos aspirantes espirituales han hecho de Arunachala su morada, pues encontraban que era propicia para la práctica espiritual. Ellos nos han dejado una rica herencia poética, en la que se alaba el poder de esta montaña para disipar la ignorancia espiritual y revelar la Verdad que brilla en nuestro interior. En épocas más recientes, Ramana Maharshi sintió una tremenda atracción por esta montaña, incluso después de su Realización, y vivió allí durante más de cincuenta años. A partir de su propia experiencia, les dijo a sus seguidores que, aunque la Realidad Suprema es omnipresente, también se manifiesta de forma especial en ciertos lugares de la Tierra. Los aspirantes más avanzados pueden sentir la influencia de estos lugares y utilizarla en su progreso espiritual. Debido a los efectos beneficiosos acumulados por las austeridades de innumerables sabios que han vivido allí, Arunachala ha sido y es un lugar ideal para disciplinar la mente y prepararla para fundirse en la Verdad. Hace algunos años, un grupo de geólogos norteamericanos tomó muestras de rocas de la montaña y encontraron que ésta se había formado al mismo tiempo que la corteza terrestre. A pesar de los muchos levantamientos geológicos y diluvios sufridos por la superficie del planeta a través de diferentes épocas, Arunachala ha permanecido intacta.

Desde la parada del autobús podía ver el pueblo al pie de la montaña. En el centro del pueblo se encontraba el inmenso complejo de templos que fue, hasta la llegada de los cines, el foco de la vida social y religiosa de las gentes del lugar. Durante todo el año se celebraban muchísimos festivales en los que uno podía disfrutar de música, danza y teatro. Se montaban puestos de venta con diversos tipos de comida y artículos para el hogar e incluso juguetes para los niños. Con el fin de educar e ilustrar al hombre común y corriente con moralejas e ideas sublimes sobre el sentido y propósito de la vida, cada noche, después del ocaso, un erudito bien versado en las antiguas Escrituras leía algunos versículos y daba una explicación a la multitud allí reunida. También se invitaba a eruditos de otros lugares para dar charlas y organizar debates. De esta manera, los antiguos trataban de inculcar buenas ideas en las mentes de la gente, y evitar que estuvieran siempre ocupadas en asuntos mundanos. Aun hoy pueden verse estas actividades en los templos hindúes, pero la asistencia de público ha disminuido, en gran medida, debido al entusiasmo exagerado de la gente por los goces y los entretenimientos de la vida moderna. El templo dedicado al Señor como Arunachala es uno de los más grandes de la India. Se extiende sobre una hectárea de terreno dentro de un recinto cerrado por cuatro enormes muros con vastas torres por todos sus lados. La grandiosidad del templo inspira un sentimiento de admiración reverente.

En un carro tirado por caballos me dirigí hacia el Sri Ramanashramam, morada de Ramana durante más de cincuenta años, y que está situado a unos dos kilómetros del pueblo, en sus apacibles alrededores. Antes de la llegada de Ramana, entre el pueblo y el ashram sólo había terrenos sin habitar. Más allá del ashram se encontraba el cementerio para los muertos del pueblo; si alguien transitaba por allí era para ir a un funeral. Ahora, no hay ni un palmo de tierra libre entre el pueblo y el cementerio, y el camino hacia el ashram esta siempre repleto de carros de bueyes, personas en bicicleta y aldeanos. Tiruvannamalai es un lugar caluroso y polvoriento, en donde la estación de las lluvias solo dura uno o dos meses al año, pero este hecho no empaña el sentimiento de veneración por su antigua santidad. Yo sólo había estado en Madrás, que es bastante occidental, y era precisamente ahora cuando estaba viviendo la India real, la de las aldeas caracterizadas por una cultura sencilla y antigua.

Al llegar al ashram me dio la bienvenida un joven empleado. Como había enviado un telegrama informando de mi llegada, me llevaron inmediatamente a una habitación limpia y arreglada que había dentro del ashram. Me quedé solo y observé lo que había a mi alrededor. La habitación tenía una cama, un armario en la pared y un ventilador. Éste tenía que ser mi hogar pues, pasara lo que pasara, ya había decidido quedarme hasta alcanzar la Auto-Realización. Pensé en lo triste que estaría mi madre al estar yo tan lejos. Su imagen flotaba en mi mente una y otra vez. Más tarde aprendí que, aunque uno se aleje de familiares, amigos u otras personas, si éstos piensan continuamente en él, pueden distraerle su meditación. Después de luchar un buen rato contra esas distracciones, le pedí a Ramana que llenara mi mente de su sola presencia. De esta forma conseguí que los pensamientos del pasado se fueran amainando gradualmente.

Mientras estaba sentado en la habitación preguntándome qué podía hacer, apareció el joven que me había recibido y me preguntó si quería ver el ashram. Entusiasmado, le respondí inmediatamente que sí. El recinto del ashram ocupaba casi tres mil metros cuadrados. Las instalaciones consistían en un gran salón comedor y cocina, una oficina y biblioteca, un establo, una escuela para aprender los Vedas o Escrituras hindúes, alojamiento para huéspedes masculinos y un pequeño hospital. Las mujeres y las familias se alojaban fuera del complejo, en cabañas construidas para ese fin. Por indicación de Ramana, se pedía a las mujeres que abandonaran el recinto del ashram en cuanto anocheciera, y que durmiesen en las cabañas para evitar cualquier tentación sexual. Aunque el trato de Ramana era igual para hombres y mujeres, era plenamente consciente de la debilidad humana. Los que llegaban hasta él lo hacían, obviamente, para dedicarse a la tarea de dominar la mente y los sentidos, e ir más allá para alcanzar el verdadero Ser. Sabía que el sexo era la fuerza más poderosa para distraer la mente humana, y por ese motivo procuraba mantener una atmósfera propicia para minimizar cualquier posibilidad. Mantener a los hombres y mujeres separados durante la noche, parecía la mejor solución.

La tumba de Ramana, o el *Samadhi* que es el nombre que se le da en la India a la tumba de un santo, era para mí la principal atracción. La primera vez que lo vi estaban celebrando una adoración ritual. El *Samadhi* estaba abierto por todos sus lados y rodeado sólo por una valla de hierro o enrejado. Encima de la tumba había una gran flor de loto blanca, de mármol, sobre la que descansaba un *Shivalingam*, o piedra ovalada negra, de unos veintidós centímetros de largo. Los sabios hindúes habían descubierto, a través de los siglos, que la forma oval o redonda era la que mejor representaba la Realidad sin forma, ya que no tiene principio ni fin. Dado que la Realidad sin forma está más allá de todo concepto por su carácter extremadamente sutil, los antiguos sabios estimaron que la concentración sería muy difícil si no se le proporcionaba una imagen a la mente. Al concentrarse en una forma que representa la Divinidad, la mente puede ganar gradualmente serenidad y volverse más sutil, lo que le permitirá llegar a percibir la Divinidad dentro de sí. En esta etapa, todas las formas del universo aparecen imbuidas de Divinidad, ya que la mente se ha teñido de Eso, igual que sucede cuando se usan gafas verdes y se ve todo de ese color. Es un hecho bien conocido que la propia percepción del mundo está determinada por la naturaleza de la propia psiquis. Cuando la mente se empapa de la Presencia Divina, surge naturalmente una visión equitativa. Es decir, Eso será visto por todas partes. Y, por supuesto, no ocurrirá si no se alcanza una concentración impecable. Al seleccionar una de las infinitas formas del universo y visualizar la Divinidad que hay dentro de ella, logramos esa concentración, tal como lo han reconocido y experimentado algunos *mahatmas*.

En el ritual hindú, se considera a Dios como el bienamado huésped propio, y al que se le rinde devoción ofreciéndole numerosas cosas, ya sea agua, comida, flores o canciones. La última de las ofrendas consiste en quemar alcanfor ante la imagen. El alcanfor, al arder, no deja residuo alguno, pues se consume por completo. Mientras arde ante Dios, uno debe sentir que le está ofreciendo su propia individualidad. Cuando ésta es ofrecida y aceptada, lo único que queda es Dios como Esencia. Esa es la Realización de Dios o la Auto-Realización. Mientras observaba al sacerdote que quemaba el alcanfor ante el *Samadhi*, sentí con toda claridad una presencia que se irradiaba desde el *Samadhi*, similar a la corriente de luz que sentía durante la meditación, pero ahora fluía desde fuera de mí. Sentí una profunda paz y recibí una agradable sorpresa cuando descubrí que éste era el sitio donde estaban enterrados los sagrados restos de Ramana.

A partir de aquel día y durante los doce años siguientes, su tumba se convirtió en el punto focal de mi vida. Allí sentí su presencia viva y recibí respuesta a muchas dudas, simplemente con aquella presencia. En esa época todavía no me interesaba saber si Dios existía o no. Me bastaba con saber que Ramana iba a cuidarme siempre. Pero cada vez fui más consciente de que la entidad que yo llamaba Ramana también era denominada Dios, Alá, Cristo o Krishna por los diferentes credos. La Realidad infinita podía adoptar cualquier tipo de apariencia para adaptarse al momento y lugar, y de este modo bendecir y guiar a los devotos.

Esa noche, por primera vez en mi vida, tuve lo que se podría llamar una visión. Acababa de dormirme y, de pronto, me vi sentado en la cama, mientras Ramana entraba a mi habitación. Se sentó a mi lado, palmeó suavemente mi rodilla y dijo: "Estoy contento de que hayas venido." En su rostro brillaba un resplandor divino y todo él emanaba una presencia suave, llena de gozo. Me sentí como un niño junto a su madre. De repente, me desperté medio somnoliento, pero mi inquieta mente se calmó al saber que había hecho lo correcto, abandonándolo todo para venir hasta él. Ésta fue la primera de otras muchas visiones parecidas.

A partir del día siguiente, procuré seguir una rutina diaria que consistía, fundamentalmente, en meditación, estudio de las Escrituras y yoga. Como necesitaba dormir ocho horas, me acostaba a las nueve y me levantaba a las cinco de la mañana. Después de la cena de las siete y media, ya me entraba sueño y, a no ser que hubiera algo que me interesara, me quedaba dormido a las nueve. Más tarde supe que si se cena mucho, se tiene más sueño al estar el estómago lleno, pero si se cena frugalmente o no se cena, basta con dormir cinco o seis horas.

Casi todo el tiempo lo pasaba en la sala donde Ramana había vivido los últimos veinticinco años de su vida rodeado de un creciente número de devotos. Después de abandonar su cuerpo, la sala se convirtió en un lugar de meditación y podía encontrarse gente meditando a todas horas, desde las cuatro de la madrugada hasta las diez de la noche. Yo acudía a esa sala todos los días y me pasaba unas ocho horas tratando de meditar.

Cuando llevaba un mes residiendo en el ashram, me ocurrió un hecho de lo más significativo. Un día, iba desde mi habitación a la sala de meditación con los ojos fijos en el suelo, como de costumbre, y alguien que venía en dirección opuesta, me preguntó: "Dime, hermano, ¿tienes buena meditación? Te veo todos los días en la sala, y pasas allí tantas horas..." Cuando miré hacia arriba, vi una persona con barba y un resplandor tan visible en torno a él, que me sentí conmocionado. Me limité a balbucear: "Mmm". Él también iba hacia alguna parte y no se detuvo a hablar conmigo. Aunque recordaba vagamente haber leído que los santos poseen un resplandor divino, nunca había visto tal cosa personalmente, ¿o quizás sí? Cuando Ramana apareció en mi habitación un mes atrás, también había visto un resplandor similar en su rostro. Me pregunté quién podría ser aquella persona extraña, y a la vez familiar, pero la vista de su refulgencia había trastornado tanto mi mente que no podía pensar con claridad. Me senté en la sala de meditación con estupor.

Por la tarde, una pareja norteamericana que visitaba el ashram me preguntó si quería ir aquella noche a visitar y oír hablar a uno de los discípulos de Ramana. Acordé encontrarme con ellos después de la cena, en la colina que hay detrás del ashram. Cuando llegué al lugar, alrededor de las ocho, me quedé perplejo; el discípulo no era otro que la persona con barba, con quien había hablado aquella mañana. Me saludó con una gran sonrisa y me pidió que me sentara junto a él. Estuvo hablando sobre algunos temas filosóficos. Le pregunté acerca de la naturaleza de una vislumbre de Conciencia Cósmica, y recibí una respuesta dramática bajo la forma de un destello brillante de relámpago, que iluminó el paisaje por unos segundos. Al terminar la charla, regresé a mi habitación, pero pasé toda la noche sin poder dormir, esperanzado en volver a verlo.

Al día siguiente, volví de nuevo a la colina con mis amigos a esperar a Ratnamyi, que era como se le conocía. ¿Dónde había oído yo ese nombre? Después de pensarlo un tiempo, me di cuenta de que debía ser el Ratnamyi del cual Bárbara había estado hablando cuando estuve con ella en Nepal. Las cosas empezaban a tener sentido. Ratnamyi llegó enseguida, con su rostro radiante como siempre. Hasta encontrarme con Ratnamyi, no había visto nunca a una persona que estuviera continuamente feliz. Él emanaba felicidad por los cuatro costados. Yo ansiaba preguntarle sobre algo que me preocupaba desde que salí de los Estados Unidos.

"Ratnamyi, ¿puedo hacerle una pregunta?"

"Sí, ¿qué es?", dijo sonriéndome.

"Desde que salí de los Estados Unidos, hace unos seis meses, he tenido la impresión de que el dinero es una carga. Aspiro a ser un monje, pero al mismo tiempo guardo algo de dinero. ¿No sería mejor entregarlo todo a un ashram y vivir allí apaciblemente el resto de mi vida?", pregunté.

"Hermano, estás empezando tu vida espiritual y todavía no tienes la riqueza interior de la práctica espiritual. Cuando la obtengas, Dios te proveerá siempre. Aunque dieras tu dinero a un ashram, ¿cuánto tiempo te permitirían quedarte? Quizás unos meses, pero después te pedirían más dinero y, si no lo tuvieras, te dirían que te fueras. ¿Qué harías entonces? Además, es bastante fácil vivir sin dinero. Es sólo cuestión de acostumbrarse y de adaptarse a lo que uno tiene. No hay nada extraordinario en ello, lo difícil es conservar algo de dinero y gastarlo libremente, sin que

Ratnamji

podamos prever cuánto nos va a quedar y cuánto vamos a recibir. El deseo de vivir hace que la comida sea necesaria y se precisa dinero para comprarla. El apego al dinero es como aferrarse a la vida. Podríamos considerar el dinero como el aliento vital externo del hombre mundano. Si se lo quitan, cree que va a asfixiarse. Si gastas sin ningún apego, podrás observar cómo actúa la mente y, poco a poco, eliminarás cualquier apego que ronde por tu interior. Yo, en tu lugar, continuaría con la meditación y, al mismo tiempo, gastaría el dinero, sin preocuparme sobre el futuro."

Quedé impresionado por su conocimiento práctico de la vida espiritual y el funcionamiento de la mente. Me sentí aliviado de mi carga. Un gran respeto y amor brotaron de mi corazón hacia este hombre sabio, tan sencillo y feliz como un niño, pero tan profundo en sabiduría como un santo. Yo me deleitaba en su compañía, era como si a un hombre hambriento le dieran una apetitosa comida. Me preguntaba cómo podría aproximarme más a él. No sabía dónde se alojaba ni siquiera cómo transcurría su vida. Después de oírle hablar, mis amigos y yo nos marchamos.

Al día siguiente, y como de costumbre, me acosté a las nueve. A las once, oí un golpe en la puerta. No quería que me molestasen, así que no me levanté ni respondí. Poco después, oí unos golpes en la ventana que estaba junto a mi cama.

"¡Neal, Neal! ¿Estás despierto?"

"¡No!", contesté un poco irritado.

"Abre la puerta. Tengo hambre", dijo la voz.

De mala gana me levanté y abrí la puerta. Era Ratnamyi.

"Tuve que ir al pueblo esta noche para encontrarme con algunos devotos. Recientemente ha fallecido el padre de unos de estos devotos y querían que fuera a consolarlos y que recitara los nombres de la divinidad. Tengo problemas de estómago y si de vez en cuando no como algo, aumenta mi malestar. ¿Tienes algo de comer?" Me miraba atentamente, y supuse que lo hacía para comprobar si estaba enfadado por haberme despertado a esas horas.

Tenía en mi habitación algunos cacahuetes y azúcar sin refinar. Los saqué y le di unos pocos, guardando el resto para mí. ¡Resultó ser su bocado preferido! Me pidió más y más, hasta que se los comió todos, muy a mi pesar. Mientras tanto, me estuvo explicando la conversación que había tenido con la gente del pueblo para consolarlos. También me habló de otros temas poco relevantes, pero muy formativos. Estuvo todo el tiempo observándome atentamente. Yo sólo pensaba en irme a dormir, pero él no parecía que fuera a dejarme hasta bien entrada la madrugada. Mientras estaba allí sentado, sentía una dicha peculiar, pero apenas la disfrutaba, pues mi resentimiento por haber sido molestado y no poder volver a la cama, la enturbiaba.

No sospechaba que me estaba probando para conocer mi temperamento. ¿Quería realmente hacerme monje o, más bien, aferrarme a otras cosas que no fueran lo Real, como dormir o el dinero? Él sabía cómo averiguarlo. Si hacía sólo unas horas me preguntaba cómo renunciar al dinero, ahora estaba preocupado porque se había comido todos mis cacahuetes. ¡Ya estaba calculando cuánto me gastaría en cacahuetes y azúcar sin refinar si se presentase todas las noches, y el dinero que me quedaría! Así recibí mi primera lección práctica sobre cómo gastar dinero sin estar apegado a él y, por supuesto, fracasé estrepitosamente.

Ratnamyi se alojaba en una habitación en el hospital del ashram, pues asistía al sacerdote principal en el culto diario que se celebraba en el *Samadhi* de Ramana. Este culto se realizaba tres veces al día, por lo que era necesario estar limpiando continuamente, traer agua, arreglar las ofrendas y dejarlo todo preparado para la siguiente celebración. Por este motivo, Ratnamyi disponía de aquella habitación en el mismo ashram y, de esta manera, no tenía que desplazarse muy lejos si quería descansar después de cada culto.

Al día siguiente de comerse mis cacahuetes, se presentó de nuevo en mi habitación y se tendió en el suelo. No había ventilador en su habitación y el calor era sofocante. Pensó que podía hacer uso de mi ventilador y, mientras, pasar un rato juntos. Por un falso sentido de superioridad, me sentó mal que perturbara de nuevo mi intimidad, pero al mismo tiempo disfrutaba de su compañía. Me tendí en la cama y él se sentó en el suelo. Yo era tan torpe e irreverente entonces, que no le ofrecí mi cama. Él tendría unos cuarenta y ocho años, mientras yo solo tenía diecinueve. Al haber sido educado en Estados Unidos, no sabía cómo debía actuar en presencia de personas mayores o de santos. Pero aunque lo hubiera sabido, probablemente no habría actuado de un modo correcto debido a mi arrogancia y pereza.

Por aquel entonces, me sentía muy orgulloso de mí mismo, ya que había sido capaz de dejar mi casa, sabía hacer algunas posturas de yoga y practicaba un poco de meditación. ¡Creía que ya me había convertido en un yogui completo! No sabía que un verdadero yogui era una persona llena de humildad, al haber experimentado la presencia de la Realidad impersonal dentro de él. Percibe que su personalidad o individualidad no es nada, solo una mera apariencia sombría, sujeta a constantes cambios, y únicamente el Ser impersonal, que constituye la base del individuo, es real e inmutable. Las olas pertenecen al océano y no el océano a las olas. Las olas vienen y van pero el océano sigue siendo el mismo. Un verdadero *mahatma*, o gran alma, es el que siente que no es nada y que Dios, el Ser Supremo Universal, es lo único real.

Le pregunté a Ratnamyi cómo había llegado hasta Ramana, y me respondió con una fantástica historia, pero contada con tal sinceridad, que no dudé sobre su veracidad. Me dijo:

"Cuando terminé mi formación escolar, a los dieciocho años, conseguí el título de bachiller en ciencias y me concedieron una beca para continuar mis estudios, pues era un buen estudiante. En esa época, empecé a sufrir una enfermedad muy misteriosa. Me dominaba una sed insaciable y tenía que beber enormes cantidades de agua todo el día. Cuando digo enormes, quiero decir alrededor de setenta u ochenta litros, o tres o cuatro cubos de agua en veinticuatro horas. Era bastante raro, pero lo más extraño era que solo orinaba una cantidad normal. Aunque tomara ochenta litros de agua diarios, sólo orinaba medio litro. También sentía un dolor agudo en la base de mi columna vertebral. Mi familia me llevó a toda clase de médicos — ayurvédicos, homeopáticos, alopáticos y a varios especialistas — pero todo resultó en vano. No podían encontrar la causa ni el remedio. Al final, me admitieron en el hospital gubernamental de Madrás, a unos ochocientos kilómetros de mi pueblo. Un primo mío me acompañó hasta allí.

"Después de pasar dos meses, me dieron de alta sin que experimentara ninguna mejoría. Cada día me debilitaba más y más. Ante aquella situación, opté por recluirme en casa y esperar la muerte. Acompañado de mi primo, tomamos un tren de regreso y, en el trayecto, decidimos visitar a otro primo común que vivía a unos doscientos treinta kilómetros de mi pueblo. Queríamos almorzar con él y pasar allí la noche para proseguir, al día siguiente, el viaje. Al llegar a su casa, nuestro primo nos dio la bienvenida y preguntó por el motivo del viaje a Madrás. Al enterarse de mi estado de salud, dijo: 'Hay un hombre que está de visita en este pueblo y, según comenta la gente, puede curar enfermedades aparentemente incurables. ¿Quieres que vayamos a verlo antes de que se vaya? No es médico, pero he oído que entra en trance y luego prescribe algunos remedios.' Después de haber probado distintos tratamientos, pensé '¿por qué no? ¿Qué puedo perder?' Almorzamos y nos fuimos a visitarlo.

"Nada más entrar en la habitación, el hombre exclamó: '¡Has venido, Ratnamyi! ¡Ven aquí inmediatamente!' Yo, por supuesto, estaba sorprendido, ¡por no decir atónito! ¿Cómo podía saber mi nombre? Allí no nos esperaba nadie, ni siquiera nos conocían. Me acerqué a él y vi que estaba sentado en el suelo frente a una imagen de Hanuman. La imagen había sido decorada con flores y ante ella había un enorme montón de hojas de betel."

"¿Quién es Hanuman?", pregunté.

"Hay una antigua obra, llamada el *Ramayana*, que explica la vida de Sri Rama, considerado en la India como una Encarnación de Dios, al igual que Cristo en Occidente. Los hindúes creen que Dios se encarna innumerables veces, en el transcurso de la historia humana, para situar al hombre en el sendero correcto que conduce a su Realización. Corrige a los malvados y ayuda a los virtuosos. Se encarna en cualquier parte del mundo, cuando ve que es necesario, o envía a sus fieles devotos o santos a este mundo para emprender la tarea, dotándoles de poder divino. Hace miles de años, Sri Rama nació en el norte de la India y protagonizó la representación de su vida. Hanuman era uno de sus fieles sirvientes y devotos del reino no-humano. Era un mono, pero un mono muy inteligente y muy fiel. En realidad, según el *Ramayana*, formaba parte de la Misma Divinidad que bajó para participar en la representación divina de Sri Rama, y es adorado como tal incluso en nuestros días. Se ha comprobado que la adoración a Hanuman es muy eficaz para disipar los malos espíritus."

"¿Qué quiere decir con malos espíritus?", le pregunté a Ratnamyi. "¿Cree realmente que existen estos seres?"

"Bueno, igual que tú, yo era por aquel entonces muy racional en todo lo referente a cuestiones religiosas y espirituales. No daba nada por sentado, a menos que lo experimentara directamente, e incluso llegué a escribir un artículo condenando el punto de vista tradicional de algunas creencias y costumbres hindúes. Pero, lo que sucedió, me convenció muy pronto de que hay algo más allá de lo que el ojo humano puede ver. Hanumandass, como era llamado aquel caballero que fuimos a visitar, me hizo señas para que me acercara. Cerró los ojos y luego lentamente, en un susurro, me dijo que yo no tenía ninguna enfermedad, sino que se trataba de otra cosa, y que por la gracia de Hanuman desaparecería. Había en el pueblo un nuevo templo dedicado a Hanuman. Me pidió que caminase alrededor de aquel templo ciento ocho veces al día durante un mes, sin faltar un solo día, y que después volviera. Cuando me decía que diera las vueltas alrededor del templo, lo hacía en primera persona: 'Camina en torno a mi templo,' para que yo entendiera que era el mismo Hanuman el que me lo estaba pidiendo.

"No nos impresionó aquella declaración. Nos despedimos y regresamos a casa de mi primo. Había pasado tanto tiempo visitando médicos y hospitales, que pensé ¿por qué no pruebo un mes? Aunque no dé resultado, al menos habré empleado el tiempo de una buena manera, adorando a Dios en la forma de Hanuman. Decidí empezar al día siguiente a dar vueltas al templo.

"Por la mañana, me encontré en el templo de Hanuman. Había un sendero a su alrededor especialmente preparado para quienes desearan adorarlo a través de la circunvalación. Imploré la ayuda de Hanuman mientras daba las ciento ocho vueltas y, después, regresé a casa. Aquella noche, inmediatamente después de quedarme dormido, soñé que Hanuman se aparecía junto a mi cama, asumiendo una forma diminuta. Me sonrió y señaló hacia el lado opuesto de la cama. Miré hacia allí y vi una figura delgada, espectral. Me asusté un poco, y la figura se desvaneció de inmediato. ¡Me desperté y vi que Hanuman todavía estaba de pie junto a mi cama! Pero, a los pocos segundos, su figura se fue desvaneciendo poco a poco. No pude dormir el resto de la noche y me quedé sentado, repitiendo el nombre de Hanuman y meditando.

"Después, cuando amaneció, fui a la casa de Hanumandass y le conté la experiencia que había tenido aquella noche. No se encontraba en trance y me dijo que no me preocupara, que estaba poseído por un espíritu que utilizaba mi cuerpo para satisfacer su intensa sed, que Hanuman había querido tranquilizarme al mostrarme su forma, y hacerme saber que él me libraría de aquel parásito. También dijo que, en otros muchos casos, había sucedido así.

"Continué la circunvalación del templo durante veintinueve días, pero la sed no disminuía en absoluto. Mi fe empezaba a resquebrajarse. Pero cuando me desperté el trigésimo día, la sed había desaparecido. Esperé todo ese día para ver qué pasaba, pero me encontré perfectamente normal y hasta dejé de sentir dolor en la columna vertebral. Estaba lleno de alegría. Después de visitar el templo, fui a ver a Hanumandass y le conté la buena noticia. Le pedí que me iniciara en la adoración y en el *mantra* de Hanuman, a lo que accedió. Viví con él y su esposa, como si fuera su propio hijo. Le acompañaba en sus viajes a distintas aldeas y le ayudaba a eliminar espíritus malignos. Le asistía en el culto diario, preparaba la comida que servía de ofrenda y hacía todo lo que me encomendaba.

"Un día nos pidieron que fuéramos a una aldea en donde se creía que una joven, de unos veintiséis años, estaba poseída. A menudo hablaba un inglés fluido, a pesar de desconocer esa lengua. Cuando llegamos, nos acompañaron a casa de la muchacha y nos la presentaron. Hanumandass le preguntó quién era, pero no contestó. Repitió la pregunta y le aseguró que no había venido a hacerle ningún daño. Entonces, ella empezó a hablar en perfecto inglés.

"Dijo: 'Era un estudiante universitario que todos los días solía pasar por esta casa cuando iba a estudiar y me enamoré de la belleza de esta chica. Siempre anhelé disfrutar de su compañía, pero sabía que era imposible, a menos que estuviésemos casados. Un día, sufrí un grave accidente y morí. Ahora, estoy disfrutando de su compañía bajo una forma sutil. Si crees que Hanuman puede librarse de mí, estás equivocado. ¡No me iré tan fácilmente como se ha ido mi amigo del cuerpo de Ratnamyi!'

"Al oír aquellas palabras, me quedé realmente atónito. Según parece, estos seres viven juntos en un mismo mundo, invisibles a los humanos. Sin embargo, a través de ciertos rituales, Hanumandass pudo liberar muy pronto a la muchacha de aquella posesión.

"Transcurridos unos dos años con Hanumandass, un día, mientras se encontraba en trance, me llamó y me dijo que en el sur de la India había un gran santo de nombre Ramana Maharshi, que debía ir allí y vivir cerca de él, pues sirviéndole alcanzaría la meta real de la vida, la Realización de mi Verdadera Naturaleza. Ni Hanumandass ni yo habíamos oído hablar de ese santo. Hicimos algunas averiguaciones y, al final, nos enteramos de que vivía al pie del monte Arunachala, en un pueblo llamado Tiruvannamalai. Me despedí de mi primer Gurú y de su esposa, y me dirigí hacia Arunachala.

"Cuando llegué aquí, entré directamente en la sala donde Ramana estaba sentado en un sofá. Me hizo señas para que me acercara y me sentara. Me incliné ante él y me senté en el suelo. Cerré los ojos y empecé a repetir el *mantra* que había aprendido de Hanumandass, pero extrañamente, ¡no pude recordarlo! Lo había repetido miles de veces en los últimos dos años, y ahora lo había olvidado completamente. A continuación, sentí que desaparecía la conciencia del cuerpo y, en su lugar, surgía un vasto océano de luz radiante. Mi mente estaba totalmente quieta, llena de una paz inefable y de luz. No sé cuánto tiempo permanecí en ese estado.

En el jardín en Tiruvannamalai

"Pasado un tiempo, abrí los ojos y vi que Ramana estaba mirándome con una sonrisa en sus labios. Me incliné ante él y abandoné la sala. En los días siguientes, siempre que me sentaba en su presencia, se repetía la misma experiencia. Tenía la sensación de pertenecer a este lugar y deseaba que fuera mi hogar permanente. Tenía la esperanza de residir en el ashram, pero antes de instalarme definitivamente quería contar con el permiso de mi madre. Dejé a Maharshi y regresé a casa en tren. Durante el viaje, sentí la misma paz y luz que había experimentado en la sala. Llegué a mi aldea y le conté a mi madre lo que había ocurrido. Empezó a llorar llena de gozo y dijo: 'Hijo mío, yo también deseaba llevar una vida de renuncia y espiritualidad, pero sin saber por qué, me casé. Estaba decepcionada porque ninguno de mis nueve hijos tenía una aspiración similar. Todos están contentos con la vida que llevan. Sólo tú, el más joven, eres la respuesta a mis oraciones. El deseo que siempre he tenido de vivir como una monja, se verá cumplido a través de ti. Ve, hijo mío. Tu padre es Ramana y tu verdadero hogar es Arunachala. Él te está llamando. Tienes mi bendición.'

"Entonces volví aquí y, pasado un tiempo, se me encargó el servicio personal de Ramana. Eso sucedió hace unos veinte años."

Cuando Ratnamyi terminó de narrar su historia ya era muy tarde, y tuvo que marcharse pues era muy estricto en el cumplimiento de sus tareas diarias. Se levantó y se fue. Yo lo seguí, pues quería saber cómo empleaba el tiempo. A primera hora de la noche limpiaba el santuario del *Samadhi*, se unía al canto de los Vedas y a la adoración, y después se iba unas dos horas a meditar en soledad. Después de cenar, se juntaba con los devotos visitantes, estudiaba o caminaba en torno al monte Arunachala, solo o acompañado. Nunca se iba a dormir antes de las once. Se levantaba todos los días a las tres y media de la madrugada y seguía una rutina similar: limpiar el santuario, adorar y meditar hasta el almuerzo. En su habitación, realizaba su propia adoración privada o *puja*. Lo estuve observando algunos días y me preguntaba cómo podía aguantar de pie con sólo cuatro horas y media de sueño. Un día me acerqué a él con una petición que, sin yo saberlo, transformaría mi vida.

"Ratnamyi, me parece que está esforzándose mucho, ¿puedo hacer algo para aliviar su carga?", le pregunté.

"Bueno, ¿por qué no empiezas recogiendo flores para la adoración de la mañana? Tienes que entregármelas a las seis. Para poder terminar a tiempo, deberías empezar el trabajo alrededor de las cuatro y media. Pero antes, debes darte un baño y asearte, pues solo entonces estarás preparado para hacer el culto Divino."

Si el trabajo debía comenzar a las cuatro y media, eso significaba que tenía que levantarme a las cuatro. Es sorprendente ver que, cuando surge la necesidad, uno puede librarse fácilmente del sueño de madrugada, aparentemente indispensable e imposible de abandonar. Si uno ha de tomar un avión a las cinco, ¿no se levanta acaso a las tres y media? En realidad, muchas de nuestras supuestas necesidades no son más que hábitos innecesarios. La mayoría duerme demasiado, come demasiado, habla demasiado y se preocupa demasiado, pensando que todo ello es sumamente necesario.

Rápidamente aprendí que se pueden reducir las necesidades vitales al mínimo para, así, conservar la energía y no dañar al cuerpo innecesariamente. Nuestra vida y energía, utilizados apropiadamente, pueden llevarnos a la meta espiritual en esta misma vida. Debido al mal uso de nuestra fuerza vital, malgastada en un excesivo dormir y en otras actividades innecesarias, fracasamos en lograr lo que nos proponemos alcanzar. Resulta frecuente encontrarse con personas que han meditado durante veinte o treinta años, pero que apenas han progresado, ni han tenido una experiencia espiritual más allá de un poco de paz mental, aunque frágil. Si se mirase de cerca su vida interior, encontraríamos que han desperdiciado su energía, ya sea por ignorancia o negligencia, y que han frustrado su propósito. Si queremos que el agua llegue rápidamente a los pisos superiores de una casa, debemos asegurarnos que los grifos de la planta baja estén bien cerrados. De igual modo, si deseamos progresar rápidamente en lo espiritual, debemos economizar nuestra energía para que la fuerza vital pueda elevarse más y más alto hacia la coronilla, a través de la concentración, y sumergirse, en última instancia, en la Realidad Suprema.

Era pleno invierno y, aunque hacía calor durante el día, por la noche refrescaba. A primera hora de la mañana, la temperatura era de unos 10° Celsius. Al desconocer que había agua caliente disponible en el baño común del ashram, yo guardaba por la noche agua en un bidón que tenía en mi baño. ¡No cabe duda que aquella agua helada sobre mi cuerpo, mientras soplaba una fresca brisa matutina, era un medio súper eficaz para situarme más allá de la conciencia corporal! Después de bañarme y vestirme, tomaba una cesta y me encaminaba hacia el gran jardín del ashram. Aunque resultaba agradable recoger flores a esas horas en aquel extenso jardín, no obstante había un problema. Toda la zona estaba plagada de escorpiones y de diversas clases de víboras, desde inofensivas culebras de agua hasta cobras reales. No era posible llevar una linterna porque se necesitaban las dos manos para hacer el trabajo, y la única luz era la de una tenue bombilla de veinticinco vatios, situada en una galería a unos cincuenta metros de allí.

Ésta sí que era una auténtica lección de entrega al Maestro. ¿Dónde estaba mi mente, en las flores o en las víboras? Gradualmente, fui desarrollando una confianza tal en Ramana que ni siquiera pensaba en las víboras o en los escorpiones. Jamás me mordió ni me picó nada que fuera más peligroso que una abeja o un mosquito. Algunas mañanas llovía torrencialmente, pues acababa de comenzar la estación de las lluvias (monzones). Lloviera o no, las flores debían estar en el santuario a las seis en punto. Pensé comprarme un paraguas, pero Ratnamyi no quiso ni oír hablar de ello. Dijo que si quería ser monje, debía arreglármelas con lo más mínimo. Me enseñó la forma de atar un *dhoti* para que sirviera a modo de paraguas, algo así como un poncho, pero de algodón.

Mientras recogía flores, me di cuenta de un hecho muy peculiar sobre el funcionamiento de mi mente. Cuando iba a tomar una flor, ya tenía puesta la mirada en la siguiente. Me sorprendió mi falta de concentración. Recoger flores se convirtió, realmente, en una lección de concentración y entrega, sin mencionar la paciencia. Una vez entregadas las flores en el *Samadhi*, ansiaba seguir trabajando. Ratnamyi dijo que podía barrer el área alrededor del santuario y fregar la escalera delantera. Empecé a barrer y, enseguida, me di cuenta de que lo estaba haciendo con la mano que Ratmanyi consideraba incorrecta, pues soy zurdo. A pesar de mis protestas, insistió en que utilizara sólo la mano derecha, al menos mientras hacía servicio Divino. Le pregunté si no estaba ya pasado de moda considerar la mano izquierda como incorrecta. Respondió que los antiguos sabios no eran tontos, que poseían una visión omnisciente y estaban convencidos de que la mano izquierda tenía una vibración negativa y solo debía usarse para asistir a la derecha. Si dudaba de los sabios, entonces podía barrer como quisiera.

Por supuesto, no me atreví a hacerlo a mi manera y me esforcé para aprender a barrer con la mano derecha. Pero, además, había otro problema añadido, pues la escoba tenía sólo medio metro. Estaba ya muy gastada, y me veía obligado a inclinarme para poder barrer bien. Como el área que había frente al santuario era muy extensa, podía tardar una media hora con una buena escoba, pero con la escobilla corta, tardaba casi cuarenta y cinco minutos, y terminaba jadeando. Por tanto, me aventuré a pedir una escoba mejor.

Ratnamyi me respondió: "Somos monjes pobres y tenemos que arreglarnos con lo mínimo. Si realmente es necesario, Ramana te facilitara de inmediato una escoba mejor. Hasta que llegue ese momento, trabajarás con ésta."

Empecé a preguntarme en qué lío me había metido, y todo por ofrecerme a colaborar en la tarea de Ratnamyi. Pero después de haber aceptado, no podía echarme atrás tan pronto, de modo que continué.

Cuando Ratnamyi disponía de algún tiempo libre, venía a mi habitación para conversar. Me contaba cosas de su vida con Ramana, el carácter estricto que el Maestro mostraba, en cuestiones de disciplina, hacia sus discípulos más cercanos. Pero también, al mismo tiempo, el gran afecto que sentía hacia todos ellos y el interés por su progreso espiritual. Con los que realmente ansiaban obtener experiencias espirituales, se mostraba muy estricto en todos los detalles. Un cabo de lápiz no debía desecharse, aunque se dispusiera de un nuevo lápiz, porque todo era proporcionado por Dios y tenía que utilizarse completamente de forma adecuada. Ningún papel debía tirarse, sino utilizarse, al menos, para encender fuego. Ramana solía cortar los bordes en blanco de los periódicos y, uniéndolos, los usaba para escribir pequeños versos o notas. Enseñaba con el ejemplo, decía que se debía tomar lo mínimo y dar lo máximo a los demás. Cuando estaba en su lecho de muerte, exhalando su último suspiro, insistía en que todos los que habían acudido a verlo pudieran hacerlo. Su existencia fue totalmente desinteresada, carente de deseos, y esperaba lo mismo por parte de sus discípulos.

En aquella época, había cuatro o cinco hombres que se turnaban entre sí para atender a Ramana. Cuando Ratnamyi se instaló en el ashram, le preguntaron qué turno prefería. Respondió que aceptaría el que quedara libre después de que los otros hubieran elegido. Por supuesto, nadie quería el turno de noche, el que iba desde las diez hasta las cuatro de la madrugada, pues representaba no poder dormir. Ese fue el turno que le fue adjudicado a Ratnamyi. Y aunque los otros pensasen que él tenía el peor turno, sin embargo, consiguió el mejor, puesto que por la noche no había nadie en el ashram y podía estar a solas con Ramana. Además, Ramana dormía muy poco y podía transmitirle muchas enseñanzas. Como no había gente a aquellas horas, Ratnamyi consiguió aprender en muy poco tiempo más que en muchos años de convivencia con Ramana.

Mientras hablaba conmigo y compartía sus experiencias, Ratnamyi me hacía sentir como si fuera su propio hijo o su hermano pequeño. También me preguntaba acerca de mi pasado y me aconsejaba sobre mi dieta, posturas de yoga o meditación. Nuestra relación se hizo cada vez más profunda. Poco a poco, fui convenciéndome de que Ratnamyi era la respuesta a mi plegaria por un Gurú. Él había sido instruido meticulosamente por Ramana y se había convertido en un hombre sabio. Con este pensamiento, fui un día a verlo y le dije: "Creo que es mi Gurú."

"Estás equivocado", me dijo, "tú y yo tenemos el mismo Gurú, y ése es Ramana Maharshi. Para mí, eres mi pequeño hermano espiritual."

Me sentí desilusionado y, evidentemente, este sentimiento se reflejó en mi rostro.

"Bueno, si esto te va a hacer sentir mejor, considérame un instrumento de Ramana que te ha sido ofrecido para mostrarte el camino. Pero también tengo que advertirte que, en mis veintiocho años de estancia aquí, no he conocido a nadie que fuera capaz de seguirme los pasos. Tengo que mantener el nivel que me señaló mi Gurú, y los que quieran seguirme tendrán que hacer lo mismo. Jamás he tenido necesidad de ahuyentar a nadie, y los que se han ido, lo han hecho por voluntad propia al no poder seguir mi ritmo."

Decidí entonces que, aunque muriese en el intento, nunca lo dejaría ni me quedaría a un lado del camino. Le pregunté cuáles eran los deberes de un discípulo.

"Después de incrementar tu fe en un Maestro, debes obedecerle en todo lo que él te diga, pues si te pide que hagas algo de una determinada manera, lo hace pensando únicamente en tu crecimiento espiritual. Si no posees una fe total en un santo, es mejor que no lo aceptes como Maestro, pero si tienes esa fe, debes ser obediente sin dudarlo. Si para adquirir conocimientos ordinarios, se deben seguir las instrucciones de un maestro, mucho más cuando queremos conseguir una experiencia espiritual, que es muchísimo más sutil y compleja que el conocimiento mundano."

Obediencia. Aunque conocía el significado de la palabra, no tenía una experiencia práctica de la misma. Había crecido desobedeciendo continuamente a mi madre, a mis maestros y también a la sociedad. La mía había sido una vida de completa anarquía. Había hecho siempre lo que quería. Sin embargo, entendía que era necesario obedecer ciertas reglas para alcanzar una meta determinada. Yo deseaba alcanzar la experiencia de la Dicha Absoluta, sentía que Ratnamyi la tenía, y él estaba dispuesto a mostrarme el camino para conseguirla. Ciertamente, no sería difícil obedecerle. Por tanto, durante los siguientes ocho años de nuestra relación, hasta su muerte, me esforcé por hacer de la obediencia mi principal práctica espiritual.

Aquél que muestra obediencia a un verdadero sabio espiritual logra, día a día, una paz mental perdurable. Obtiene gradualmente la experiencia del mismo estado de conciencia divina que experimenta el sabio. Es algo así como sintonizar una radio. Las numerosas ondas de radio impregnan la atmósfera, pero sólo oiremos aquellas con las que sintoniza nuestra radio. Nuestras mentes son como una radio que recibe continuos estímulos burdos a través de los cinco sentidos y, sutilmente, a través de las mentes y vibraciones de otros seres vivos. El principio más sutil es, por supuesto, la Verdad o Dios. Quienes han experimentado a Dios han dicho que únicamente puede ser conocido cuando la mente se torna extremadamente sutil, pura y serena. Para alcanzar ese estado se requiere un entrenamiento constante, bajo la supervisión inflexible de alguien que conozca a Dios perfectamente. Nuestras acciones y palabras siguen los dictados de nuestra mente. La propia condición mental puede ser muy bien juzgada cuando observamos nuestras acciones y palabras, a pesar de que pueden intervenir motivos ocultos que no necesitamos considerar ahora. Los aspirantes espirituales, a través de todos los tiempos, han aprendido que se puede alterar la propia condición mental cambiando sus palabras y acciones.

Ésta es la esencia de la relación entre un verdadero sabio espiritual y un discípulo sincero. El discípulo desea la experiencia de la Realidad, pero a causa de sus pensamientos equivocados y acciones erróneas, le es imposible alcanzarla, a menos que le sean señalados y corregidos sus errores habituales. Cuando se purifique la mente, la verdad que mora en el interior brillará espontáneamente, libre de fuerzas obstructivas. Un auténtico santo se limita a señalar los errores de uno y le ayuda a corregirse. Cuando la mente alcanza su condición pura, todo se logra fácilmente y surge al instante. Aunque los consejos del Maestro parezcan a veces carentes de sentido, solo cuando logremos profundizar en la propia experiencia espiritual, comprenderemos plenamente la importancia de tales consejos. Hasta ese momento, la obediencia es la única vía.

Hoy en día hay muchos cultos y auto-denominados gurús. No me estoy refiriendo a ellos, sino al aspirante que desea sinceramente llegar al Auto-Conocimiento y al verdadero sabio que vive en ese estado. Por supuesto, cada uno de nosotros debe observar y juzgar si una persona es apta para guiarnos por el sendero espiritual, aunque ya sabemos que es muy difícil conocer si una persona está iluminada o no. Aunque algunas de las características distintivas de un Alma Realizada sean la ausencia de miedos, de egoísmo, de sensualidad y el poseer un sentimiento de igualdad hacia todos, es posible que éstas no se manifiesten siempre de una manera palpable. En última instancia, debemos obrar siguiendo nuestra propia intuición. Parece una Ley de la Naturaleza, pero un aspirante sincero siempre obtiene la compañía de un verdadero santo, aunque el encuentro pueda demorarse.

Cuando no había transcurrido ni un mes desde que conocí a Ratnamyi, me di cuenta que mi rutina diaria había cambiado drásticamente. Lo que había empezado como una pequeña ayuda para aliviarle de su carga diaria, se convirtió en una dedicación completa. No tenía ni tiempo para sentarme a meditar. A medida que crecía mi amor y admiración por él, aumentaba el tiempo que pasaba a su lado. Se podría decir que me movía con él casi las veinticuatro horas del día. Observaba con todo detalle su modo de vida y las palabras que me dirigía a mí y a los demás. Muchas veces me pidió que no aceptara todo lo que él dijera, por el solo hecho de que era él quien lo decía. Más bien, debía reflexionar atentamente si era correcto o no, y si tenía alguna duda, debía preguntarle. Con este hombre maravilloso, no había posibilidad alguna de sentir la presión de una dictadura ni tampoco lo contrario. Quería que me desarrollara a través de mi propia inteligencia. Él era el guía, pero yo el conductor.

Nunca me pedía que hiciera nada por mi cuenta, pero yo, además de recoger las flores y barrer, limpiaba su habitación, preparaba su *puja* personal, le llevaba el agua caliente para su baño de la mañana, me encargaba de su correspondencia en inglés y algunas otras tareas. Mis horas de sueño se redujeron a cinco y no tuve ningún trastorno, sino, más bien, todo lo contrario. Estaba más despejado y me sentía más fresco y atento a todo. Comprobé que comer dos veces al día, sin tomar nada entre horas, era más que suficiente y mantenía mi cuerpo liviano. Si pensaba que Ratnamyi necesitaba algún complemento para su dieta habitual, se lo compraba sin preguntarle nada. Sus necesidades eran extremadamente mínimas.

Empecé a dormir en el suelo como hacía él y encontré que era más confortable que en la cama. Si uno se acostumbra a una vida sencilla, se puede vivir felizmente en cualquier lugar, aunque no se tenga nada. Cuando no podemos conseguir algunas de las necesidades que nos creamos, sufrimos un sinfín de preocupaciones mentales y vivimos agitados. Si no disponemos de una habitación confortable con un grueso colchón, un aparato de televisión y un baño privado, ¡muchos de nosotros sentimos que la vida es insoportable! En realidad, dos metros cuadrados en cualquier parte, incluso bajo un árbol, son suficientes para cualquiera que esté sano. Es la actitud de la mente la que marca la diferencia.

Un día llegó una tarjeta postal para Ratnamyi, invitándole a asistir a un festival en un ashram del norte de la India. En la parte superior de la tarjeta, aparecía impreso un *mantra* del Nombre Divino. Debajo, había una cita de una de las Escrituras hindúes, en la que se alababa el poder de ese *mantra*. Decía que si uno lo repetía treinta y cinco millones de veces, la mente alcanzaría pureza absoluta y se fundiría con lo Real. Le pregunté a Ratnamyi si era cierto.

"Por supuesto que sí. Las Escrituras fueron compiladas por los antiguos sabios, los que realizaron a Dios a través de diferentes medios. Ellos fueron científicos que experimentaron con diversas prácticas espirituales, obteniendo así la Realización de Dios. Transmitían sus experiencias a sus discípulos, quienes a su vez la transmitían a otros discípulos y, así, sucesivamente. Todo esto se conseguía a través de la palabra hablada, pues en aquella época no existía todavía la imprenta y el conocimiento se basaba en la tradición oral. Dado que ellos mantenían una vida muy disciplinada, lograban un tremendo poder de memorización y, de esta manera, recordaban todo lo que les era enseñado, aunque fueran miles de versículos.

"En las Escrituras están recogidas las experiencias espirituales de estos antiguos sabios. De hecho, las Escrituras parten de la recopilación de esos versículos orales, que gracias a su escritura se distribuyeron más ampliamente. No hace mucho presencié cómo un erudito védico recitó de memoria una parte del Veda y ¡estuvo veintiocho horas! No sólo deben ser correctos los versos, sino que cada sílaba debe entonarse de una determinada manera, pues en caso contrario puede variar su significado. En nuestros días, todavía existen eruditos con ese soberbio poder de memoria."

Tras oír estas palabras, decidí repetir el *mantra* treinta y cinco millones de veces. Calculé que si lo repetía a un ritmo moderado, durante dieciocho horas al día, aunque estuviera haciendo otras cosas, tardaría unos veinticinco años. Le pregunté a Ratnamyi si creía que era una buena idea y él asintió. Desde ese momento, se convirtió en mi principal práctica para realizar a Dios.

Después de pasar dos meses en el ashram, empezaron a surgir ciertas dificultades. Algunos de los *sadhus* o monjes que vivían allí empezaron a sentir celos de Ratnamyi, pues creían que le estaba dando grandes sumas de dinero. En la India, los nativos suelen creer que los occidentales somos ricos, y puede que lo seamos en comparación con los hindúes, pero lo cierto es que yo nunca le di dinero a Ratnamyi ni le compré nada, salvo algo de comida. A veces me aconsejaban que no siguiera con él, a lo que me oponía enérgicamente. Esto hizo que las cosas fueran empeorando poco a poco, hasta que un día me pidieron que dejara mi habitación y me instalara en la general de huéspedes, la que ocupaban los monjes que visitaban el ashram. Le conté lo sucedido a Ratnamyi y me sugirió que buscara una habitación fuera del ashram, pues era sólo cuestión de tiempo. Busqué en la aldea vecina y encontré una habitación grande, y no muy cara, en la primera casa que pregunté. Ese mismo día me mudé, con mis pocas pertenencias, a la nueva habitación, y así empezó un nuevo capítulo en mi camino espiritual.

Aquella casa pertenecía a uno de los más antiguos devotos de Ramana. Vivía allí desde los años treinta, junto con su familia. Además era un buen amigo de Ratnamyi, a quien ya le había dado alojamiento en esa misma casa veinte años atrás. Era una persona muy inocente y piadosa, que siempre estaba dispuesto a contar apasionantes historias sobre su relación con Ramana. La casa quedaba a unos cinco minutos, a pie, desde el ashram y estaba rodeada de un amplio jardín, de unos cuatrocientos metros cuadrados, con muchos árboles frutales y abundante flora. Era el sitio ideal para llevar una vida retirada y realizar prácticas espirituales. Narayana, su propietario, me contó que cuando pensó en cavar un pozo, le llevó el plano de su terreno al Maharshi, y le preguntó dónde debía cavar. Ramana puso su dedo en un punto y allí se cavó el pozo. Durante la estación más calurosa se suelen secar casi todos los pozos de la zona, excepto este pozo y el del ashram que se mantienen llenos hasta casi la mitad, ya que ambos se alimentan de un manantial perenne.

Narayana era muy escéptico antes de encontrarse con Ramana Maharshi, y si fue a visitarlo fue únicamente por la insistencia de un amigo. Cuando entró en la sala, Ramana estaba discutiendo acerca de una cuestión del Vedanta que trata sobre la unidad de Dios y su creación. Decía que todo aquél que, después de purificar su mente, logra la unidad con Dios, aunque esté dotado de cuerpo, no es, en modo alguno, diferente del Absoluto Sin-Forma. El Poder del Ser Supremo se manifiesta en esa persona.

Narayana esperó a que Ramana saliera de la sala para ir a comer, y entonces le preguntó: "Ha hablado de la identidad de Dios y de un ser liberado. ¿Se estaba refiriendo a su experiencia personal?"

Ramana esbozó una leve sonrisa y respondió: "¿Podría yo decir semejante cosa sin haberla experimentado?" Al oír estas palabras, Narayana se sintió embargado por un sentimiento de respeto y devoción. Se postró ante el Maharshi, tendiéndose a lo largo del suelo, igual que un tronco de madera, y desde aquel momento se convirtió en uno de sus más fieles devotos.

A los pocos días de mudarme a mi nueva casa, Ratnamyi vino a ver el lugar. Después de saludar a Narayana, echó un vistazo a mi habitación. Me recomendó que preparara yo mismo mi comida, en vez de comer la de la familia. Sería más barato y de gran ayuda en mi vida espiritual. Según Ratnamyi, los alimentos se vuelven sensibles a las vibraciones de quienes los preparan y, como un imán, atraen y retienen los pensamientos negativos o mundanos, instalándose después en nuestra mente cuando ingerimos esos alimentos. El pensamiento sutil afecta a la parte sutil de nuestro cuerpo, a la mente, mientras que la parte burda pasa a formar parte del cuerpo físico. Esta cuestión carece de importancia para la gente mundana, pues no les preocupa moldear el contenido de sus mentes.

Un aspirante espiritual, sin embargo, debe tener mucho cuidado con el fin de reducir y purificar sus pensamientos. El Ser Real sólo puede brillar, sin obstáculo alguno, en una mente libre de pensamientos. Al cocinar para uno mismo, es posible ir distinguiendo paulatinamente qué pensamientos son propios y cuáles son ajenos. Cuando se emplea bastante tiempo tratando de dominar y concentrar la mente, uno comprueba el valor que tiene esta distinción. También me dijo que no se debe dudar a la hora de aceptar comida de quien haya alcanzado un nivel de realización espiritual más elevado que el nuestro, pues esa comida nos ayudará a progresar espiritualmente. Me dijo que comprara una cocina barata de keroseno, unas ollas de barro y alimentos crudos.

Al día siguiente fui al mercado y compré todo lo necesario. Alrededor de las diez llegó Ratnamyi, tras completar su trabajo en el ashram. Me pidió que le trajera agua, la puso a hervir y me enseñó a cortar los vegetales. Mientras tanto, me dijo: "En la India sólo empleamos un tipo de verdura al día para acompañar el plato básico, que puede ser de arroz o trigo. Así resulta muy fácil cocinar. Pon a hervir arroz en una olla y unas lentejas en otra. Cuando esté todo cocido, echas los vegetales y añades especias y sal. Si te gusta, compra un poco de leche y haz yogur para mezclarlo en la comida. Para variar, puedes ir cambiando de verdura todos los días. Es posible que las familias no cocinen de una forma tan sencilla, pero para nosotros es suficiente. Si quieres simplificar la mente, debes simplificar tu vida externa. Tal vez sea aburrido para una persona corriente, pero para un aspirante espiritual se convierte en una aventura, ya que intenta, minuto a minuto, reducir la corriente de pensamientos."

"¿Por qué cortas los vegetales tan despacio? Como sigas así, ¡no acabarás nunca!", exclamó.

A mí me parecía que estaba cortando bastante rápido, y se lo dije. Cogió el cuchillo de mis manos y terminó la tarea en la mitad de tiempo que yo.

"Se puede ser muy cuidadoso y rápido al mismo tiempo. Poner esmero no significa que uno deba ser lento como una tortuga. A simple vista, la serenidad y la torpeza pueden parecer iguales, pero tú debes diferenciarlas y abandonar la lentitud. Un devoto tiene que ser rápido y eficiente, sin que tenga que perder, al mismo tiempo, su paz interior. Debes trabajar tanto o más que los otros, y no sentir ninguna fatiga mental. Recuerdo un día que le estaba dando masajes en las rodillas al Maharshi, con un aceite medicinal. Tenía un fuerte reumatismo y necesitaba masajes a diario. Mientras le frotaba sus rodillas, empecé a dar soplidos. Me dijo que me detuviera y añadió: 'Te identificas tanto con el trabajo, que tu respiración se agita. Cuando trabajes, no permitas que tu mente se quede atrapada en la tarea. Trata de permanecer mentalmente separado, como un testigo calmado y tranquilo por dentro, aunque estés trabajando como un loco por fuera.'

"Lo intenté, y ahora puedo hacer cualquier tipo de trabajo, por pesado que sea, sin fatiga mental ni dispersión de pensamientos. Si me siento a meditar, mi mente se sumerge inmediatamente en lo más profundo y se funde con su fuente y origen. Cuando trabajo con apego y agitación, me resulta imposible meditar, pues tengo que esperar muchas horas hasta que el ímpetu de las ondas del pensamiento se calma. Si no consigues estar desapegado mientras trabajas, repite, al menos, el Nombre Divino. Poco a poco, sin importar la tarea que realices, tu mente se irá aferrando al Nombre y no a tu actividad. De este modo, tu paz no se verá perturbada."

Me llamó a su lado y, señalando la olla donde hervía la verdura, me dijo: "Ves, debido al calor, los trozos de verdura saltan y bailan. Si retiro la olla del fuego, todo se aquieta. La mente es así. Cuando trabajas con apego, tu mente se recalienta y tus pensamientos empiezan a saltar y a bailar. ¡Si no hay calor, no hay baile!"

Todo constituía una oportunidad para que Ratnamyi me enseñara algún principio espiritual. Estar con él significaba para mí un aprendizaje continuo. Como en mi juventud había faltado mucho a la escuela, ¡ahora lo estaba pagando y recibía lecciones día y noche!

Me senté en un rincón para ver qué venía a continuación. Ratnamyi sacó las ollas del fuego y puso algo de comida en un plato para mí y, luego, se sirvió él. Entonces me preguntó si tenía una foto de Ramana. En un libro que tenía aparecía una foto suya y se lo traje. Ratnamyi lo puso cerca de la comida y, lentamente, simuló estar dando de comer a la foto. Continuó así durante unos quince segundos, después cogió un poco de comida y salió fuera para dársela a algunos perros y cuervos hambrientos que aguardaban por allí. A continuación nos sentamos a comer.

"¿Qué significa todo eso?", le pregunté.

"Consideramos a Ramana nuestro Gurú y nuestro Dios. Si le damos de comer primero a él, la comida se santificará y nos ayudará a conquistar nuestra mente. A la mayoría de los occidentales no les gusta la idea de adorar a un hombre como Dios o, incluso, en atribuir alguna clase de forma a lo Sin-Forma. Esta idea procede, probablemente, del Antiguo Testamento, en donde se enseña que Dios no debe ser adorado bajo ninguna forma, que Él tiene personalidad pero no forma. En la religión védica, Dios, en su aspecto absoluto, no tiene forma ni personalidad. Él es Ser Puro, mejor expresado en las palabras 'Soy el que soy,' tal como le dijo el Señor a Moisés en el Monte Sinaí. Sin embargo, para facilitar la adoración y comunión con sus devotos, Él puede — y así lo hace — manifestarse en cualquier objeto de este universo. Si nuestra devoción y nuestros pensamientos son lo bastante fuertes, se puede percibir su Presencia en cada átomo de la creación.

"Así como el pensador impregna sus pensamientos, Dios impregna este universo, que no es más que el producto de su Voluntad o Pensamiento. Si queremos tener la visión interior de Dios y sumergirnos en Él, alcanzando así la Dicha Divina, necesitamos concentrar nuestra mente y hacer que ésta se vuelva sutil. ¿Cómo se concentra uno en un Ser etéreo, sin forma? Nuestra mente está continuamente ocupada con formas y sonidos. Debemos elegir una forma y tratar de ver a Dios en ella. Progresivamente, conseguiremos la concentración y podremos ver a Dios en todas las cosas, como la Esencia que todo lo penetra. Por ese motivo ofrecí primero la comida a Dios, en la forma de nuestro Gurú y después en la forma de algunos animales hambrientos. Así lograremos un sentimiento de compasión y de unidad con los demás seres, que expandirá, con el tiempo, nuestra visión corriente hasta llegar a la Visión Universal de Dios en todo, ¿comprendes?"

En su respuesta a una simple pregunta, ¡Ratnamyi había cubierto todo el campo de la filosofía judeo-cristiana y oriental, y empleando tan solo unas pocas palabras! Quedé impresionado y maravillado por la profundidad de su saber y la amplitud de su enfoque.

Después de comer, se tendió sobre una estera para descansar. Yo empecé a limpiar el rincón de la habitación que habíamos utilizado como cocina. Me agaché para recoger los platos y las ollas.

"¿Por que te agachas de ese modo?", observó.

"Si te paras y te doblas por la cintura para hacer los trabajos en el suelo, estirarás los músculos de tus piernas y fortalecerás tus nervios, lo que a su vez eliminará la pereza de tu sistema nervioso. Si se elimina la pereza y el desasosiego, la meditación fluirá más fácilmente." Seguí sus consejos y salí a limpiar las ollas. Tomé un poco de jabón en polvo y comencé a fregar las ollas de pie, doblándome por la cintura.

"Mira, nosotros somos monjes y no podemos permitirnos derrochar el jabón de esa forma. Si tomas un poco de arena seca y fina, en lugar de jabón, eliminarás la grasa y la suciedad y no nos costará nada. Ayer te vi limpiando una botella que había contenido aceite. Malgastaste mucho jabón. Si echas un poco de arena seca dentro de la botella, la sacudes e introduces una ramita dentro y la frotas en todas direcciones, se eliminará todo el aceite pegado en los costados. De esa manera, te bastará con un poco de jabón para dejarla absolutamente limpia."

Estaba empezando a sentirme un poco sofocado. Parecía que yo no sabía hacer nada bien y él lo sabía todo. ¡No me movía ni un centímetro por miedo a que, incluso, mi caminar resultara incorrecto! Terminé de lavar los utensilios y los puse en el estante. Él miró para ver si los había puesto boca abajo. Afortunadamente, tenía suficiente sentido común como para eso. Me acosté y me quedé dormido.

"¡Oye Neal! ¿Estás durmiendo? No es bueno dormir durante el día. Si duermes después de la salida del sol o antes del ocaso, el cuerpo se recalienta y, en lugar de refrescarte, te sentirás apático y agotado. Si te sientes cansado, puedes lavarte la cara y los brazos y, si es necesario, puedes tumbarte un rato repitiendo el Nombre Divino, ¡pero no cierres los ojos!"

Quizás no debería ni respirar, pensé.

Por la tarde, Ratnamyi regresó al ashram para continuar allí con su trabajo. Más tarde, yo también fui al ashram y, tras asistir a los cánticos védicos y a la adoración vespertina en el *Samadhi*, fui a meditar. Mientras meditaba, me sentí incontrolablemente dominado por el sueño. Di una cabezada nada más cerrar los ojos. Intenté deshacerme del deseo de dormir, pero no pude. Decepcionado, volví a mi habitación, en donde cené lo que había sobrado del mediodía. Ratnamyi había cocinado bastante y no tuve que cocinar de nuevo.

Alrededor de las ocho, Ratnamyi regresó después de cenar en el ashram. Venía acompañado de un amigo. Se trataba de un hombre alto y robusto, con una radiante sonrisa en el rostro y una viva alegría infantil. Es posible que tuviera unos setenta años.

"Éste es Bhaiyi", dijo Ratnamyi. "Bhaiyi fue una de las primeras personas que conocí cuando llegué aquí en 1942. Ahora ya está jubilado, pero fue profesor de filosofía en Hyderabad, una gran ciudad situada a unos ochocientos kilómetros al norte de aquí. Desde los años treinta, ha venido a ver al Maharshi siempre que se lo permitían sus deberes familiares y profesionales. Desde que nos conocemos, nos apreciamos mucho. Durante todos estos años, él ha sido para mí como un padre, una madre, un hermano mayor y un guía, algo así como tú y yo. Bhaiyi, cuéntale a Neal cómo encontraste a Ramana."

"En esa época, yo enseñaba filosofía en la mayor universidad del Estado" dijo Bhaiyi. "Tenía unos cuarenta y dos años. Desde muy joven estuve siempre interesado en la vida espiritual, pero no me había dedicado profundamente a ella. Un día, mientras me estaba duchando en casa, oí un ruido y me di la vuelta. Vi a un hombre de pie en el baño, mirándome sonriente. Yo estaba seguro de haber cerrado la puerta del baño con llave. El hombre no llevaba más que un taparrabo y sostenía un bastón en la mano. Me asusté y salí corriendo del baño, gritando aterrorizado. Mi familia vino rápidamente para ver qué pasaba. Al enterarse del motivo de aquel alboroto, buscaron en el baño pero no hallaron rastro alguno.

"Una semana más tarde, mientras hojeaba un libro sobre filosofía Vedanta, me quedé sorprendido al ver, en la primera página, una fotografía del hombre que había visto en mi baño, taparrabo, bastón y todo. Bajo la foto estaba su nombre, Sri Ramana Maharshi. La introducción del libro explicaba que se trataba de un Sabio Iluminado, que vivía al pie del monte Arunachala. Solicité un permiso en la universidad y me fui a Arunachala.

"Al llegar al ashram, fui directamente a la sala. Maharshi estaba sentado en un sofá, irradiando una palpable paz a su alrededor. Me obsequió con una mirada penetrante pero graciosa, y risueñamente exclamó: '¡Antes de venir aquí, él ya ha visto a Ramana!' Desde aquel momento me dediqué por completo a lograr la Meta espiritual. Me convertí en devoto suyo y lo consideré mi Gurú y guía."

Antes de marcharse, Bhaiyi me dijo, aparte, que era realmente afortunado al tener a Ratnamyi como guía en el sendero espiritual. Me explicó que Ratnamyi era un gran santo y que no me

En el Monte Arunachala — 1974

dejara engañar por su humilde apariencia y sus acciones. Después se despidió de nosotros y regresó al ashram. Eran ya las once, tenía sueño y estaba a punto de acostarme. Ratnamyi, que ya se había acostado, me llamó y dijo que sería mejor limpiar las ollas sucias, pues así no se quedaba aquella tarea para el día siguiente. A regañadientes, hice lo que me dijo. Después, fui a acostarme de nuevo, con el solo pensamiento de que tenía que levantarme a las tres y media de la madrugada. Cuando no había hecho más que sentarme sobre mi estera, me llamó nuevamente para pedirme que, si quería, le diera masajes en las piernas ya que le dolían. Yo había leído que era una gran bendición poder tocar el cuerpo de los verdaderos santos y que, como señal de agradecimiento, algunos les pedían a sus devotos que les friccionaran las piernas. Me sentí muy feliz de que me ofreciera esa oportunidad, aunque me seguía venciendo el sueño. Al final, cuando ya parecía que Ratnamyi se había quedado dormido, me levanté silenciosamente y fui a acostarme.

"¿Por qué te has detenido?, todavía me duelen", exclamó.

De nuevo me levanté, pero ya no tan entusiasmado. Me las arreglé como pude para mantenerme despierto hasta que me pidió que me fuera a dormir. Tan pronto mi cabeza tocó la almohada, me quedé profundamente dormido. A eso de la una, Ratnamyi me llamó.

"Tengo frío, ¿tienes alguna colcha?"

Por supuesto, él sabía que sólo tenía una colcha, una de algodón que yo estaba usando. Se la puse encima y me acosté otra vez. Me quité el *dhoti* y me cubrí todo el cuerpo con él. Es asombroso lo cálida que puede ser una tela tan delgada cuando se tiene frío. Como almohada usaba mis ropas envueltas como un bulto, o bien dormía, sencillamente, apoyando la cabeza sobre mi brazo doblado. Aunque resultaba un poco incómodo al principio, pronto me habitué. Me sentía realmente feliz al ver que podía arreglármelas con tan poco. Fue un paso importante para no sentirme afectado por las circunstancias.

Gran parte de nuestra paz mental se pierde por nuestra reacción ante las circunstancias, por nuestra falta de adaptación. Aquel que no desee nada o esté preparado para adaptarse a cualquier situación, será feliz en cualquier parte. Ratnamyi trataba de enseñarme esa lección a través de la experiencia práctica. Si me hubiese dicho que uno puede arreglárselas con lo mínimo, y no hubiera provocado una situación determinada, ¿cómo iba yo a experimentar o a adquirir ese conocimiento? Y si no lo practicaba ni lo experimentaba una y otra vez, ¿cómo iba a conocer sus efectos sobre la mente y el consiguiente progreso espiritual? Al hacer que permaneciera despierto cuando me disponía a dormir, trataba de enseñarme cómo superar el apego al sueño. Además, en cada situación me daba la oportunidad para que eligiera entre el egoísmo y el altruismo, y conseguía que me mostrara cada vez más paciente y controlara la ira.

En nuestra vida diaria, solo somos conscientes, en alguna ocasión, del cúmulo de tendencias negativas que llenan nuestra mente. Pero cuando se vive en compañía de algún santo, todo lo bueno y malo que llevamos dentro, emerge fácilmente a la superficie. Por supuesto, depende del discípulo la utilización de este conocimiento para perfeccionarse espiritualmente, controlando los aspectos negativos y cultivando los positivos. Si cuando estamos en compañía de un santo, llegamos a comprender cómo funciona la propia mente y aprendemos a controlarla, entonces podremos vivir en paz, incluso en medio de nuestras actividades mundanas. Aquel que sobrevive en el campo de batalla sentirá, por contraste, que todo lo demás es un auténtico paraíso.

Al día siguiente me levanté a las tres y media, me bañé y a las cuatro ya estaba listo para ayudar a Ratnamyi en cualquier tarea. La noche anterior, en presencia de Bhaiyi, me había quejado de que no disponía de mucho tiempo para meditar, pues cuando empezaba, me dormía y pensaba que se debía el esfuerzo que hacía durante todo el día. Entonces no sabía que, en cierto nivel de la meditación, la torpeza inherente de la mente se manifiesta como sueño o desgana. Ratnamyi y Bhaiyi se miraron y luego rieron. "Desde mañana harás verdadera meditación, aunque no te sientes a meditar", dijo Ratnamyi. Yo no entendí lo que me quería decir.

Sin embargo, aquella mañana, mientras lavaba mi ropa, sentí claramente que yo era un testigo inmóvil separado de mi cuerpo, y que sólo el cuerpo estaba haciendo el trabajo. El sentimiento no duró mucho tiempo. Traté de recuperarlo, pero no tuve éxito. Mi mente se había llenado de la misma tenue iluminación que cuando tenía una buena meditación. Le pregunté a Ratnamyi sobre este hecho.

"Eso es lo que traté de decirte anoche. Si uno repite continuamente su *mantra* y procura mantener su mente desapegada del trabajo, empieza a surgir el sentimiento de que uno no es el hacedor. Por supuesto, sentarse a meditar también es bueno, pero es sólo el primer paso. Antes de venir aquí, tú te sentabas a meditar horas y horas todos los días, y lo hiciste durante más de un año. Eso ha despertado algo en ti, pero sólo es el comienzo. Te verás muy limitado si sólo puedes experimentar esa paz cuando te sientas y cierras los ojos. Esa paz, o corriente de conciencia, es la verdadera naturaleza de la mente o del ser, y si logras mantenerte ahí, ella te conducirá a la Realidad que existe más allá de la mente. Si moldeas tu mente siguiendo los consejos de los santos, esa corriente ganará en fuerza y duración, llegando finalmente a ser continua. Se hará más y más profunda, hasta que ya no queden pensamientos y vayas más allá."

Ratnamyi fue a bañarse y yo lo seguí con una toalla. La brisa matutina era bastante fría. Se detuvo junto a un pozo, sacó agua y la vertió una y otra vez sobre su cabeza. Le pregunté por qué tomaba un baño tan frío a aquellas horas de la mañana, pues no lo veía necesario a su edad y dado su alto grado de espiritualidad. Me dijo que lo hacía, principalmente, para dar un buen ejemplo a los demás. Le pregunté quiénes eran los demás, ya que yo era la única persona que estaba por allí.

"¿No basta contigo? Cuando uno se baña así, se vuelve indiferente a los placeres y dolores del cuerpo. Sólo entonces será posible fijar la mente en la corriente interna. El apego al placer y la aversión al dolor son los dos principales obstáculos de la meditación. Si te sientas a esperar que el placer y el dolor se manifiesten para practicar desapego, te arriesgas a pasar mucho tiempo sentado. Las Escrituras dicen que debemos empezar el día con un baño frío, preferiblemente con agua de pozo. La pereza del sueño que impregna el sistema nervioso desaparecerá y la mente se sentirá fresca y en estado de alerta. Esto, por supuesto, no lo pueden hacer las personas enfermas, pero nosotros no estamos enfermos, ni somos tan viejos, como para no observar esta regla. Aunque no sea estrictamente necesario para mí, si no lo hago, pensarás que tampoco lo necesitas tú. Y si no lo haces, te privarás del beneficio de esta práctica."

Estaba sorprendido y conmovido por su sinceridad a la hora de enseñarme a purificar mi mente, aunque eso significara alguna molestia para él. Sabía que padecía reumatismo en las rodillas y, cuando le dolían, necesitaba agua caliente para bañarse. Yo también le había llevado agua caliente cuando estaba en el ashram, y ahora, sin embargo, estaba dispuesto a descuidar su propia salud sólo para darme ejemplo. Le pregunté por qué se molestaba tanto por mí.

"¿Quiero o espero algo de ti? Claro que no, pero siento que Ramana te ha confiado a mi cuidado para que te muestre el camino hacia la Auto-Realización. ¿Acaso no sientes tú lo mismo? Si es así, ¿qué debo hacer? Cuando el Gurú nos confía una tarea,

¿no deberíamos honrarla, aunque nos suponga sufrimiento o incluso la muerte? Si no nos dedicamos por completo a lo que nos pide el Gurú, ¿cómo vamos a progresar en nuestra vida terrenal y espiritual?

"Se debe controlar la mente, conseguir que esté calmada y plenamente concentrada para ver la Realidad que brilla en nuestro interior. Para esta tarea, se requiere una total dedicación. No se puede estar continuamente avanzando un paso y retrocediendo tres. Si no somos sinceros ni tan siquiera al realizar la más mínima acción, esa falta de sinceridad se convertirá en un hábito e impregnará todas nuestras acciones. No importa en qué parte del cuerpo sientas el pulso, ya que es el mismo en todo tu cuerpo.

"Es muy difícil mejorar y moldear la mente. Por tanto, debemos implicarnos plenamente en todo lo que hagamos, para que la práctica espiritual sea perfecta. En realidad, la perfección en la acción es, en sí misma, una práctica poderosísima para concentrar la mente. Si puedo inculcarte espiritualidad, mostrándote incesantemente buenos ejemplos, como hizo mi Gurú conmigo, entonces, si esa es la voluntad de Dios, tú también podrás hacer lo mismo por algún otro, más adelante. Y aunque no sea así, siempre será útil para tu propia Liberación."

Por la mañana, después de la adoración en el *Samadhi*, Ratnamyi se dirigió a su habitación, en el ashram, para hacer su propio culto. Yo, como de costumbre, me dediqué a recoger flores, limpiar la habitación, arreglar alguna que otra cosa y asistir a la adoración en el *Samadhi*. Aunque no entendía muy bien el principio sobre el que se basaba, disfrutaba de la atmósfera generada por los himnos y el recitado de diferentes *mantras*. Aquella mañana, al terminar la adoración, Ratnamyi vino hacia mí y me dijo: "Has estado aquí varios días observando la *puja*. ¿Cuándo vas a hacer tu propio culto?"

Entonces, le pregunté";Puede un occidental hacer su propia *puja*? Veo que hay que repetir los versículos en sánscrito y, si tengo que aprender sánscrito, tardaré muchísimo tiempo en dominarlo. Además, lo que deseo es meditar y poder servir. No quiero pasar el tiempo aprendiendo otra lengua."

"No tienes necesidad de aprender sánscrito. Te escribiré una *puja* en inglés con los versos de las obras poéticas del Maharshi. Solo tendrás que aprender el proceso que se sigue en la adoración y repetir los versos. Lo que cuenta es la devoción y la atención que pongas en ello, no el idioma. Dios conoce nuestro corazón y apenas le interesan nuestras acciones externas", respondió.

Durante dos días, Ratnamyi dedicó su tiempo libre a seleccionar versos de las obras poéticas de Ramana y a simplificar el ritual. Me explicó también la utilidad de la *puja* que, según dijo, no es sólo un ritual para el sacerdote, sino una práctica para concentrar la mente de un aspirante y puso el ejemplo de la aguja de un contador. El movimiento en el extremo superior de la aguja es fácilmente perceptible pero no lo es en su extremo inferior, donde la aguja está adherida al mecanismo del contador. De igual modo, nuestra mente es muy sutil y sus movimientos no pueden detectarse fácilmente. Sin embargo, nuestras acciones y sentidos, al ser una proyección de la mente, pueden observarse y valorarse con suma facilidad.

Al oír estas palabras, recordé la experiencia que había tenido en el jardín, cuando recogía flores. Era incapaz de concentrarme en la flor que estaba recogiendo, pues ya pensaba en la siguiente. Hasta aquel momento, yo creía que tenía buena concentración, pero lo cierto es que no era así. Ratnamyi dijo que al hacer el culto, se debe prestar atención al grado de concentración con el que la mente sigue el movimiento de los ojos y las manos, o escucha los versículos. Al mejorar la concentración por medio de los sentidos, se perfecciona el poder de concentración en cosas más sutiles. Además, a medida que la concentración se vuelve más profunda, el velo de la ignorancia que cubre nuestra mente resulta más transparente, y empezamos a ver y a sentir la Presencia Divina, tanto dentro como fuera de nosotros. En su más alto nivel, se llega a la Realización de Dios.

Tardé casi un mes en aprenderme la *puja* de memoria. Como objeto de adoración, tomé una foto de Ramana, pues desde siempre lo había asociado con el Ser Supremo. Era evidente que alguna fuerza me guiaba y estaba convencido de que esa fuerza era él. Aunque yo era muy racional en todo lo demás, en este aspecto nunca me paré a razonar. Era una sensación intuitiva y eso me satisfacía enormemente. En Ramana, yo veía a Dios.

En cuestiones de espiritualidad, un exceso de racionalidad resulta perjudicial, pues le resta vida a la espiritualidad y la convierte en seca y dura. Al ser Dios el sustrato simple y puro de la mente, una fe y simplicidad infantil conducen más rápidamente a la meta. ¿No dijo Cristo que debemos volvernos niños si queremos entrar en el Reino de los Cielos? Para tener la experiencia de Dios, es esencial poseer la sencillez y la inocencia de un niño. El Reino de los Cielos está dentro de nosotros, pero nuestra atención está puesta en las ondas superficiales de la mente, y eso nos impide sumergirnos en la profundidad de nuestro ser y llegar a su núcleo.

Ratnamyi me dijo que no se necesitaba ningún artilugio sofisticado para la *puja*. Bastaba con unos simples platos de barro y unas sencillas ofrendas para nuestro Gurú: un poco de agua, flores, incienso y un trozo de fruta. Comencé a celebrar mi *puja* con sinceridad y seriedad, y no dejé de hacerla ni un solo día a lo largo de los diez años siguientes.

Puesto que ya había recibido las instrucciones necesarias para saber cómo moldear cada una de mis acciones con el fin de purificar la mente, traté de ponerlas en práctica lo mejor que pude. Sin embargo, no era una tarea fácil, pues mi antigua tendencia rebelde aparecía una y otra vez. Sabía que lo que me decía Ratnamyi era cierto, pero cuando empezaba alguna cosa, aparecían en mi mente dos voces. Una me decía: "Hazlo como te ha dicho", y la otra decía: "¿Por qué vas a hacerlo así? Hazlo como tú quieras." Muchas veces seguí la segunda voz y actué como quise, aunque sabía que era incorrecto.

Esa forma de actuar era errónea en sí misma, pero por si no bastaba empezó a sucederme un fenómeno de lo más extraño. Cada vez que hacía lo que quería, recibía un toque de atención. Una noche, Ratnamyi estaba sentado junto al estanque del ashram, repitiendo su *mantra*. Al cabo de dos horas, se levantó y se dirigió a su habitación, en donde yo estaba tratando de ordenar algunas cosas. Él había puesto unos artículos en un estante y me había dicho, repetidamente, que no los tocara aunque estuvieran sucios o desordenados. Mientras limpiaba, llegué a la repisa prohibida y pensé: "Bah, qué importancia tiene si toco estas cosas. Están tan sucias." Así que empecé a limpiar y arreglar el estante. En ese mismo instante entró Ratnamyi.

"¿Qué estás haciendo?", preguntó.

"Oh, nada, pensaba que, ya que estoy limpiando la habitación, también podía limpiar aquí", respondí.

"Intencionadamente te dije que no tocaras lo que está en esa repisa, pues quería ver si eras capaz de controlar tu impulsividad. Ya veo que no puedes. ¿Cómo voy a confiar algo importante a una persona impulsiva? Alguien así no es digno de confianza. Venía lleno de gozo y de paz, después de repetir mi *mantra* durante dos horas junto al estanque, y me encuentro con que estás haciendo una travesura. Es como si se hubiera arrojado una enorme roca en un lago sereno."

Naturalmente me sentí muy mal y decidí no actuar nuevamente en contra de sus deseos, pero, ay-ay-ay, caí de distintas maneras en el mismo error, por lo menos mil veces.

Un día me pidió que cortara unas hojas para ofrecerlas en la adoración. Las hojas eran de un tipo de hierba que solo crecía en zonas muy húmedas, lo que significaba que tenía que ir a recogerlas junto al desagüe del ashram. En lugar de entretenerme cortando las hojas, arranqué unas cuantas hierbas de raíz y me fui de allí. Al ver lo que había hecho, me dijo: "No era necesario matar la inofensiva hierba. Sólo necesitamos la parte superior. Si la cortas con una navaja, no se muere y crece nuevamente." Es bastante fácil, ¡pero sólo si la mente va en la dirección correcta, y en el momento adecuado!

Al día siguiente, cuando fui de nuevo a recoger la hierba, me llevé un cuchillo con la intención de actuar tal como me había dicho. Pero nada más empezar a cortar la hierba, mi mente me dijo: "¿Por qué vas a escucharle? No te entretengas y arráncala. Más tarde puedes cortar las raíces y él no se enterará." Como de costumbre, seguí el "consejo del diablo" y arranqué la hierba de raíz. Desgraciadamente, subestimé la fuerza de las raíces y tuve que estirar con fuerza. ¡De repente, cedieron y caí en el desagüe! Con las ropas empapadas de suciedad y escarmentado, me dirigí como un criminal a la habitación de Ratnamyi, temiendo el juicio y la ejecución. Solo me dijo que el único modo de que yo aprendiera algo era de forma dolorosa, y se quedó en silencio.

Este tipo de incidentes sucedían de continuo, y ya me estaba volviendo loco. Era como si disfrutara castigándome a mí mismo o que una fuerza desconocida me obligara a hacer lo incorrecto y luego se divirtiera a mi costa. Confundido y deprimido, comencé a pensar que tal vez me había equivocado al elegir la vida espiritual. Pero si reflexionaba detenidamente, no podía concebir ni preferir otro modo de vida. Yo no había llegado a la vida espiritual por una elección lógica, sino más bien como resultado de una continua evolución interna que me había hecho comprender el valor de la vida espiritual en contraposición a los placeres terrenales. No se trataba simplemente de volver atrás, ni de optar por otra clase de vida. Aunque regresara a mi forma de vida anterior, mi mente se reafirmaría y me conduciría de nuevo a esta vida de renuncia y espiritualidad.

Pero, ¿cómo podía remediar esa situación? Aunque tratara de seguir el simple consejo que me había dado Ratnamyi, al final hacía exactamente lo contrario, e inmediatamente pagaba un precio por ello. Llegué a pensar que quizás el problema era Ratnamyi. Él exigía que todo se hiciera de una determinada manera, y no transigía en nada. Aunque lo había aceptado como mi guía, decidí que no necesitaba seguir sus consejos. Para evitar la inevitable reprimenda, mi mente buscó una excusa creíble. Fui a Ratnamyi y le dije que, dado que mi compañía resultaba una molestia para él y podía alterarle su paz, sería mejor que me alejara.

"¿Adónde piensas ir?", preguntó. Sonreía todo el tiempo y no daba muestras de sentirse perturbado por mi propuesta.

"Probablemente al norte de la India", respondí.

"¿Qué vas a hacer allí?", preguntó.

"Tal vez me busque un Gurú y haga prácticas espirituales. Si no lo encuentro, alquilaré una pequeña casa en el Himalaya y me dedicaré a cultivar una huerta", contesté con seguridad.

Él se rió. "Dios te ha traído aquí y sin que ninguno de los dos buscara al otro, nos hemos encontrado, y de este modo ha ido creciendo nuestra relación. Ahora te ha llegado el momento de purificar la mente y, vayas donde vayas, al final, tendrás que hacerlo. Crees que soy demasiado estricto y que, si te vas, lograrás estar en paz. Lo cierto es que si echas por la borda lo que se te ha dado sin pedirlo, es muy probable que no vuelvas a conseguirlo en un futuro próximo. Si consigues dar con otro guía, éste será cien veces más severo que yo. Cuando lo Divino nos sitúa en el camino espiritual y tratamos de escapar de los pequeños sufrimientos que surgen en nuestra práctica espiritual, lo Divino nos dobla el sufrimiento para que regresemos al sendero correcto. La vida espiritual no es ninguna broma. Si se quiere experimentar el Gozo de Dios, primero hay que pasar por el sufrimiento que acarrea la purificación de la mente y del cuerpo. No tienes que preocuparte por si perturbas mi paz. Basta con que seas perseverante, trates de dominar tu mente indisciplinada y te vuelvas apacible."

Ya sabía, como siempre, que él tenía razón, pero las voces contrapuestas seguían asaltando mi mente, aunque quizás un poco menos después de esta conversación. Más adelante fui a ver a un devoto europeo que había vivido muchos años en el ashram. Yo le tenía un gran respeto, y sentía que, realmente, había alcanzado un cierto grado de iluminación. Me preguntó cómo estaba, y le conté mis problemas y lo infeliz que era, hasta el punto de desear no haber nacido. Me dijo que, según su parecer, todos mis problemas se debían a que trataba de vivir como un hindú, a pesar de ser americano. Dijo también que cuando se escucha la Voz de Dios en nuestro interior, no podemos equivocarnos. Después de hablar con él durante un buen rato, volví a mi habitación. Reflexioné sobre lo que me había dicho y pensé que tenía razón. Decidí contarle a Ratnamyi mi nueva visión y separarme de él para siempre. En adelante, seguiría los consejos de mi amigo europeo.

Entré en la habitación de Ratnamyi bastante acalorado y enseguida me dijo: "¿Qué te sucede? Siéntate un momento y, cuando te hayas calmado, hablaremos. ¡Siento como si hubiera entrado un ciclón en la habitación!"

Transcurridos unos minutos, le dije que había descubierto la causa de toda mi agitación mental y añadí que no tenía que haber intentado convertirme en un hindú. Le conté lo que había dicho mi amigo, pero no me respondió. Se levantó y me pidió que lo siguiera. Era de noche y caminamos aproximadamente un kilómetro y medio hasta llegar a unas pequeñas colinas, donde no había nadie alrededor. La luna brillaba y, al fondo, aparecía reluciente Arunachala. Todo estaba silencioso. Después de sentarnos y permanecer en silencio un tiempo, Ratnamyi empezó:

"Neal, hijo mío, nuestro amigo se equivoca respecto a ti. Has dejado tu país guiado por un impulso divino y por tu amor innato a la India. Todo lo que ves y oyes de la cultura hindú tiene un perfecto sentido para ti y, sin que nadie te haya forzado, has adoptado la vida de un monje hindú tradicional. Tu fe en la forma de vida védica es superior a la de muchos hindúes ortodoxos. Nunca pretendí hacerte andar ese sendero. Únicamente te estoy señalando el camino que yo he seguido. Sé que a ti te gusta y tratas de seguirlo, pero tu mente se rebela constantemente. Esto se debe a los malos hábitos, profundamente arraigados, que has ido acumulando, durante años, antes de venir aquí. Sufres porque existe un conflicto entre tus buenas intenciones y tus hábitos pasados. No tiene nada que ver con tu modo de vida actual, aunque mi presencia, sin duda, está precipitando el conflicto. Llega un momento en que todo aspirante espiritual tiene que enfrentarse con sus pensamientos inferiores para salir victorioso y regenerado. Es cierto que la Voz de Dios está dentro de nosotros, pero también hay otras muchas voces ahí. De todas ellas, la más sutil es la de Dios. En tu estado actual, no es posible diferenciar adecuadamente cuál es la voz divina y cuál la del 'diablo', por decirlo de alguna manera. Hasta que no consigas purificar mucho más tu mente, lo mejor es que sigas confiando en tu guía y sigas sus consejos, por muy penoso que sea. Yo sólo deseo tu progreso espiritual y no pretendo causarte daño alguno. Trata de comprender mi profundo afecto por ti, totalmente espiritual, y confiando en él, no dejes de purificar tu mente. En este momento, tu pequeña luz está rodeada de tinieblas. Has de ser consciente y procurar eliminarlas. No te preocupes. Si Ramana te ha traído hasta aquí, él te mostrará el resto del camino."

Estas reconfortantes palabras fueron un bálsamo para mi alma, pero a los pocos días las conflictivas voces de mi mente empezaron a torturarme de nuevo. No veía el modo de purificar mi mente, ni tenía la esperanza de conseguirlo. Llegué incluso a pensar en el suicidio, aunque no creía que tuviera el suficiente coraje para hacer una cosa así. Por aquella época me enteré, por casualidad, de una conversación que sobre el suicidio había mantenido Ramana con un devoto. Ramana le dijo que suicidarse era espiritualmente tan nefasto como cometer un asesinato. Aunque el dolor lo padece el cuerpo físico, el sufrimiento procede de la mente. Es, pues, la mente la que debe morir, no el inocente cuerpo. Aquél que elimina su propio cuerpo debe todavía completar, después de la muerte, el sufrimiento de su vida actual y, además, el sufrimiento adicional que genera por el error cometido al suicidarse. Lejos de ser una solución, el suicidio no hace más que empeorar las cosas. Una persona que se suicida no podrá nunca encontrar, tras su muerte, la paz espiritual.

Esta reflexión, por supuesto, descartó toda posibilidad de suicidio. No había más alternativa que seguir adelante y tratar de someter la mente a mi voluntad. Solo deseaba estar en perfecta armonía con Ratnamyi para que no tuviera que corregirme ni reprenderme constantemente. Seguro que no era ningún placer para él, y para mí era un infierno. Muchas veces hubiera deseado salir corriendo, pero siempre había algo dentro de mí que decía: "Todo está sucediendo por tu bien. No te rindas y atraviesa valientemente esta oscura noche del alma." Ni siquiera había leído nada sobre «la oscura noche del alma», pero lo cierto es que estaba en medio de ella. Esta dolorosa situación duró casi un año. Fue un tiempo de incesante lucha en el que aprendí a poner en práctica lo que se me enseñaba.

Al finalizar el año, Ratnamyi me sugirió que invitara a mi madre a la India. Me dijo que me había ido de su lado de una forma poco cortés. En realidad, debido a mi egoísmo y arrogancia, propia de los niños, no había tenido nunca con ella el respeto y la consideración que se merecía. A diferencia de la India, la cultura norteamericana apenas insiste en la obediencia a los padres. Deberíamos mostrarles cariño y compensar, así, la deuda contraída con ellos al habernos educado y haber cubierto nuestras necesidades. Ya sea por deber o por amor, uno debería cuidar a sus padres y mantener con ellos buenas relaciones. Sin la bendición de una madre, no se puede progresar en la vida espiritual. Así opinaban, al menos, los sabios de la antigüedad. En las Escrituras se dice que una persona desagradecida ni siquiera puede encontrar sitio en el infierno. Sin embargo, si los padres aconsejan o exigen que se haga algo que sea perjudicial para el progreso espiritual, no es preciso obedecerles. Sólo las palabras del guía espiritual tienen más peso que las de los padres.

Escribí a mi madre y aceptó venir con mi hermana, tan pronto como les fuera posible. Ese mismo día, Ratnamyi me dijo que se iba a Hyderabad para visitar a unos devotos y parientes que deseaban verlo desde hacía tiempo. Me indicó que, si quería, podía ir allí con mi madre, o bien más tarde, cuando ella regresara a los Estados Unidos. De este modo tendría la oportunidad de encontrarme con otros devotos y santos. De camino a la parada del autobús, me dijo que tratara de ver a Ramana en mi madre y servirla como tal. Esto complacería a Dios y también a mi madre, aunque ella no supiera el motivo de mi comportamiento. Un devoto solo debe amar a Dios y, al hacerlo, toda la creación recibe su amor, ya que Dios reside en el corazón de todos. Con estas palabras subió al autobús y se marchó. Yo me quedé solo, esperando que se abriera un nuevo capítulo en mi vida.

Capítulo 3

Progresión

Al cabo de unos días, llegaron en coche mi madre y mi hermana desde Madrás. Conseguí que se alojaran en la casa de huéspedes del ashram. Mi madre se alegró mucho al encontrarme de nuevo, después de más de un año de separación. Se sorprendió al ver que me había cortado completamente el pelo, me había afeitado la barba y usaba sólo un *dhoti* y una toalla. En señal de saludo, me postré ante ella, tal como indican las Escrituras hindúes.

"¿Pero, qué haces?", exclamó. "¿Por qué te echas a mis pies?"

"Madre, no me echo a tus pies. Me postro ante ti para recibir tu bendición", respondí con calma.

"Si quieres mi bendición, no vuelvas a hacer una cosa así. ¿Dónde se ha visto algo parecido? No me agrada", dijo un poco dolida al ver a su hijo humillándose ante ella.

"Madre, por favor, ten paciencia conmigo. Es evidente que no te gusta, pero debo encontrar la actitud justa, que consiste en ver a Dios en tu persona. Tú sabes que cuando Moisés vio a Dios en el arbusto en llamas, en el Monte Sinaí, se tendió completamente en el suelo, embargado por la devoción y el respeto. Obrando así, podré algún día ver a Dios en todas las personas y cosas."

Mi madre replicó: "Bueno, puedes hacerlo con otros, si así lo deseas, pero ¡no lo vuelvas a hacer conmigo!"

Una vez acomodadas, las llevé a mi pequeña habitación, en donde vivía desde hacía casi un año. Se entristeció al ver la sencillez de mi estilo de vida. En casa de mis padres, dormía en un colchón de treinta centímetros de alto y con una almohada de espuma, mientras que aquí me tendía sobre una esterilla, sin sábanas ni almohada. Les expliqué que me levantaba a las tres y media de la madrugada y me acostaba alrededor de las once de la noche. También les enseñé mi *puja*. Incluso traté de cocinar algo para ellas, pero salió tan mal que ni siquiera una vaca se lo hubiera comido.

No obstante, mi madre lo agradecía todo con su habitual paciencia y me alentaba a continuar mi camino, aunque habría sido mucho más feliz si hubiera seguido una vida más conforme a sus ideas. A los pocos días, mi madre se vio afectada por una disentería y tuvo que permanecer en cama el resto de su visita. Para mí era una oportunidad que me ofrecía la voluntad divina para servirle y procurar que recobrara la salud. Después de pasar dos semanas sin más incidentes que la disentería, mi hermana y yo la acompañamos a Madrás para iniciar el viaje de regreso. Mi hermana decidió volver a Tiruvannamalai y quedarse allí unos seis meses para meditar y estudiar.

Yo tomé el primer tren que partió hacia Hyderabad y llegué a la mañana siguiente. Por el camino noté un gran cambio en mi mente. En lugar de la usual confusión y lucha interior, sentía una profunda corriente de paz. Aunque ya había sentido esa corriente de vez en cuando, sin embargo, ahora, era más persistente, sobre todo por la mañana, antes del amanecer, y por la tarde, tras la puesta del sol. Sucedía de manera espontánea, sin que meditara. También había momentos durante el día, en los que me sentía más feliz y en paz. ¿Sería el resultado de haber seguido los consejos de Ratnamyi para conseguir la bendición de mi madre? Tal vez sí, y por eso confiaba en que mi armonía con él sería mucho mayor cuando lo volviera a ver. Cuando llegué a Hyderabad, localicé la casa en la que me dijeron que residía Ratnamyi, pero por lo visto se encontraba en el hospital.

Pensé que quizás no era aquella su casa e insistí: "¿Seguro que está en el hospital? ¿No se estará refiriendo a otra persona?"

"No, Ratnamyi es mi hermano pequeño. Me dijo que vendrías. Siento decirte que está en el hospital, con una cadera rota."

No me lo podía creer. ¿Cómo una persona tan santa podía tener un accidente así? Yo, por supuesto, era muy ingenuo en aquella época y creía que los santos no se veían afectados por las dificultades de la vida, como le sucede a la gente corriente. Pero, durante los siete años siguientes que estuve con Ratnamyi, comprobé que los santos, en realidad, sufren mucho más.

"Entra, come algo y, después, te acompañaré allí", me aseguró su hermano. Parecía un hombre mayor, de unos sesenta y cinco años. Era funcionario ferroviario jubilado y sentía una preocupación maternal por Ratnamyi. Todos los meses le enviaba un poco de dinero para que no pasara hambre. Ratnamyi consideraba este gesto como un designio Divino y siempre que iba a Hyderabad, pasaba algún tiempo en casa de su hermano, tratando de inculcarle algunas ideas espirituales.

"¿Cómo se rompió la cadera?", pregunté, después de lavarme y sentarme en la sala.

"Estaba en un *bhajan* — reunión donde se cantan canciones devocionales — en casa de un amigo y tenía previsto volver aquí a la mañana siguiente, pues íbamos a realizar la ceremonia anual para honrar a nuestros padres difuntos. El hijo de su amigo se ofreció para traerlo aquí en una motocicleta, y Ratnamyi accedió. Al girar en una curva, un taxi los atropelló de costado y Ratnamyi salió despedido. El conductor de la motocicleta resultó ileso, pero mi hermano se rompió la cadera a causa de la fuerte caída sufrida. El accidente ocurrió hace dos días. Todavía no le han encajado el hueso, pues es necesario operarle y, como es diabético, tiene que esperar hasta que baje su nivel de azúcar en la sangre", contestó su hermano.

Después de comer, subimos a un autobús que nos llevó hasta el hospital. Estaba a unos ocho kilómetros, y en el trayecto tuve la oportunidad de ver un poco la ciudad. El autobús era de dos pisos, como los que hay en Londres, así que nos sentamos en la parte de arriba para tener una mejor vista. Hyderabad es una de las ciudades más bellas de la India. Tiene amplias avenidas con abundantes árboles a cada lado, que dan buena sombra. Hay muchos parques y grandes espacios abiertos. Un pequeño río serpentea el corazón de la ciudad. La influencia moghul se observa por todas partes, especialmente en su arquitectura. En realidad, es la ciudad gemela de Secunderabad. La gente es muy cortés y educada. Dado que Hyderabad está situada casi en el centro de la India, son muchos los santos de todas las religiones que la visitan. Siempre tiene lugar alguna celebración religiosa en cualquier parte de la ciudad.

Cuando llegamos al inmenso hospital gubernamental, subimos al segundo piso donde se encuentra el pabellón de cirugía de hombres. Había unos cien pacientes en el pabellón. Su hermano me llevó hacia una cama donde Ratnamyi estaba acostado. Mostraba una gran sonrisa y un rostro radiante de felicidad.

Nada más verlo y sin apenas saludarlo, exclamé con lágrimas en los ojos: "¡Esto es terrible! ¿Cómo ha podido suceder un accidente así?"

Ratnamyi, sin dejar de sonreír, me respondió: "¿Accidente? ¿Acaso existe tal cosa? ¿Es el nacimiento un accidente? ¿Lo es la muerte? Todo se debe a la dulce voluntad de Ramana para que progrese espiritualmente. Para un devoto de Dios, no hay nada que pueda considerarse como destino o accidente. Todo lo que le sucede proviene de la voluntad y la gracia de su Bienamado, que procura siempre que su devoto vuelva hacia Él. Debemos estar alegres ante cualquier situación en la que Él nos ponga.»

Era evidente que Ratnamyi practicaba lo que predicaba, pues parecía ser tan feliz como siempre, aunque se encontrara en una cama y sin poder moverse ni girarse. El médico le había puesto un armazón provisional en la pierna para impedir que ésta se moviera. Debía resultarle muy incómodo.

"¿Cómo supiste que estaba aquí?", me preguntó Ratnamyi.

"No pensaba que estuviera en el hospital. Cuando mi madre se marchó, tomé el siguiente tren. Al llegar a Hyderabad, me dirigí directamente a casa de su hermano, cuya dirección encontré en el archivo de su correspondencia. Me sorprendí al conocer lo de su accidente y pensé que me había equivocado de casa, pero ahora veo que es verdad", respondí casi llorando, al ver el estado en el que se encontraba. Él, que siempre había sido tan activo, ahora estaba recluido como si se tratara de un prisionero.

Afectuosamente tocó mi brazo y, tratando de consolarme, dijo: "No te lamentes tanto. Algo bueno resultará de todo esto. Todos estaban preocupados porque nadie podía cuidar de mí, ya que tienen que atender sus tareas o cuidar a su familia. Además, ¿quién iba a ocuparse de un pobre monje? Aunque nadie lo expresara así, yo intuía lo que pasaba por sus mentes. Esta mañana le había dicho a mi hermano: 'Se lo he ofrecido todo a Ramana, ya verás como él me cuida.' Y llegas tú ahora, en el momento oportuno. Mis amigos y parientes se iban turnando para atenderme, pero les suponía una molestia. Bueno, ¿quién ha enviado a Neal aquí, justo a tiempo? ¿Acaso no ha sido Ramana? La gente corriente sólo tiene fe en el mundo. Para ellos, Dios es una idea abstracta, difícil de entender. Para nosotros es exactamente al revés. El mundo es un sueño confuso y sólo Él es real."

Alguien me preguntó cuánto tiempo iba a quedarme en Hyderabad. Yo tenía previsto estar unos días para complacer a

Ratnamyi y, más tarde, regresar a la paz del ashram. Sabía que se trataba de una idea egoísta, pues temía que este nuevo encuentro generara otra vez un torbellino en mi mente. Antes de que yo pudiese abrir la boca, respondió Ratnamyi: "Se marchará cuando yo pueda volver a andar por mí mismo." Al oír aquellas palabras, sentí en lo profundo de mi corazón que no estaba bien dejarlo en aquella situación. Consideré la rotundidad de su respuesta como un Mandato Divino.

Los días que siguieron fueron testigos de un continuo flujo de personas que visitaban a Ratnamyi. Había crecido y se había formado en Hyderabad y, tras la muerte de Ramana, había vuelto muchas veces a esta ciudad. Todos los que se enteraban del accidente venían a verlo. Incluso cuando el hospital ya no aceptaba visitas por la noche, los médicos y otros enfermos entraban para conocerlo y oír sus consejos espirituales. Un devoto me dio una manta y, con el permiso del inspector del hospital, pude quedarme a dormir en el suelo cerca de su cama. Durante el día le atendía y me mantenía gracias a la comida que algunos devotos me traían de fuera, pues él comía lo que le servía el hospital. Pusimos una foto de Ramana sobre la mesa que estaba junto a su cama y yo la adornaba todos los días con algunas flores que recogía en el jardín. Después de atenderle por la mañana, iba a bañarme a casa de un devoto que vivía cerca de allí y, después, hacía mi culto diario. Volvía al cabo de dos horas. Éste era el único momento del día en el que abandonaba el hospital, siempre y cuando Ratnamyi no necesitara nada urgente.

Transcurrida una semana, mejoró su condición diabética y los doctores pudieron intervenirle. El día de la operación, acudieron por la mañana unas cuarenta personas para estar con él. Cuando yo me preguntaba si también vendría Bhaiyi, apareció por el pabellón en aquel mismo momento. Le mencioné esta coincidencia a Ratnamyi y me dijo: "Aunque ocurran estas cosas, no debemos regocijarnos por ello. Si nos llegan poderes psíquicos, debemos rechazarlos, pues podemos desviarnos de nuestro camino hacia la realización de Dios. Ante la Bienaventuranza de la Realización de Dios, todos los poderes sobrenaturales son como polvo."

Bhaiyi se sentó junto a la cama, mostrando su habitual estado jovial. Tras interesarse por la salud de Ratnamyi y su prevista operación, empezó a recitar con él los Nombres de la Divinidad. Lo que siguió es difícil describirlo con palabras.

Llegó un enfermero y comenzó a limpiar con alcohol el lugar fracturado a fin de prepararlo para la intervención. El dolor era atroz y Ratnamyi empezó a recitar los Nombres de Dios más y más alto. De repente, empezó a reírse sonoramente y, al instante, sus ojos se quedaron fijos, su aliento se detuvo, el pecho enrojeció y todos los pelos de su cabeza y cuerpo se erizaron como púas de puerco espín, como si los atravesara una corriente eléctrica. Mientras miraba asombrado, vi cómo el color de sus ojos cambiaba gradualmente, pasando de marrón a un tono azul-blanco brillante, similar al color de una lámpara de esmaltador o soplete. ¿Era esto *samadhi*, la suprema bienaventuranza de la unión con Dios?

Tras unos momentos, su cuerpo se fue relajando y con voz entrecortada se rió y habló con excitación del Océano de Poder que es Dios. Antes de que pudiera decir la palabra Dios, su mente se remontó de nuevo hacia la Luz y todos sus cabellos se volvieron a erizar. Así sucedió numerosas veces. Al cabo de un rato, llegó el médico para ver si ya estaba listo para la operación. El nombre del doctor era Rama, que es uno de los nombres de Dios en sánscrito. Ratnamyi miró al médico y regresó a la Morada de la Infinita Bienaventuranza. Bajando, tartamudeó: "¡Rama, Rama, hasta el pensamiento de tu Nombre me pone así!" Aquello, por supuesto, no tenía ni pies ni cabeza para el doctor y el enfermero, que no sabían lo que quería decir. Pensaban que sentía pánico por la inminente operación. Le dijeron que no se preocupara, que le pondrían anestesia y no sentiría nada.

"No estoy preocupado. La verdad es que no necesito anestesia. ¡No sentiría el más mínimo dolor si no la utilizaran!", explicó riéndose.

Como no entendían el significado de lo que decía, trataron otra vez de tranquilizarlo y le dijeron que se preparase, que iban a trasladarlo enseguida al quirófano. Al ver el maravilloso estado en el que se encontraba, y dado que había leído en las biografías de Almas Realizadas sobre estados parecidos, yo deseaba mental e inocentemente tener una experiencia así, de unión con la Luz Suprema, tal como la que acababa de presenciar. Cuando me pasó por la cabeza este pensamiento, Ratnamyi me miró y dijo: "¿Es posible tan pronto? Primero tendrás que practicar y madurar, y sólo entonces vendrá." Estaba claro que mi mente era un libro abierto para él.

Cuando regresó de la sala de operaciones, algunos devotos se sentaron cerca de su cama. La paz que irradiaba era tremenda. Mis pensamientos se apaciguaron en gran medida y disfruté de una profunda paz, como en estado de duermevela. A medida que desaparecía el efecto de la anestesia, fue volviendo en sí. Rió y bromeó con todos hasta bien entrada la noche. Los médicos le habían puesto una barra de acero, a través de la espinilla y por debajo de la rodilla, para sujetarle la pierna. Me dolió mucho ver todo esto.

En los días que siguieron, se infectó la herida que tenía alrededor de la barra, por la negligencia de los médicos. La infección le producía un dolor insoportable y, como no podía moverse, estaba muy inquieto. Se comunicó a los médicos que tenía una infección para que limpiaran la herida y le administraran antibióticos. Sin embargo, se les olvidó y no hicieron nada en cuatro o cinco días.

Una noche, un estudiante de medicina vino a hablar con Ratnamyi. Cuando le conté la condición séptica en la que se encontraba la herida, la limpió y la curó. Desde aquella noche, vino todos los días a hablar con Ratnamyi y a limpiarle la herida por su cuenta. Yo estaba sorprendido y molesto por la insensibilidad del personal del hospital. Pensé que sería mejor morir en una cuneta, solo y sin ayuda, antes que morir en un hospital en manos de gente tan insensible.

En los años siguientes, tuve ocasión de visitar muchos hospitales y siempre sucedía igual. Los médicos y enfermeros que trabajaban allí, parecían olvidar que dentro del cuerpo humano hay nervios, y que conectada a éstos hay una persona que puede claramente sentir dolor. La práctica del arte curativo es, de hecho, una oportunidad para servir desinteresadamente a los demás y aprender a ver a Dios en nuestros semejantes. Desgraciadamente, también sirve para actuar como mensajero del dios de la muerte y torturar a los demás. Ante esta situación, el paciente de un hospital no tiene más remedio que poner en práctica su total entrega a la voluntad de Dios.

Durante casi dos meses Ratnamyi tuvo su pierna sujeta con la barra de acero. Cuando comprobaron su estado a través de rayos X, los médicos vieron que se recuperaba muy lentamente a causa de su diabetes. Decidieron extraerle la barra de su pierna y enyesarla. Al principio parecía que Ratnamyi estaría mucho más cómodo, pero no fue así. A los pocos días empezó a quejarse. Sentía como si se le estuviera despegando la piel. Los médicos, por supuesto, no lo creyeron e insistían en que su dolor era sólo producto de su imaginación. Ratnamyi sufrió esta tortura durante un mes, hasta que le fue retirado el yeso. En efecto, tenía toda la piel arrancada por la presión y el modo cómo le habían hecho el emplaste. Estas cicatrices le dejaron señales en su pierna. Le pregunté por qué tenía que sufrir tanto, y me respondió:

"Todos hemos realizado buenas y malas acciones a lo largo de numerosas vidas. Lo que uno siembra, eso es lo que cosecha. Todo lo que nos llega sin pedirlo es fruto de nuestras propias acciones. Las buenas acciones dan frutos agradables, mientras que las malas frutos dolorosos. La cosecha no suele dar sus frutos rápidamente, y no tiene por qué tener lugar en la misma vida en la que desarrollamos las acciones. Dios dispone los frutos de nuestros actos de una determinada forma para que ascendamos a planos, cada vez más elevados, de realización espiritual. En nuestras manos está seguir sus designios para progresar espiritualmente. Cuando nos mantenemos como testigos, ajenos a los placeres y dolores del cuerpo, la mente se purifica gradualmente y se funde con su origen, que es Dios o el Ser Real de todos. Uno puede regocijarse con lo placentero y lamentarse con lo doloroso, como hace la mayoría de la gente, pero esto no nos acercará a la meta de la ecuanimidad.

"Todos mis dolores son el fruto de algunas malas acciones que realicé en algún momento de mi pasado. Los sufrimientos que recibo ahora me sirven para llevar mi mente hacia arriba, hacia las sublimes alturas de la conciencia de Dios. ¿Por qué voy a quejarme o a culpar a los demás? A pesar de que son el fruto de actos negativos, Dios los está utilizando para darme su visión. ¡Qué maravilla!"

Un día, al anochecer, vino un devoto para ver a Ratnamyi. El hombre estaba casado y tenía tres hijos. Poseía una pequeña tienda de hierbas. Se sentó en el suelo, junto a la cama, y empezó a repetir suavemente los Nombres de la Divinidad. Yo estaba sentado a su lado y me quedé observándolo, pues pensaba que la gente casada no podía hacer grandes progresos espirituales, dado que tiene que dedicar buena parte de su tiempo y energía a su familia. Gary Zinder, en Japón, constituía una excepción, pero, claro, había seguido muchos años una estricta disciplina como monje. Aquel visitante me resultaba extraño, pues lo veía totalmente inmerso en el recitado de los Nombres. De pronto, cayó al suelo un pesado libro que estaba sobre la cama y fue a estrellarse contra unos platos que se encontraban junto al devoto. Asustado, me sobresalté, pero él ni siquiera se inmutó ni abrió los ojos. Simplemente siguió recitando como si nada hubiese sucedido. Ratnamyi me miró, mostrando una sonrisa en sus ojos.

"Si uno puede repetir los Nombres de la Divinidad con tal absorción que no tenga conciencia del cuerpo ni del entorno", dijo, "¿qué importa si está casado o tiene hijos? Toda la mente de este hombre está en Dios. Cada minuto del día repite el Nombre Divino, aunque tenga que atender su negocio y a su familia. No tiene apego a nadie ni a nada, y como ofrenda a Dios sigue cumpliendo con su deber con un espíritu desapegado. Como piensa todo el tiempo en el Señor y procura estar en compañía de personas santas, entra en meditación fácilmente, nada más sentarse a repetir los Nombres. ¿Quién es mejor, él o nosotros? Aunque somos monjes, ¿tenemos acaso ese tipo de absorción?"

Esto me enseñó a no juzgar la naturaleza espiritual de un hombre por su posición en la vida. Un monje que ha renunciado a todo puede ser tan superficial como un charco de agua, y un padre de familia puede ser tan profundo en logros espirituales como un océano.

Durante la estancia de Ratnamyi en el hospital llegué a conocer al gran santo Avadhutendra Swami. Él y Ratnamyi habían sido íntimos amigos durante veinte años y habían viajado juntos por toda la India. Avadhutendrayi era un excelente músico que se pasaba dos horas, todas las noches, recitando los Nombres de la Divinidad, tanto en casas privadas como en lugares religiosos. Su recitado lograba que el aire se electrificara de devoción. Le pregunté si podía contarme algo de su pasado para que me sirviera de inspiración y redoblar, así, mis esfuerzos por lograr la Realización de Dios. Me dijo que había estudiado música en el norte de la India, durante un año, y si no siguió, fue porque su maestro le dijo que no tenía nada más que enseñarle. Era evidente que poseía una genialidad innata para la música. Algunos productores de cine le ofrecieron cantar en las bandas sonoras de sus películas, pero rechazó esas ofertas diciendo que si Dios le había dado aquella voz, solo cantaría para Él. Entonces viajó más al norte, hasta Ayodhya, el lugar de nacimiento de Sri Rama, y allí se incorporó a un ashram.

Con el transcurso del tiempo, y mientras se ocupaba de sus disciplinas y prácticas espirituales, se percató de que su cuerpo se deterioraba a causa de una progresiva parálisis. Consultó a muchos médicos y probó infinidad de tratamientos, pero todo fue en vano. La parálisis se extendió de tal manera que hasta se quedó sin habla. Cuando ya había perdido toda esperanza y pensaba que estaba próxima su muerte, un monje, compañero suyo, le mostró un pequeño folleto titulado *Hanuman Chalisa*. Era una composición de un santo llamado Tulsidas, que había vivido hacía unos cuatrocientos años. Constaba de cuarenta versos en alabanza a Hanuman. Le dijo a Avadhutendrayi que tratara de repetir aquellos versos, mentalmente, lo mejor que pudiera, pues mucha gente se había recuperado de enfermedades incurables. Avadhutendrayi se las apañó como pudo para memorizar los versos y se dedicó a repetir el himno. Para su sorpresa, fue recuperando la voz y la parálisis desapareció por completo al mes de empezar el recitado.

Avadhutendrayi decidió mostrar su gratitud a Hanuman de una determinada manera. Durante los siguientes cuarenta años, procuró que este himno se grabara en mármol y fuera instalado en todos los templos Hanuman del norte y centro de la India. ¡Había cerca de doscientos templos! Me contó que diversos devotos se ofrecieron para costear esta obra y cuando le entregaban algún dinero, aunque fuera para cubrir sus propias necesidades, él lo utilizaba para este fin.

Una vez recuperado de su parálisis, buscó un Gurú realizado y encontró uno en un pequeño pueblo, cerca de la confluencia de los ríos Yamuna y Ganges. Este santo, de nombre Prabhudattayi, estuvo haciendo penitencia bajo un árbol durante muchos años y había obtenido la Iluminación. Era bien conocido en aquella parte del país. Avadhutendrayi quiso ser su discípulo, pero fue sometido a una severa prueba antes de ser aceptado.

Prabhudattayi le encargó a Avadhutendrayi la tarea de regar un jardín de plantas de albahaca, que en la India están consideradas como plantas sagradas. El jardín era tan grande que requería unos cien baldes de agua todos los días. Había un pozo cerca, pero tenía unos treinta y cinco metros de profundidad. Por si fuera poco, coincidió aquella época con la estación fría de invierno y las manos de Avadhutendrayi se agrietaban cada vez que sacaba agua. Al cabo de unos días sus manos sangraban, pero él las cubrió con un trapo y siguió haciendo el trabajo sin murmurar. Pasado un mes, su Gurú le dio otra tarea. Tenía que limpiar cada día todas las ollas del ashram. El ashram de Prabhudattayi era muy grande y allí comían cientos de personas. ¡Las ollas eran tan grandes que tenía que sentarse dentro para poder limpiarlas!

Tras hacer este trabajo durante unos días, su Gurú consideró que ya había pasado la prueba y lo nombró su sirviente personal. Así estuvo a lo largo de quince años. También le pidió que todas las noches cantara el Nombre Divino en el ashram. Mientras cantaba, Avadhutendrayi se sentía tan embargado por el Amor Divino que muchas veces no podía concluir sus canciones. Al comprobar sus éxtasis de amor, Prabhudattayi lo llamó un día y le dijo que ya estaba preparado para seguir por sí mismo. Podía marcharse cuando quisiera, tras quince años de servicio a su Gurú.

Desde entonces recorrió todo el país recitando el Nombre Divino y predicando la grandeza de Dios como medio de realización. Me contó que en sus cuarentas años de peregrinaje por distintos lugares sagrados, nunca había conocido un santo tan grande como Ratnamyi y que siempre sentía Gozo Supremo en su compañía. Cuando se enteró de que Ratnamyi estaba en el hospital, acudió desde un pueblo muy lejano para estar con él.

Avadhutendrayi era una persona majestuosa. Si no llevara las ropas de monje, uno podría pensar que era un rey. Medía un metro ochenta y tres centímetros, tenía unos brazos largos y su voz era grave. Sus ojos mostraban la ternura de un cervatillo y su rostro irradiaba siempre una sonrisa. Me sentí privilegiado de llegar a conocerlo. De vez en cuando, Ratnamyi me hacía asistir al canto del Swami para que pudiera familiarizarme más con él. Avadhutendrayi siempre me pedía que me sentara a su lado y me trataba con una gran bondad e incluso respeto. Este comportamiento me hacía sentir incómodo, pero él intentaba enseñarnos a tratar a los devotos de Dios como a Dios Mismo. Si actuábamos así, nos bastaba con dar otro paso más para ver a Dios en todos.

Hacía cuatro meses que Ratnamyi estaba en el hospital y yo ya empezaba a sentir cierta impaciencia por salir de allí, pero él seguía diciéndome que me entregara a la voluntad de Ramana. Me asombraba su paciencia, pues yo podía, al menos, caminar por donde quisiera, pero él no podía moverse de la cama. Sin embargo, no mostraba la más mínima impaciencia. Finalmente, al despertar una mañana, sentí una marcada diferencia en la atmósfera, era una especie de paz o claridad; quizás sólo se trataba de mi imaginación. Sea lo que fuera, lo cierto es que aquella mañana los médicos nos comunicaron que Ratnamyi podía abandonar el hospital ese mismo día. ¡Qué alegría! Pero mi alegría duró bien poco, pues Ratnamyi preguntó a los médicos si estaban seguros de que ya se encontraba bien como para irse.

Avadhutendra Swami en Tiruvannamalai

Al oír aquello me quedé perplejo. Inmediatamente pensé: ¿Y si cambian de opinión? Ecuanimidad en el placer y en el dolor, me había enseñado Ratnamyi. Desde luego, había poco de esa cualidad en mí, ¡y ninguna otra en él! Los doctores le aseguraron que podía irse pero no debía caminar hasta pasado un mes. Gracias a Dios, nos iríamos al fin. Llamamos un taxi y nos dirigimos a casa de un amigo, que le había invitado a pasar su convalecencia todo el tiempo que necesitara. Por el camino le pregunté a Ratnamyi: "¿Cómo se ve el cielo después de tantos meses encerrado?" "¡Se ve igual que el cielo raso del pabellón del hospital!", me contestó riendo. Su visión ecuánime era sin duda incorregible.

Cualquier sitio donde Ratnamyi se albergara se convertía en un ashram a los pocos días. La nueva residencia no fue una excepción. Nuestro amigo era un funcionario a quien el Gobierno le había cedido una mansión como residencia habitual. Tenía un gran jardín, de unos dos mil metros cuadrados, y estaba situada en las proximidades de Hyderabad. Qué alivio después de la atmósfera depresiva del hospital. No cabe duda de que la estancia en el hospital constituyó una valiosa lección. Todos los días veía como morían uno o dos pacientes y, allí, se evidenciaba la grosera y verdadera naturaleza del cuerpo humano. Con todo, ¡no pasaría el resto de mi vida en ese hospital!

Nuestro amigo era devoto de un famoso santo hindú. Todas las semanas celebraba reuniones y daba charlas sobre las enseñanzas de su Gurú. También impartía clases de meditación. Mostraba un gran respeto hacia Ratnamyi y realmente sentía que era un privilegio servirle en su casa. Pasaban muchas horas conversando sobre temas espirituales, hasta bien entrada la noche. Durante el día, mientras él estaba en su oficina, otros devotos venían a visitar a Ratnamyi y hacían cantos devocionales, adoración o pláticas. No había ningún momento aburrido en compañía de Ratnamyi.

Mi rutina diaria no cambió. Me levantaba a las tres y media, me bañaba y hacía la *puja*. Luego atendía las necesidades de Ratnamyi: lo ayudaba a bañarse, lavaba sus ropas, limpiaba la habitación, escribía sus cartas y cualquier otro trabajo que fuese necesario. Siempre había algo que hacer. Una vez me dijo que un hombre perezoso nunca encuentra nada para hacer, mientras que un hombre sincero nunca encuentra un momento libre. Yo quería ser sincero y, así, me mantenía siempre ocupado. Si no había nada que hacer o ya había terminado mi lectura de las Escrituras, Ratnamyi me pedía que ayudara a la gente de la casa o a los sirvientes en sus tareas. Después de todo, nosotros éramos huéspedes de aquella casa y debíamos compartir el trabajo. Ésa era su actitud y, por tanto, hacía todo lo que podía para ayudar al anfitrión y a su familia.

Muchas veces, cuando nos alojábamos en hogares pobres, durante nuestros viajes, él me pedía que comprara comida y se la diera a quienquiera que estuviese cocinando. A veces, al marcharnos, dejábamos dispuesto que alguien les entregara dinero, en lugar de hacerlo directamente nosotros, y de esta manera no se sentían molestos. Cuando el anfitrión era una persona adinerada, le ofrecíamos, al menos, nuestra ayuda física. En casa del funcionario del gobierno, actuaba así, pero procurando que no se molestaran. Ratnamyi consideraba que, aunque los otros nos muestren respeto, nunca debemos sentirnos superiores a ellos, sino más bien desarrollar un sentimiento de unidad e igualdad con todos.

Una mañana, después del baño, cuando iba a sentarme para realizar mi culto diario, Ratnamyi me llamó.

"Hoy quiero ver tu *puja*. Hazla cerca de mi cama, pues hace meses que no veo cómo la haces", dijo.

Lo dispuse todo cerca de su cama y empecé la *puja*. Cuando llevaba cinco minutos haciendo la adoración, me pidió que parara.

"Estás repitiendo los versos mecánicamente, sin ningún sentimiento. Y no sólo eso, estás ofreciendo algo a tu Gurú, sin mirarle siquiera. Si yo te ofreciera un vaso de agua y, mientras lo pongo en tus manos, miro hacia la ventana y digo: 'Por favor, acepta esto,' ¿cómo te sentirías? Si haces la *puja* correctamente, tu concentración será cada día más profunda y empezarás a sentir que la imagen o la foto está viva. Trata de hacerlo como te he dicho."

Empecé desde el principio y traté de hacerlo tal como me indicó. Mientras ofrecía algunas flores a Ramana, lo miraba directamente y las colocaba a sus pies. Al hacerlo, me sorprendí del sentimiento de amor que sentía por él. Al mismo tiempo, mis ojos se cerraron levemente y empezaron a fluir, por sí solas, unas lágrimas. También vi con claridad un aire vivo en la foto. Estaba sorprendido de la exactitud del diagnóstico de Ratnamyi y me sentí mal por haber dejado pasar tantos días sin hacer la *puja* adecuadamente, por no haber obtenido el beneficio y la bienaventuranza de esa práctica. Decidí que, de vez en cuando, le preguntaría si hacía correctamente mis prácticas espirituales.

Una mañana salí al jardín a recoger flores para el culto. Al pasar bajo un árbol, vi y oí con claridad cómo temblaban todas las hojas. Pensé que podría deberse al viento, pero apenas había brisa y mucho menos para hacer revolotear las hojas de aquella manera. Sentí curiosidad y volví a pasar bajo el árbol. Otra vez temblaron sus hojas. Pasé varias veces y siempre con parecido resultado. Me apresuré hasta llegar a la casa y contárselo a Ratnamyi. Al llegar, me dijo: "¿Qué hay de maravilloso en todo esto? Los árboles son seres vivos igual que nosotros. Ellos tienen sus propios sentimientos y sensaciones. Sin embargo, no debes pensar demasiado en ello o, de lo contrario, olvidarás para qué estás aquí. Ni siquiera un acontecimiento inusual debería distraer nuestra atención. El otro día, cuando te llamé, entraste mirando de un lado para otro a los monos que jugaban en los árboles. Un aspirante espiritual debe estar tan atento a su objetivo que, a menos que sea necesario, no debe distraerse nunca con nada.

"Se cuenta en una historia que Sri Rama le pidió a Hanuman que saltara un mar para conseguir información de la otra orilla. Mientras saltaba por el aire, algunas criaturas acuáticas le ofrecieron sus espaldas para que descansara, pero se negó y siguió directamente hacia delante hasta completar su misión. Nosotros también debemos actuar así y no dejar que nada nos distraiga."

Como siempre, tenía razón una vez más, pero por alguna extraña razón me sentía herido por sus palabras. Después de darme ese consejo, me pidió que fuera caminando hasta la casa de otro devoto, a unos cuatrocientos metros de allí, para decirle que viniera lo antes posible. Surgió en mí un foco de rebeldía y le dije que ya iría más tarde. Él insistió en que debía hacerse de inmediato. Me enfadé por su insistencia y, en lugar de obedecerle, fui a darme una ducha fría. Me sorprendió comprobar cómo, después de la ducha, mi rebeldía y enfado habían desaparecido. Fui a disculparme y le conté lo que había sucedido. Me respondió tranquilamente:

"A veces, el calentamiento de los nervios hace que una persona esté irritable o enfadada. Una ducha fría templa los nervios y hace que el enojo desaparezca. El sentimiento de lujuria es similar. En realidad, todas las pasiones calientan los nervios o surgen por esta causa. Una ducha fría es siempre un buen remedio."

Un mes más tarde, Ratnamyi empezó a caminar con muletas y, a los dos meses, ya podía caminar bastante bien con la ayuda de un bastón. Un día me llamó y dijo:

"Me gustaría visitar un lugar sagrado llamado Muktinath, en Nepal. Oí hablar de él en cierta ocasión, hace unos veintiséis años, cuando servía a Ramana. Recuerdo que mi Maestro le preguntó a un devoto que estaba de paso si había visitado ese lugar. Es el sitio de donde proviene la santa piedra *saligram*. Esta piedra se encuentra en abundancia en el Río Gandaki que fluye por allí, y se emplea en la India para el culto y la adoración. Siempre he deseado visitar ese lugar, ya que está considerado como uno de los más antiguos lugares de peregrinaje.

"Se cuenta en las Escrituras que un rey, de nombre Bharata, se retiró a Muktinath para hacer penitencia, después de dejar su reino en manos de sus hijos varones. Llegó a alcanzar un elevado estado espiritual, pero no logró liberarse ya que sintió un fuerte apego por un cervatillo y murió pensando sólo en el animal, en vez de hacerlo en la Verdad Suprema. En consecuencia, se reencarnó como un ciervo. Las Escrituras afirman que la siguiente reencarnación está determinada, en gran medida, por la naturaleza del último pensamiento en el momento de la muerte. Por esta razón, el Nombre Divino se canta en voz alta cerca de un moribundo. Si en ese momento puede pensar en Dios, se sumergirá en Él y alcanzará la Bienaventuranza Suprema.

"El otro día, Avadhutendrayi me preguntó si me gustaría acompañarle a Nepal. Es posible que también vengan otras dos personas. Si decidimos ir, le pediré a mi hermana mayor que venga para ayudarnos en la cocina. Ella me ha acompañado en otros peregrinajes y sé que le gusta mucho. ¿Qué te parece la idea?"

Yo, naturalmente, estaba ansioso de ir, especialmente en compañía de dos santos. Rápidamente dije que sí. A continuación se lo comunicamos a Avadhutendrayi. Íbamos a partir dentro de una semana y visitaríamos otros lugares en el camino. La hermana de Ratnamyi llegó a los pocos días. Hicimos todos los preparativos y fuimos a encontrarnos con Avadhutendrayi.

Formábamos un grupo de seis personas y fuimos recibidos en la estación por un gran número de devotos que habían acudido allí para despedir a los dos santos. Si estar en compañía de uno era un gran gozo, ¡es fácil imaginar la dicha de estar con los dos al mismo tiempo! Ratnamyi y Avadhutendrayi, en mutua compañía, se sentían perfectamente, y yo disfrutaba de una gran felicidad al verlos juntos. Si uno era un gran cantante de bhajans y hacía vibrar con sus cantos devocionales, el otro podía elevar el nivel de la conciencia de un oyente a través de sus palabras llenas de sabiduría. Los dos habían renunciado completamente a todos los bienes mundanos para obtener la Realización de Dios, y habían logrado grandes progresos en el mundo espiritual. Por otra parte, ambos eran como niños, sencillos e inocentes, y apenas podía descubrirse en ellos una actitud de falso orgullo o arrogancia.

Pasamos los siguientes diez días viajando hacia Nepal, deteniéndonos por el camino en lugares sagrados, visitando templos y alojándonos en las casas de algunos devotos de Avadhutendrayi. En sus cuarenta años de viajes por todo el país, Avadhutendrayi había conseguido un gran número de admiradores. Por lo general, conocía al menos a una persona en cada uno de los pueblos que visitábamos.

Al viajar en compañía de dos santos, no tenía tiempo para pensar en otra cosa que no fuera Dios. Yo había llegado a la India sin interesarme, ni siquiera creer, en la existencia de Dios. Y ahora, sin embargo, mi pensamiento solo estaba puesto en Él. ¿Cómo había ocurrido semejante cambio? Era evidente que se debía a la compañía de personas santas. El ritmo febril y la insipidez de la vida mundana habían sido reemplazados por un continuo sentimiento de paz interior y bienaventuranza. Cada momento poseía una fascinación propia. La corriente de paz y luz crecía día a día, anunciando la Unidad.

La meta de mi vida era la más elevada a la que un hombre puede aspirar: la identidad con el Creador que, a su vez, implica la Infinita Bienaventuranza y el Infinito Conocimiento. De alguna manera, había logrado entrar en íntimo contacto con una tradición que había sido seguida y puesta a prueba durante miles de años, y que en ese tiempo había demostrado su capacidad para hacer evolucionar espiritualmente. Ahora vivía bajo la guía y en compañía de dos sabios espirituales que daban testimonio de la grandiosidad y la verdad de la antigua tradición. Al pensar en ello, brotaron lágrimas en mis ojos. Sentía que yo no era nada ni nadie, solo era un ser movido, como hoja seca, por el viento favorable de la Voluntad Divina.

Rara vez me daba Avadhutendrayi alguna instrucción. Aunque a veces lavaba su ropa o cargaba con su equipaje, él sentía que yo era hijo espiritual de Ratnamyi y que no había necesidad de que él me instruyera. Sólo en una ocasión recibí consejo de él. Un día, mientras caminábamos por la calle en dirección a un templo, un hombre me abordó y me preguntó cuál era mi país. Nada más empezar a responderle, Avadhutendrayi se giró y me preguntó de qué estaba hablando. Le conté lo que me habían preguntado y él me replicó:

"Si uno repite el Nombre Divino con cada respiración, podrá lograr muy pronto la conciencia de Dios. La gente no lo consigue porque malgasta el tiempo hablando innecesariamente. Mientras escuchas y respondes a la pregunta de este hombre, puedes repetir tu *mantra* por lo menos diez veces. ¿No es ésa una gran pérdida?"

Seguimos nuestro peregrinaje hacia el norte y por fin llegamos a la frontera con Nepal. Desde allí se puede optar entre hacer un tedioso viaje en autobús o tomar un avión hasta Katmandú, la capital de Nepal. Ratnamyi me preguntó si podía asumir los gastos del viaje en avión de Avadhutendrayi y de nosotros tres. Decidí pagar los billetes de avión sin importarme su precio. Sería más cómodo para ellos y, además, deseaba que Ratnamyi viviera esa experiencia, al menos una vez, pues nunca había viajado en avión. Subimos al avión y enseguida nos encontramos volando sobre el Himalaya. Ratnamyi parecía un niño, no hacía más que mirar ansiosamente por la ventanilla el distante suelo, allá abajo. Entonces me dijo:

"Sabes, esto es muy similar a la conciencia de Dios. Cuanto más alto se remonta la mente hacia su Origen, más se va perdiendo el sentido de diferenciación, hasta que al final todo se sumerge en la Existencia Única. A medida que volamos más y más alto, los objetos de abajo van perdiendo sus tamaños relativos. Las personas, los árboles, los edificios e incluso las montañas, parece que todos tienen la misma altura. Si nos elevásemos lo suficiente, ¡la Tierra misma desaparecería en la vastedad del espacio!"

Yo estaba asombrado por el modo cómo veía las cosas. Su mente estaba siempre sintonizada con Dios, sin que importara lo que estuviera sucediendo.

Al llegar a Katmandú, fuimos en coche hasta una posada cercana al principal templo de la ciudad, Pasupathinath. La posada era una casa de descanso para los peregrinos que visitaban el templo. Era un edificio de dos pisos, utilizándose la planta baja para guardar las vacas y la planta superior para los huéspedes. La estancia era gratuita, pero se podían entregar donativos. Nos instalamos en una habitación, tendimos nuestra ropa de cama y descansamos un poco antes de ir al templo.

El templo Pasupathinath se halla en el interior de un gran recinto amurallado y su estilo arquitectónico, en forma de pagoda, es del Lejano Oriente, si bien el culto que se practica es hinduista. Cientos de devotos entran y salen del templo desde primera hora de la mañana hasta bien entrada la noche. El clima en el Valle de Katmandú es muy frío. Sentí como si me hubieran quitado un gran peso de encima al dejar el calor de las llanuras de la India. A Ratnamyi y Avadhutendrayi también les gustó muchísimo el sitio, lo miraban todo y disfrutaban del nuevo entorno.

Al día siguiente visitamos en taxi los lugares más importantes de la ciudad, entre ellos varios templos hindúes y budistas. Después fuimos a una aldea cercana, en donde se encontraba un antiguo y famoso templo dedicado a la Madre Divina. Al aproximarnos al templo, oímos unos sonoros cantos devocionales. Avadhuten-drayi sintió curiosidad por ver qué estaba pasando, y nos guió hacia un enorme patio. Una multitud de personas recitaban los Nombres Divinos, acompañadas de tambores y armonios. En el centro había una persona mayor, que se balanceaba al ritmo de la música y tiraba flores a todos los congregados. Tenía un rostro radiante. Al ver a Avadhutendrayi, se incorporó de un salto, vino hacia él y lo abrazó.

Avadhutendrayi se sentía muy feliz. Nos contó que esta per-sona era uno de los santos más grandes de Nepal. Pasaba toda su vida esparciendo los Nombres de la Divinidad a través del país y del norte de la India. Avadhutendrayi lo había conocido en la India, donde este santo tenía un ashram en Brindavan, un lugar sagrado asociado con la vida del Señor Krishna. Avadhutendrayi y Gotamyi, que así se llamaba, estaban sorprendidos y se sentían muy dichosos por este encuentro casual. Nos invitaron a entrar y nos dieron una excelente comida. Por la noche, antes de volver a nuestra posada, prometimos visitar el ashram de Gotamyi en Katmandú, que se encontraba a tan sólo cinco minutos a pie desde donde nos alojábamos.

Al día siguiente, los seis integrantes del grupo fuimos al ashram situado en lo alto de un monte, entre el templo y nues-tro albergue. En realidad era la casa ancestral de la familia de Gotamyi. Cuando llegamos, se estaba celebrando un festival. El hijo de Gotamyi iba vestido de Sri Krishna y algunos de los devotos vestían las ropas de los compañeros de Krishna. Saltaban y jugaban al igual que hacen los niños pastores cuando llevan las vacas a pastar y juegan en los campos. De este modo, simulaban ser Sri Krishna de niño y, mientras, iban entonando los Nombres del Señor cada vez más fuerte. La atmósfera estaba cargada de devoción. Una vez finalizada la representación, se repartió comida entre todos los asistentes.

Gotamyi nos acompañó al jardín y nos mostró el resto del ashram. El jardín tenía dos pequeños templos y numerosos pilares de piedra. En los templos se encontraban las Escrituras Sagradas de los hindúes, incluidos los cuatro Vedas, el *Mahabharata*, el *Ramayana* y los dieciocho *Mahapuranas*. La cultura hindú posee un vasto tesoro de literatura religiosa para ayudar a todas las personas, sea cual sea su estadio de evolución espiritual. Como en cualquier otra religión, las Escrituras son veneradas y adoradas como revelación de la Palabra de Dios.

Le preguntamos a Gotamyi acerca de los pilares de piedra. Nos contó que a lo largo de su vida, había aconsejado a los devotos repetir el Nombre de Dios continuamente y que también lo escribieran en cuadernos. Había reunido un gran número de esos cuadernos con el Nombre Divino "Rama". Los había enterrado en el suelo y colocado pilares encima para marcar el lugar. Los pilares eran representaciones visibles del Nombre Divino. Le preguntamos cuántos Nombres habían sido enterrados bajo los cinco o seis pilares que había en el jardín. Nos dijo que debajo de cada pilar, estaba escrito "Rama" ¡diez millones de veces! Nos quedamos mudos de admiración. En ninguna parte habíamos visto tanta devoción al Nombre Divino.

Gotamyi nos condujo después a una pequeña aldea, a unos treinta y cinco kilómetros de Katmandú, donde tenía otro ashram. El verde exuberante del campo, con el Himalaya al fondo, componía un cuadro bien hermoso para todos nosotros. Los aldeanos nepalinos son, quizás, las personas más cultas, religiosas y sencillas del mundo. Imaginé que el pueblo indio sería, hace unos mil años, como ellos, antes de que las invasiones mongol y británica arruinaran la pureza prístina de su antigua cultura.

Cuando llegamos al ashram, fuimos recibidos por uno de los residentes. Nos mostró un montículo artificial, en el centro del ashram, hecho de cemento o yeso de París. Nos dijo que algunas piedras habían sido traídas de la montaña sagrada *Govardhana*, en la India, montaña vinculada a la vida de Sri Krishna. Las piedras fueron colocadas en el centro del ashram y, sobre ellas, se había construido una réplica de esa montaña. Como se hace en *Govardhana*, los devotos caminaban alrededor del monte en miniatura, cantando y repitiendo los Nombres y las historias del Señor Krishna.

En otro punto había un área de dos metros por uno, aproximadamente, con un pilar en cada esquina. Nos contó que, al igual que los pilares del ashram de Katmandú, este espacio abierto guardaba otros diez millones de Nombres. Los cuerpos de los moribundos de la zona son llevados allí y se les coloca sobre ese sitio. La gente considera que la vibración espiritual del Nombre constituye una inmensa ayuda para el alma que abandona el cuerpo. Avadhutendrayi, que había estado repitiendo el Nombre Divino durante cuarenta años y propagándolo por toda la India, estaba asombrado y lleno de gozo ante esta inocente fe en Dios y su Nombre. De hecho, parecía que no deseara regresar a la India. Allí de pie, nos miró y dijo:

"Esta gente sencilla tiene una total devoción hacia Dios. En la India no encontramos gente que tenga siquiera una décima parte de esta fe. ¡No siento deseos de volver allí!" Era septiembre y el clima en el Valle de Katmandú era muy frío de madrugada. Avadhutendrayi no había disfrutado de buena salud últimamente y se sentía incómodo por el frío. Al final, decidió regresar a la India, con otros dos devotos, lo antes posible. Hablamos sobre nuestros planes futuros y Ratnamyi me pidió que comprara un billete de avión a la India para Avadhutendrayi y tres para nosotros a Pokhara, una aldea situada a unos ciento sesenta kilómetros, al oeste de Katmandú. Desde aquel punto teníamos que empezar nuestro peregrinaje a Muktinath. El vuelo de Avadhutendrayi disponía de plazas libres para el día siguiente, pero para Pokhara teníamos que aguardar tres días. Una vez reservados todos los billetes de avión, volví a la posada.

A la mañana siguiente, cuando Ratnamyi se despertó, ardía de fiebre y apenas podía ponerse en pie. Avadhutendrayi quiso ir al templo antes de regresar a la India y Ratnamyi insistió en acompañarle. Se apoyó en mi hombro y, lentamente, logramos ascender hasta el templo y volver. En cuanto llegamos al albergue, Ratnamyi se desvaneció. Entre Avadhutendrayi y yo lo subimos a un taxi y fuimos en busca de un médico homeopático. Después compramos las medicinas que nos recetó y regresamos al albergue.

El avión de Avadhutendrayi salía a las once de la mañana y ya eran las nueve. ¿Cómo iba a dejar a Ratnamyi en aquellas condiciones? No hacía más que preguntarme si debía irse. Le aseguré que la hermana de Ratnamyi y yo cuidaríamos de él, y le pedí que no se preocupara. Finalmente, me dio su magnífica manta de lana para Ratnamyi y se despidió con una mirada triste en su rostro.

Ratnamyi no recobró la conciencia hasta el día siguiente. "¿Qué hora es? ¿Dónde está Avadhutendrayi?", preguntó.

"Es la una de la tarde. Avadhutendrayi se fue ayer alrededor de las nueve de la mañana. Lamentó no haberse podido despedir. Me ayudó a llevarle al médico y, a la vuelta, le pedí que siguiera con sus planes. Se marchó sin estar muy convencido. Por suerte, le dejó su manta y ha venido bien, pues no teníamos ropa de abrigo para cubrirle. Ha estado mucho tiempo inconsciente. ¿Qué tal se encuentra?", pregunté.

"Muerto", respondió. "Qué pena que no me despidiera de Avadhutendrayi. Debiste tratar de despertarme. Tendré que disculparme cuando vuelva a verlo."

Así como su ecuanimidad era invariable, también lo era su humildad. Me preguntaba si podría emular el ejemplo de Ratnamyi en esta vida, pues me enfadaba a la más mínima provocación y seguía teniendo un elevado concepto de mí mismo. Me sentía como un mosquito aspirando a cruzar el océano. Ratnamyi siguió tomando la medicina homeopática con regularidad, durante los dos días siguientes. La víspera de nuestra partida mejoró notablemente, y me dijo: "Parece que Dios nos está dando su gracia, pues de lo contrario hubiera tenido que guardar cama durante varios días. Ahora nos está brindando la oportunidad de comprobar si mi pierna está curada."

Al día siguiente, tomamos el avión a Pokhara y buscamos un sitio donde alojarnos. Había un templo de Kali en la cima de una colina, a las afueras de la aldea. Suponía un duro ascenso, pero la atmósfera allí se adivinaba muy apacible. Kali es el aspecto feroz de la Madre Divina. La Madre Divina Misma es el Poder de Dios en forma de cuerpo. Ella posee tres funciones y tres aspectos distintos, referentes a la creación, a la preservación y a la destrucción. Todo lo que es creado debe ser finalmente destruido. Kali es ese aspecto del Poder de Dios que destruye todos los objetos creados. Saraswati es el Poder Creativo y Lakshmi es el Poder de Preservación. Kali es adorada por la gente mundana porque puede destruir todo obstáculo que impida su felicidad, ya sea la enfermedad, la pobreza o los enemigos. Los aspirantes espirituales adoran a Kali porque puede destruir la ignorancia espiritual, aquella que oculta la Realidad interior y nos limita a un cuerpo y a una mente. Aunque todo hindú sabe que Dios, el Ser Supremo, es uno y sin forma, también cree que Dios puede manifestarse y adoptar infinitas formas para satisfacción y gozo de sus devotos. Una mujer puede ser llamada madre, hermana, hija y sobrina por diferentes personas dependiendo de la relación que cada una tenga con ella. Sin embargo la mujer es una y la misma. Según lo conciba cada uno, el Ser Único es llamado Madre Divina, Krishna, Shiva y una miríada de otros nombres.

Después de preparar nuestra comida y adorar a la Madre Kali, comimos y dimos un paseo hacia el norte, intentando averiguar la ruta hacia Muktinath. Habíamos decidido prepararnos nuestra propia comida, así que cargamos con una cocina de keroseno, combustible, arroz y otros productos alimenticios, además de nuestra ropa y la ropa de cama. El peso era tremendo y consideramos la posibilidad de contratar a tres personas para que nos ayudaran e indicaran el camino. En aquel momento no sabíamos que sólo se podía contratar a personas de la zona. Al desconocerlo, sufrimos varias experiencias amargas. Al final, fuimos a un campamento tibetano de refugiados, en las afueras de la aldea y allí nos cruzamos con tres hombres. Ratnamyi me advirtió que no debíamos contratarlos. Por alguna razón, no le gustaba la apariencia de aquellos hombres. Yo insistí en que no había otra posibilidad. Hablamos de las condiciones económicas y, al final, los contratamos. Decidimos partir a la mañana siguiente.

Al amanecer, emprendimos camino hacia Muktinath. Tal vez, la palabra camino no sea la más adecuada para referirse al sendero que conduce hasta el Himalaya, en dirección a Muktinath, a unos ciento treinta kilómetros de distancia. Muktinath está muy cerca de la frontera con China. Más allá de Pokhara no existe ruta alguna. Ratnamyi y Seshamma, su hermana, decidieron hacer todo el recorrido descalzos como penitencia religiosa. Yo también deseaba caminar descalzo, pero la noche anterior pisé un afilado trozo de madera y me hice una herida en la planta del pie. Por tanto, me vi obligado a usar sandalias con correa de goma, que más tarde se convertirían en un auténtico calvario.

A los pocos kilómetros de dejar Pokhara, iniciamos el ascenso hacia las colinas situadas a las pies del Himalaya. La subida era muy empinada y agotadora, pero el imponente paisaje y el aire puro compensaban con creces el esfuerzo. Los porteadores caminaban tan rápido que dejamos de verlos al cabo de una hora. Parecía un anticipo de lo que iba a suceder más tarde.

Afortunadamente, al mediodía encontramos a nuestros guías esperándonos en una pequeña aldea, situada en la falda de la montaña. Se habían puesto a preparar su comida. Les preguntamos por qué se nos habían adelantado tanto y les explicamos que dependíamos de ellos para que nos fueran indicando el sendero, pues lo desconocíamos. Dijeron que íbamos muy lentos y no podían reducir su marcha por nuestra causa. Les contestamos que si no podían caminar a nuestro ritmo, era mejor que se volvieran. Prometieron ir más despacio.

Después de cocinar, comimos y seguimos hacia la siguiente aldea con la esperanza de llegar antes del anochecer, ya que entre las aldeas del Himalaya solo hay zonas selváticas y si uno no llega a una aldea antes de la puesta del sol, se arriesga a ser atacado por animales salvajes. Esa noche logramos llegar a tiempo, pero estábamos demasiado fatigados para cocinar, así que nos compramos un poco de leche y galletas. Nos las comimos y fuimos a dormir. Durante las tres semanas siguientes, comprobamos sorprendidos que bastaba con un vaso de leche por la mañana, una comida completa al mediodía y leche con algunas galletas por la noche, para mantenernos en forma. De hecho, mientras ascendíamos por las montañas, noté que me encontraba mejor de salud y que mi mente permanecía en un elevado estado de espiritualidad, sin apenas esfuerzo, quizás debido al ejercicio y al aire puro. Nuestra comida al mediodía era muy sencilla. Echábamos arroz, lentejas y bananas sin madurar en una cacerola y lo hervíamos todo junto, añadiendo sal al final. Ni antes ni después de este peregrinaje he saboreado comida tan deliciosa. Estaba claro que el hambre era el mejor condimento.

Transcurrieron tres o cuatro días sin apenas novedades. Pasado ese tiempo, los porteadores empezaron otra vez a apresurarse y a dejarnos atrás. En una ocasión, desaparecieron en la distancia llevándose incluso nuestra linterna. Todo lo que nos quedaba era un poco de dinero. Gritamos y gritamos pero fue en vano. Caminando solos, llegamos a una bifurcación y nos decidimos por la senda de la izquierda que nos condujo a un final sin salida. Perdimos dos horas en el regreso. Ya eran casi las cinco de la tarde y no sabíamos a qué distancia se encontraba la siguiente aldea. Tampoco había nadie que nos pudiera indicar el camino.

Decidí adelantarme y tratar de encontrar a los porteadores, así que aceleré mi paso. Ratnamyi y Seshamma se quedaron descansando a un lado del sendero. En mi ansia por encontrar a los porteadores y nuestras pertenencias, olvidé dejarle algo de dinero a Ratnamyi. Una tenue voz interior me decía que tenía que haberles dejado dinero, pero la ignoré y seguí adelante. Siempre he experimentado que cuando no hago caso a esa voz interior, sucede algo doloroso y, ciertamente, así sucedió. Seguí mi camino y llegué a una pared de piedra que obstruía el sendero. El otro camino, el único existente, conducía hacia una zona de exuberante vegetación. Proseguí por aquel camino, ya que había comenzado a oscurecer y pensaba que la aldea se podría encontrar en la selva. Cuando llevaba recorridos unos cuatrocientos metros, apareció un hombre que venía en dirección contraria. "¿Adónde vas? ¿No sabes que estás adentrándote en una espesa selva?", dijo el hombre en inglés.

En aquellos días había muy pocas personas que hablaran inglés en Nepal, pues ni siquiera se hablaba en las ciudades, y aquí estaba yo en medio de la jungla y al pie del Himalaya cruzándome con un extraño que hablaba un perfecto inglés. En aquel momento no reparé en este hecho sorprendente, pues era mayor la alegría de encontrarme con alguien que parecía conocer el camino. Le dije que estaba perdido, que los porteadores nos habían abandonado y andaba buscándolos. También le expliqué que Ratnamyi y Seshamma se habían quedado atrás.

"Sígueme", dijo el extraño. "Yo encontraré a tus porteadores y les daré una buena reprimenda."

A pesar de que nos inundaba la oscuridad como boca de lobo, se encaminó vigorosamente en la misma dirección por la que yo había llegado y, más adelante, se desvió en algún punto del camino. Tenía que ir a trote para mantener su ritmo de marcha. Tras quince minutos de agotador ascenso y tener que cruzar un turbulento río, llegamos a una aldea. El caballero me pidió que me sentara delante de una casa, mientras él gritaba por todo el pueblo preguntando por los porteadores. Por fin los encontró y les dio una buena reprimenda. Después les ordenó que llevaran todas nuestras pertenencias a una casa donde pudiésemos alojarnos cómodamente. En aquel momento empezó a llover torrencialmente. Yo estaba totalmente agotado, pero había que ir en busca de Ratnamyi y Seshamma. Me acordé que no les había dejado nada de dinero. Le conté la situación al caballero, y éste, sin esperar ni un segundo, tomó un impermeable y una linterna, y partió con uno de los porteadores en su búsqueda. Yo caí exhausto y me quedé dormido.

A medianoche, me desperté y vi a Ratnamyi y Seshamma que entraban empapados en la habitación. Sin cambiarse de ropa y sin pronunciar palabra alguna, se acostaron y se durmieron. Yo también volví a dormirme. A la mañana siguiente, Ratnamyi no se movía. Vi que estaba despierto, pero no respondía a mis preguntas. Permaneció allí tendido hasta las once o las doce. Finalmente le supliqué que dijera algo, aunque temía lo que iba a decirme.

"¿Cómo pudiste abandonarnos así, sin dejarnos siquiera un poco de dinero? No sabía que fueras tan cruel. Me habré equivocado completamente contigo", dijo con una voz entremezclada de dolor y enojo.

"No tenía intención de abandonaros. Sólo quería encontrar la aldea y a los porteadores, para regresar después con una linterna.

¿Qué otra cosa podíamos hacer los tres, en medio de la oscuridad? Si al menos uno llegaba a la aldea, podía volver y acompañar a los otros dos. Ése era mi plan. Por desgracia, cuando me percaté de que os había dejado sin dinero, ya estaba lejos. Pensé que no podría llegar a la aldea si regresaba de nuevo, así que seguí adelante. Un desconocido me encontró en la selva y me llevó hasta la aldea. Cuando encontró a los porteadores, se fue con uno de ellos a buscaros. Yo hubiese ido pero estaba agotado y no podía dar ni un paso más, así que me quedé dormido. Por favor, perdonadme. No os dejé con ninguna mala intención", expliqué.

Al conocer la verdad, Ratnamyi se levantó, se cepilló los dientes y se lavó la cara. Después de beber un vaso de leche, volvió a ser el mismo de siempre. Entonces me relató lo que había sucedido tras mi marcha.

"Cuando tú te fuiste, mi hermana y yo tratamos de seguirte, pero andabas demasiado rápido. Vi que nos gritabas algo, pero no pude entender qué decías. Nosotros también nos apresuramos y, cuando ya había oscurecido, llegamos a la orilla de un río torrentoso. No teníamos idea de dónde estábamos ni qué dirección tomar. Seshamma y yo intentamos cruzar el río, pero ella resbaló y casi se vio arrastrada por la corriente. Con gran dificultad la sostuve y alcanzamos la otra orilla más muertos que vivos. Exhaustos y con hambre, llegamos a una casa en las afueras de la aldea. Le expliqué al dueño que no teníamos dinero y que estábamos hambrientos. Aunque era pobre, compartió su cena con nosotros al ver nuestra lastimosa condición. Después llegó uno de nuestros porteadores acompañado de un caballero, preguntando por nosotros. Lentamente, nos trajeron hasta aquí, bajo la lluvia. Estuve preocupado por Seshamma, pues creía que se la llevaba la corriente del río. ¿Qué hubiera dicho su marido? De todas formas, tenías que habernos dejado algo de dinero.

Llegamos sólo por la Gracia de Dios. ¿Qué vamos a hacer con los sinvergüenzas de nuestros porteadores?"

Yo le dije que debíamos deshacernos de ellos. Sin embargo, la dueña de la casa donde nos hospedábamos, nos informó de que no había porteadores disponibles en la aldea. También nos recomendó que fuéramos extremadamente cautelosos, ya que algunos peregrinos que habían contratado porteadores en el mismo lugar que nosotros, habían desaparecido misteriosamente entre dos aldeas. Se sospechaba que habían sido asesinados y robados. La mujer parecía realmente preocupada por nuestra seguridad.

Ratnamyi llamó a los porteadores y les dijo que ese día no viajaríamos. También los amenazó diciendo que si cometían alguna otra fechoría, serían despedidos. Ellos sabían, por supuesto, que estábamos faroleando pues no había otros porteadores disponibles. Eran hombres calculadores y sin escrúpulos. Esa noche, vinieron y nos dijeron que si no les incrementábamos el pago, no cargarían con nuestras cosas. ¿Qué podíamos hacer? Tuvimos que acceder.

A la mañana siguiente reanudamos el viaje. A causa de la lluvia, el sendero se había vuelto muy peligroso y se producían algunos desprendimientos. Mientras avanzábamos lentamente por la ladera de la montaña, con un río encrespado a trescientos metros, apareció un grupo de hombres que venía en dirección contraria. El estrecho sendero sólo permitía transitar en una única dirección, ¡o se convertía en dos vías o alguien tendría que irse a nadar! El otro grupo se mostró inflexible respecto a que era a ellos a quienes les correspondía pasar por el lado de la montaña, y a nosotros por el lado del río. Mientras realizábamos con sumo cuidado esta maniobra, con la respiración sostenida, mi pie resbaló en la tierra hueca. Pensé que todo se acababa. Como pude, logré sujetarme a un matorral que crecía en el lugar y me salvé de precipitarme en una muerte segura. Nos contaron que el día anterior, un caballo había resbalado en ese mismo sitio y había pintado las piedras con su sangre. No hace falta decir que no volvieron a ver al pobre animal, que desapareció en las turbulentas aguas.

Un día, cuando nos encontrábamos ya casi a mitad de camino a Muktinath, nos detuvimos a descansar en una aldea. Durante la noche desperté y oí cómo Ratnamyi repetía en voz alta algunos versos; luego se volvió a dormir. Al día siguiente me contó que aquella noche había tenido una visión, en la que aparecía un templo con un enorme disco o rueda tallada en piedra en su frontispicio. Había sacerdotes que venían del río con recipientes llenos de agua sobre sus cabezas, y oyó cánticos muy sonoros del Nombre Divino Narayana. De pronto, se encontró sentado en la habitación, pero el sonido de Narayana todavía resonaba en sus oídos. Fue en ese momento cuando yo le había oído cantar los versos en alabanza al Dios Narayana. Me dijo que en otros peregrinajes, también había tenido experiencias similares cuando ya se encontraba cerca del templo hacia el cual se dirigía. Después se enteraba de que estaba en la jurisdicción, por así decirlo, de la deidad de ese templo.

A medida que avanzábamos, la vegetación era cada vez más escasa. Finalmente, nos encontramos en una región absolutamente desolada. No había ni un solo árbol, únicamente algunos pequeños arbustos, casi sin hojas, y muy diseminados. El Gobierno de Nepal me había dado un permiso para llegar sólo hasta Yomsom, a unos quince kilómetros al sur de Muktinath. Había allí una base militar india que vigilaba a los chinos, y no querían que ningún extranjero cruzara ese límite. Supliqué a los oficiales que me dejaran pasar pero, aunque se mostraron muy comprensivos, no me lo permitieron. Ratnamyi me dijo que no me preocupara, que él volvería en pocos días y me traería las ofrendas consagradas o *prasad* del templo. Me quedé allí, en las afueras del pueblo, viéndole desaparecer a lo lejos.

Después de regresar a la habitación donde me alojaba, me di cuenta que Ratnamyi se había olvidado su manta. ¿Cómo se las iba a arreglar sin ella en ese lugar tan ventoso y frío? Fui al campamento del ejército, me reuní con el oficial de guardia y le conté lo sucedido. Accedió a enviarme con uno de sus soldados para alcanzar a Ratnamyi y salimos corriendo. Al cabo de una hora y cuando llevaba recorridos cinco kilómetros, lo alcanzamos. La alegría que sentí al ver su rostro hizo que valiese la pena aquel esfuerzo. Volví a Yomsom más animado, y esperé su llegada con el corazón expectante. Pasé los cuatro días siguientes tan ocupado como en el ashram de Arunachala. Me levantaba de madrugada, me bañaba en un frío riachuelo cercano a las barracas del ejército y hacía mi *puja* diaria. Cocinar y comer me llevaba algún tiempo y el resto del día lo pasaba estudiando y meditando. Por fin, regresó Ratnamyi.

"Si piensas que nuestro viaje hasta aquí fue dificultoso, tendrías que haber estado con nosotros hasta Muktinath", dijo. "Creía que no volvería a verte. Cuando te dejamos la segunda vez, llegamos a un sendero donde el viento era tan feroz que casi nos arrastra hasta el fondo del desfiladero. Tratamos, al principio, de pasar caminando, pero fue imposible. Después lo intentamos a gatas pero tampoco pudimos. Por último, decidimos esperar un día y, esa noche, acampamos al aire libre. El frío era terrible. Al día siguiente, el viento amainó y nos apresuramos a atravesar el desfiladero. Tan pronto como lo logramos, el viento empezó a soplar de nuevo con un sonido rugiente.

"De una manera u otra, llegamos a Muktinath. Me sorprendí al comprobar que era el mismo templo que había visto en mi visión. Incluso la enorme rueda tallada en piedra estaba ahí, a la entrada. Hicimos el culto y organizamos una gran comida para los dos sacerdotes que vivían allí. Al preguntarles cuál era su plato favorito, respondieron que arroz con leche. Les pedimos que se encargaran de conseguir leche en la aldea más cercana y, al día siguiente, nos trajeron unos quince litros de leche en los que hervimos arroz y azúcar para hacerles su postre preferido. No querían ninguna otra cosa. ¡Ya puedes imaginarte la cantidad de arroz con leche que se puede hacer con quince litros de leche! Ellos mostraban una gran voracidad y nosotros nos sentíamos felices de poder satisfacer su deseo. Era como si alimentáramos al Mismo Dios en la forma de aquellos sacerdotes. Más tarde, bajé hasta el río y recogí algunas piedras *saligram*. Como no podía precisar cuáles eran auténticas y cuáles no, me traje unas doscientas. Aquí tienes lo que quedó de las ofrendas de la *puja*."

Decidimos iniciar el regreso a Pokhara al día siguiente para que Ratnamyi y su hermana se recuperaran del cansancio. Salimos bien temprano, tras despedirnos de los militares. Me di cuenta de que se me había formado un pequeño furúnculo en la parte superior del pie, donde las tiras de goma de mi sandalia rozaban la piel. El furúnculo fue aumentando de tamaño hasta el punto que, a los tres días, me fue imposible dar un paso más. Tenía el pie tan hinchado como una pelota de fútbol.

"Bueno, ¿qué haremos ahora?", pregunté. "Adelantaros vosotros y dejadme aquí. Cuando esté mejor, ya me las apañaré para encontraros en Pokhara."

Ratnamyi contestó "¡Una solución estupenda, sin duda! Pero, ¿crees que soy tan egoísta como para dejarte aquí solo?". "Tiene que haber alguna otra manera. Pediremos a uno de los porteadores que te lleve sobre su espalda, al menos hasta la próxima aldea."

Con gran dificultad y muchas protestas por parte de los porteadores, llegamos a la siguiente aldea, a unos seis kilómetros de allí. El dolor era insoportable. Aquella noche, Seshamma aplicó una cataplasma caliente sobre el furúnculo, pero no sentí ningún alivio. Ratnamyi preguntó en la aldea si había alguien que pudiera transportarme hasta Pokhara, que se encontraba a unos setenta kilómetros. No había nadie que lo hiciera. No tuvimos más opción que seguir adelante del modo como lo veníamos haciendo.

Por la mañana, Ratnamyi sugirió que él y Seshamma podían adelantarse hasta la siguiente aldea y, una vez allí, prepararían la comida. Yo llegaría más tarde con los porteadores, transportado por uno de ellos. Me pareció una buena idea e iniciaron su camino. Yo esperé hasta las diez y después salí cojeando en busca de los porteadores. Estaban sentados bajo un árbol frente a la casa.

"¿Todavía no estáis preparados?", les pregunté.

Con gran descaro me respondieron: "Hemos decidido que no vamos a llevarte a ti ni tampoco el equipaje. Si estás dispuesto a pagarnos más, tal vez te llevemos el equipaje, pero de ninguna manera vamos a cargar contigo. Puedes hacer lo que quieras."

Me dije: «Oh, Dios, ¿por qué juegas conmigo de esta manera? ¿Así es cómo tratas a tus devotos? Está bien, les daré el dinero, caminaré y, de una forma u otra, ya alcanzaré a los demás por mis propios medios.» Les di el dinero que pedían y partimos. Ellos, por supuesto, me dejaron atrás a los pocos minutos. Me quedé solo y, por delante, me esperaba una caminata de trece kilómetros. Tenía que bajar por la ladera de una montaña a través de la selva, bajo un sol ardiente y con un pie que me daba punzadas.

Mientras caminaba, trataba de sentirme tan feliz como había visto que se comportaba Ratnamyi en parecidas situaciones dolorosas. Se me ofrecía una oportunidad única para practicar una entrega total a Dios. Si dejaba de andar un solo instante, el dolor se hacía tan insoportable que me obligaba a gritar de angustia. Cuando ya llevaba cojeando unos seis kilómetros, me detuve exhausto. El pie empezó a latir y pensé que iba a explotar. Grité con todas mis fuerzas "Amma", invocando a la Madre Divina. Inmediatamente se detuvo el dolor. "¿Cómo ha sucedido este milagro?", pensé. Seguí adelante sin apenas sentir dolor. Agradecí a Dios su gran misericordia.

Tan pronto como Ratnamyi me vio, dio un salto y preguntó: "¿Qué te ha pasado? ¿Qué te han hecho esos bribones?" Le conté toda la historia. Ni antes, ni después de aquella ocasión, vi a Ratnamyi tan enfadado. Maldijo a aquellos porteadores para que encontrasen morada en el más bajo de los infiernos y no tuve ninguna duda de que así sería. Los grandes santos poseen el poder de maldecir, al igual que el de bendecir. Es muy raro que maldigan a alguien y, ciertamente, no lo harían para su propio beneficio. Ratnamyi se sintió tan dolido por mi sufrimiento que no pudo controlar su enojo. Le pedí a Dios que se apiadara de aquellos pobres hombres que eran objeto de la ira de Ratnamyi.

Por suerte, encontramos a un hombre en esa aldea dispuesto a transportarme hasta Pokhara. Compró una gran cesta, cortó un lateral para que yo pudiera sentarme en ella y puso una manta dentro. Me llevó sobre sus espaldas con una tira de tela sosteniendo la cesta y colgada de su frente. De esa manera sus dos manos quedaban libres. Yo me sentía incómodo, por no decir otra cosa, y presioné a Ratnamyi y Seshamma para que ellos también contratasen porteadores para que los llevasen, pero no quisieron ni oírme. Viajar de este modo era muy lento, sobre todo porque el hombre me tenía que transportar subiendo y bajando montañas y, además, bajo la lluvia. Yo me sentía extremadamente apenado por él. No se quejó en ningún momento y, continuamente, me preguntaba si necesitaba algo. ¡Qué diferencia de trato con los otros porteadores! Ratnamyi y su hermana avanzaban rápidamente. El porteador y yo les seguíamos con lentitud y nos encontrábamos para almorzar. Por las noches nos volvíamos a encontrar.

Tardamos sólo dos días en llegar a Pokhara. En el camino, el furúnculo reventó dándome algún alivio, aunque no contaba con medicinas para tratar la herida. Nada más llegar a Pokhara, pagamos a los porteadores, dándole al que me había transportado una gratificación especial. Por suerte, había tres plazas disponibles en el avión a Katmandú y llegamos a la capital aquella misma noche.

Después de curar la herida, compramos los billetes para la India. La amarga experiencia con los porteadores había incrementado nuestro interés por regresar a la India y esperábamos, ansiosamente, el mañana.

Capítulo 4

Peregrinaje

¡La India! A pesar de su calor, su actividad febril y su pobreza, todavía seguía siendo mi hogar y yo estaba contento de regresar. Aunque me gustó Nepal, no podía soportar la idea de no volver a la India, cuando durante el viaje surgieron algunas dificultades. No cabe duda de que Nepal es una tierra santa, pero considero la India todavía más santa.

La mayoría de los turistas que llegan a la India se horrorizan ante la pobreza, la contaminación y el aparente descuido o desorden del país. En la actualidad, dado el elevado número de indios que emigran a otros países, hasta los mismos nativos miran despectivamente a su propio país, y llegan a considerar que los Estados Unidos u otras naciones occidentales son como el cielo en la Tierra. Lamentablemente, son muchos los que consideran que cualquier cosa extranjera es buena, mientras ven las cosas indias como de segunda categoría.

Al haber vivido la mitad de mi vida en los Estados Unidos y la otra mitad en la India, conozco las dos caras de la moneda. La gente india, enamorada del aparente brillo del materialismo, no logra ver la parte venenosa de Occidente ni la grandeza única de su propia cultura. Las violaciones, los asesinatos, los robos y una actitud pendenciera generalizada se están expandiendo en los Estados Unidos. Si se comparase el promedio de delitos per cápita

131

de los dos países, creo que el promedio de la India sería equivalente a una gota de agua, respecto al océano que le correspondería a los Estados Unidos. En principio, no debería suceder así, pues Occidente cuenta con una policía muy eficaz y grandes medios.

Más bien se debe a la idea, muy arraigada en la mente india, de que hay que vivir una vida virtuosa, pues se temen las consecuencias de las malas acciones, ya sean de esta vida o de otras vidas anteriores. No hay ni un solo indio que no conozca, por lo menos, algo de las antiguas Escrituras hindúes, tales como los clásicos *Ramayana* y *Mahabharata*. Estas obras fueron escritas por sabios espirituales que alcanzaron la cumbre de la Realización de Dios y querían compartir esa bienaventuranza y ese conocimiento con toda la humanidad. Ellos vieron que su conocimiento y experiencia podían ser transmitidos mucho mejor a través de cuentos. Los personajes descritos en esas obras manifiestan las cualidades humanas más nobles y más elevadas. Los antiguos sabios alentaban a la gente a emular cualidades sublimes en sus propias vidas y, usando un sistema científico, mostraron que el verdadero propósito de la vida no es el placer, sino el gozo y la paz que surgen de la realización de la verdadera naturaleza de uno mismo. También inculcaron la idea de que la coexistencia pacífica sobre la Tierra debería ser el ideal a conseguir. Esta visión y forma de vida, consecuente con estos principios, han sido seguidas durante miles de años y, a pesar de los violentos ataques de invasores extranjeros, la antigua cultura ha mantenido su pureza hasta nuestros días.

La influencia de los medios de comunicación está echando a perder los valores de la antigua cultura hindú. Los ideales occidentales de goce y placer han penetrado en las mentes sencillas e inocentes de la gente india y, en consecuencia, han olvidado la grandeza de su propia cultura. Sin embargo, resulta curioso ver cómo la gente de Occidente, cada vez en mayor número, se siente más insatisfecha de su propia cultura materialista y auto-destructiva, y está volviendo su mirada hacia la India, la madre del hinduismo y el budismo, para satisfacer sus ansias de espiritualidad. Yo me he considerado siempre una de esas personas, y he visto la pobreza de la India como una capa superficial de pintura que cubre su maravillosa cultura espiritual. He comprobado que si se desea obtener paz mental y la visión de Dios, la India es el mejor sitio de la Tierra para conseguirlo, gracias a su herencia y legado espiritual. Aunque continuamente oigo elogiar a los Estados Unidos por su progreso material, no le doy a esas palabras más importancia que al simple balbuceo de un niño. Incluso la física cuántica, después de invertir grandes cantidades de dinero y tiempo, ha llegado a las mismas conclusiones a las que llegaron los sabios indios hace miles de años, a través del poder de la meditación.

Por ejemplo, estos sabios ya sabían que el universo es un todo unificado, constituido de energía esencial, y que la conciencia del observador afecta al fenómeno observado. Ésta es una de las enseñanzas básicas de la filosofía Vedanta. El hecho de que el universo está compuesto de energía y conciencia fue sustancialmente expresado por los sabios espirituales de una manera gráfica, representándolo como la unión de *Shiva* y *Shakti*, el Ser Supremo en una forma dual de Conciencia Estática y Energía Dinámica. Cualquier niño hindú puede decir que este mundo es *Shivashaktimaiam*, o que lo conforma *Shiva* y *Shakti*. Es satisfactorio ver cómo la antigua cultura india está siendo, cada vez, más reconocida y apreciada en todo el mundo y que, debido en buena parte a los occidentales, vuelve a resurgir. Como dijo recientemente un gran sabio indio: "¡Los hindúes se interesarán por el hinduismo sólo cuando se interesen los occidentales!"

Al llegar a la India, viajamos a Durgapur, uno de los principales centros productores de acero de la India, donde residía

Seshamma. Allí nos aguardaban su esposo y su hijo. Ratnamyi aceptó acompañarles en peregrinación a algunos lugares cercanos, como Gaya, Benares y Allahabad. Tras pasar unos días en Durgapur, tomamos un tren a Gaya y llegamos allí al día siguiente.

Desde que dejé Tiruvannamalai para ir a Hyderabad, había disfrutado de mucha paz y había tenido una relación armoniosa con Ratnamyi. Después de superar la prueba de fuego del primer año con él, estaba muy atento para no cometer ningún error. Cualquier cosa que me pidiera, yo trataba de hacerla sin mostrar ningún reparo. En gran medida, ya había cedido la tendencia conflictiva de mi mente y, en consecuencia, podía comprender el significado y el valor de lo que me aconsejaba. Intenté olvidarme de mí mismo, sirviéndole. Sentía que debía hacerlo todo perfectamente si quería complacerle y obtener, así, la gracia de Dios. Cuando me olvidaba de todo lo demás, sólo Ramana y mi ser coexistían, por así decirlo, en mi mente.

Era realmente maravilloso observar cómo mis meditaciones se tornaban espontáneas cuando seguía sus instrucciones. En mi corazón, me sentía interiormente unido a él. Empecé a prestar atención a mi corazón en vez de a mi mente, y trataba de conseguir que la paz resultante fuera una experiencia continua y permanente. Esa paz crecía a medida que pasaban los días, y cuando a veces la perdía, notaba que se debía sólo a mi necedad. Confiaba en alcanzar la meta si aplicaba con suma atención los principios que él me enseñaba.

Gaya es el lugar más importante de la India para rendir culto a los antepasados. Se cree que cada persona está en deuda con sus antepasados difuntos y, por tanto, conviene apaciguarlos una vez al año, dando de comer a un erudito de las Escrituras, que es quien los representa en esta tierra. La ceremonia se lleva a cabo recitando *mantras* o frases místicas que, como telegramas, aseguran que, de algún modo, la porción sutil de la comida llegará a los antepasados, dondequiera que estén. Hoy en día, con la proliferación de la radio, la televisión y las comunicaciones vía satélite, no es difícil concebir el modo en el que los objetos sutiles pueden llegar a otro ser. La comunicación a través del poder de los mantras, que es otra forma de energía, no puede ser descartada.

Yo también participé en la adoración y me sentí satisfecho por haber cumplido con ese deber, al menos una vez en la vida. Estaba seguro de que nada de lo que recomendaron los antiguos sabios era innecesario. Ellos se establecieron en un estado que trascendía las coordenadas de tiempo y espacio y, en consecuencia, todas sus conclusiones pueden ser aplicadas en cualquier época y lugar.

Parece que, en esencia, la meta y los problemas de la vida se mantienen inalterables, aunque una mente que carezca de discernimiento siempre hallará diferencias de tiempo y lugar. Los sabios dijeron, claramente, que la felicidad es la meta del hombre y que todos lo experimentan así. Sin embargo, cuando se busca la felicidad en los objetos mundanos nunca se encuentra y lo que sucede, en realidad, es que nos alejamos mucho más de ella. Sólo cuando se calma la mente, puede hallarse la paz. La paz perfecta y la eterna felicidad son una y la misma cosa. Ajenos a nuestras circunstancias externas, debemos quedar afianzados en una paz interna, de tal modo que nada pueda perturbar nuestro equilibrio interior. Aunque las prácticas que llevan a ese estado son extremadamente sencillas de comprender y asumir, la naturaleza compleja y desasosegada de la mente las convierte en difíciles. Cabe la posibilidad de que alguien encuentre la forma de calmar la mente mediante un método de tanteo, de prueba y error. No obstante, lo puede conseguir, sin duda, a través de un camino mucho más corto, si sigue las enseñanzas de los santos y sabios espirituales, cuyas mentes ya están establecidas en la quietud de la Realidad del Ser.

Después de permanecer un día en Gaya, continuamos viaje hacia Benares, o Kasi como también se la conoce en la India. Está considerada como un baluarte de la cultura hindú, y hace honor a ese derecho. Cada año, millones de personas van en peregrinación hasta ese lugar sagrado para adorar a Dios en el templo, y tomar un baño purificador en el río sagrado Ganges. Kasi podría, muy bien, ser llamada la Jerusalén de la India. Fue allí donde claramente experimenté que Dios existe, y no como una cuestión de fe, sino como una experiencia directa en el núcleo de mi ser.

Ratnamyi, Seshamma y su esposo ansiaban hacer los tradicionales rituales de un peregrinaje a Kasi. Consideraron que yo tendría mayor libertad si me alojaba en un lugar distinto al de ellos. Me hospedé en la vivienda del sacerdote que iba a celebrar los rituales, y los demás se alojaron en una casa de huéspedes, cercana al río. Aunque no me agradaba estar alejado de Ratnamyi, prometió visitarme todos los días. En realidad, este acuerdo resultó ser una bendición oculta.

Todas las mañanas me levantaba a las tres y media, como siempre, e iba al río. A esa hora había muy poca gente en los *ghats* de baño. El Ganges parecía estar vivo. Lo saludaba y le pedía permiso para bañarme en sus aguas. Yo tenía una gran fe en el poder purificador del Ganges y lo consideraba como un dios. La ciencia médica ha descubierto que el poder antiséptico de las aguas del Ganges es tan poderoso, que el cólera y otros gérmenes mortales no pueden sobrevivir en ellas. Muchos santos y sabios espirituales, a través de todas las edades, han dado testimonio del efecto purificador del río y lo han considerado sagrado. Ellos tuvieron, sin duda, alguna experiencia que les hizo creer en ello. Es muy probable que fuera así, pues yo mismo estuve muy cerca de tener una experiencia similar.

Después del baño diario, regresaba a mi habitación y meditaba un rato. Luego caminaba a través de callejones estrechos y tortuosos hasta el templo de Shiva, a un kilómetro y medio de allí. A esa hora tan temprana, ya había mucha gente que acudía al templo. Después de contemplar la deidad, volvía tranquilamente a mi habitación y, por el camino, compraba flores para la adoración. Prefería las flores de loto, pero sólo podían encontrarse en el mercado de madrugada. Al llegar a mi habitación, llevaba a cabo la adoración y leía en las Escrituras las historias del Señor Shiva. La deidad que presidía la ciudad de Kasi era Shiva, o el Señor Vishveshwara, que significa el Señor del Universo.

Ratnamyi venía más tarde a visitarme y, tras conversar un rato, íbamos a los distintos templos y lugares sagrados de Kasi y de los alrededores. Las tardes las pasaba estudiando y, al anochecer, Ratnamyi volvía y me llevaba a uno de los *ghats* de baño, en donde hablábamos de temas espirituales hasta bien entrada la noche.

Durante la tercera semana de nuestra estancia en Benares tuve una experiencia excepcional. Una mañana, después de regresar del templo, me senté para realizar mi habitual adoración diaria. De repente, cuando ya casi había terminado y estaba cantando el Divino Nombre de Shiva, la conciencia de mi cuerpo y de mi entorno se desvaneció por completo; todo lo que quedó era, por decirlo de algún modo, Dios. Me sentí invadido por la Presencia real de Dios. De manera inexplicable, yo era uno con Ello y, al mismo tiempo, estaba como separado de Ello. Pasado un tiempo, volví poco a poco a ser consciente del cuerpo y sentí claramente la Presencia Divina como si estuviese bailando beatíficamente sobre mi cabeza. Temeroso de perder esa Bienaventuranza, mantuve los ojos cerrados. Podía oírme gritando con fuerza "Shiva, Shiva", pero aquellos gritos parecían estar bastante separados de mí. Lentamente, fue descendiendo la intensidad de aquella Bienaventuranza, y la conciencia de mi cuerpo y la del entorno se hizo más clara. Abrí los ojos suavemente y encontré que mis ropas y mi cara estaban empapadas en lágrimas, a pesar de que yo no me había percatado, en absoluto, de haber llorado. Permanecí allí sentado, atónito y colmado de dicha por esta repentina manifestación de la Gracia Divina. En ese momento entró Ratnamyi. Una mirada a mi rostro le hizo comprender lo que había sucedido.

"Creo que he visto a Dios", le dije.

"Ese es el efecto de bañarse todos los días en el Ganges, manteniendo la fe en su poder espiritual", respondió, sonriendo. "Si uno es sincero en su vida espiritual y se baña regularmente en el Ganges, recibirá algunas experiencias. En cualquier caso, la pureza mental y la inocencia aumentarán en gran medida. Ahora has experimentado la verdad de las palabras de los sabios."

Yo ya estaba convencido sobre la verdad de las palabras de los antiguos sabios. Ahora ya no tenía la más mínima duda sobre esa verdad. Lo que me había sucedido era tan claro como la luz del día. Incluso ahora, al escribir estas palabras, puedo recordar aquella experiencia como si acabara de vivirla, y eso que ya han transcurrido más de veinticinco años.

Nuestra estancia en Kasi llegó a su fin, y a un fin lleno de auspicios, al menos para mí. Al día siguiente teníamos que partir hacia Allahabad, o Praiag, como tradicionalmente se llama el lugar donde confluyen los ríos Ganges y Yamuna. Se dice que bañarse allí es siempre beneficioso para cualquier aspirante espiritual. Anhelaba visitar el lugar y, además, me sentía feliz por la posibilidad de volver a estar todo el tiempo con Ratnamyi.

De buena mañana, tomamos un tren hacia Allahabad y descendimos por el lado del río Ganges, a través de un puente ferroviario, hasta llegar a una pequeña aldea llamada Jhusi, donde está situado el ashram de Prabhudattayi, el Gurú de Avadhutendrayi. Para Ratnamyi aquel ashram era el mejor lugar para albergarnos. Mientras íbamos por la carretera en un carro tirado por caballos, Ratnamyi me pidió que me bajara en la oficina de correos y averiguara la exacta ubicación del ashram. Al entrar en la oficina postal, me encontré ¡nada menos que con Avadhutendrayi! Fui a inclinarme ante él, pero me dio un fuerte abrazo.

"¿Dónde está Ratnamyi?", preguntó. Lo acompañé hasta la carreta y, llenos de gozo, nos dirigimos hacia el ashram de su Gurú. Lo arregló todo para que nos alojaran cómodamente y luego vino con Prabhudattayi, un hombre muy robusto, con el cabello largo y una barba que salía en todas direcciones, a la buena de Dios. Tenía los ojos de un loco. ¡Estaba loco, en efecto, con la Bienaventuranza de la conciencia de Dios! Todos nos postramos ante él. Después nos llevó a la cocina y se sentó con nosotros mientras almorzábamos. Me dio un nombre, Nilamani, que es un epíteto de Krishna y significa "gema azul." Tenía escritos alrededor de ciento cincuenta libros sobre temas espirituales y, además de profundos, había sabido expresar la Verdad de una forma muy dulce y vivaz. Por la noche, leía fragmentos de algunos de sus libros y los explicaba. Sus conversaciones eran muy animadas.

Prabhudattayi nos contó una divertida historia sobre un hombre rico, cuya hija había ido al ashram. El padre insistía en que regresara a casa y no visitara más el ashram. Le dijo a su hija: "Tengo tres coches y tu Gurú también tiene tres coches. Soy propietario de tantos edificios como tu Gurú. Él parece ser tan rico como yo. Entonces, ¿qué hay de diferente entre nosotros? ¿De qué te sirve ir allí? Podrías quedarte en casa perfectamente."

La muchacha se dirigió a Prabhudattayi y le contó lo que le había dicho su padre. Él llamó al padre y le ofreció un asiento confortable.

"¡Bribón!", dijo. "¿Cómo puedes decir que somos iguales? ¿Quieres saber cuál es la diferencia entre nosotros dos? Mira, yo puedo levantarme en cualquier momento y abandonarlo todo sin llevarme siquiera una muda de ropa. Y, después, no volver a pensar jamás en lo que he abandonado mientras viva. ¿Es ese tu caso? No ves que hasta cuando gastas una insignificante cantidad de dinero, te sientes como si hubieras sufrido una gran pérdida. Ahí tienes la diferencia entre nosotros dos y ¡ésa es la razón por la que tu hija quiere quedarse conmigo y no contigo!" Parece que estas palabras iluminaron a aquel hombre, pues donó al ashram una gran suma de dinero para organizar un festival religioso y alimentar a miles de personas pobres.

Todos los días íbamos en barca a bañarnos al lugar donde se unen el Yamuna y el Ganges. Prabhudattayi nos contó que cada doce años se celebraba allí un festival, al que asistían cada día unos quince millones de personas. Apenas pude creer lo que estaba oyendo. ¿Quince millones de personas? Nos invitó al próximo festival que se celebraría dentro de seis años. Más tarde tuve ocasión de asistir a ese festival, conocido como *Kumbha Mela*. La verdad es que no exageraba sobre el número de personas que acudían allí. La multitud era inconcebiblemente grande, se extendía kilómetros y kilómetros a ambos lados del lecho seco del río. Era virtualmente una ciudad, pero sin la delincuencia propia de una ciudad. No hubo siquiera un caso de robo, de pelea o de cualquier otro tipo de violencia. Los asistentes sólo tenían un pensamiento, reunirse con el propósito de darse un baño purificador en el río.

Mi visa de estancia en el país estaba a punto de caducar y tuve que regresar a Tiruvannamalai antes de que concluyera nuestro peregrinaje. Ratnamyi y Avadhutendrayi me dijeron que nos encontraríamos en Hyderabad después de renovar mi visa. Me despedí de ellos y partí hacia el sur. Cuando completé los trámites de mi visa, volví a viajar a Hyderabad, en donde me reuní con Ratnamyi y Avadhutendrayi. Durante los dos años siguientes, viajé por diferentes partes de la India en compañía de estos dos hombres santos. Estar con ellos era un continuo festival y un continuo proceso de aprendizaje. Mostraban una gran paciencia conmigo, pues yo no sabía nada de espiritualidad y cometía torpeza tras torpeza a través del cuerpo, del habla y de la mente. Aunque yo los consideraba como guías espirituales, ellos me consideraban como un hermano espiritual más joven.

Desde hacía muchos años, los devotos de Ratnamyi querían construirle una vivienda, pero él había rehusado una y otra vez. Cuando ya su salud empezaba a mermar, reconsideró aquella posibilidad como necesaria y, por fin, accedió a las persistentes peticiones de sus amigos y admiradores. Con una ayuda económica de su hermano, compró un pequeño terreno cerca del ashram, en Tiruvannamalai. Me preguntó si pensaba quedarme allí permanentemente y, puesto que mi deseo era seguir con él mientras viviera, respondí que sí.

Extrañamente, el terreno contiguo al suyo se puso a la venta. El dueño tenía que celebrar la boda de su hija y necesitaba dinero. Ratnamyi me preguntó si quería comprarlo, y yo me mostré enseguida de acuerdo. Se hicieron los planos para dos pequeñas casas y se inició la construcción con el dinero que entregaron algunos devotos y con parte de un dinero que yo había heredado hacía poco. Durante el año siguiente, aunque Ratnamyi continuó con sus viajes, yo me quedé en Tiruvannamalai supervisando los trabajos de construcción. Se podía haber hecho en tan solo unos meses, pero las inclemencias del tiempo, algunos problemas laborales y la falta de materiales provocaron un retraso de casi un año. Cuando, por fin, concluyeron las obras, Ratnamyi prometió regresar.

Aunque las dos casas se terminaron de construir al mismo tiempo, Ratnamyi me comunicó por carta que no era un buen momento para organizar la ceremonia de inauguración de su casa, pero que la mía podía hacerse de inmediato. También me aconsejaba que le pidiera a mi madre que viajara a la India para esa fiesta. Consideraba que en la persona de la madre reside una manifestación especial de poder divino, el poder del afecto que ayuda a preservar y a nutrir la creación. Ratnamyi me decía, así mismo, que tan pronto como le comunicara la fecha, trataría de acudir junto con Avadhutendrayi. Inmediatamente escribí a mi madre, le pedí que viniese a la ceremonia y le dije que hasta que no supiera la fecha de su llegada, no podía fijar la fecha del acto. Habían pasado cuatro años desde la última visita y, nada más saber de mí, lo organizó todo para partir enseguida. A las pocas semanas se presentó junto con mi padrastro, y les busqué alojamiento en casa de un devoto. Casi al mismo tiempo, llegaron Ratnamyi y Avadhutendrayi, quienes se alojaron en el ashram.

El día anterior a la ceremonia, llevé a mi madre y a mi padrastro al ashram para que conocieran a Ratnamyi y a Avadhutendrayi. En aquel momento, había allí unos devotos de Avadhutendrayi que estaban a punto de partir hacia sus hogares, en Madrás. En la India uno se inclina ante los mayores y los santos, en señal de respeto y humildad, cuando se encuentra con ellos y al despedirse. Esto no se hace para halagarles. Los antiguos aprendieron que cada posición o postura del cuerpo afecta al sistema nervioso y, a su vez, a la mente y a las actitudes mentales. Apuntar con el dedo índice hacia alguien mientras se le habla, por ejemplo, aumenta sutilmente el sentimiento de presunción, de arrogancia y quizás también de enfado. De igual manera, inclinarse ante otra persona hace que la mente adopte un espíritu receptivo y pueda, así, recibir los consejos de aquellos que poseen más sabiduría

Cuando mi padrastro vio a un devoto inclinarse ante Avadhutendrayi, preguntó: "¿Por qué tiene que inclinarse un hombre ante otro? ¿Acaso no somos todos iguales?" Ésta es, por supuesto, una idea universalmente aceptada, pero no por ello resulta falsa. Aunque la energía de la vida o de Dios sea la misma en todos los seres, diferimos en todo lo demás. Física, mental, moral y espiritualmente, cada hombre es diferente de los demás. Desgraciadamente, aquello que es universalmente igual en todos se pasa por alto o se ignora, y sólo se ven y se enfatizan nuestras diferencias.

Digo desgraciadamente, porque si nuestra visión fuera en verdad unitaria, este mundo sería un lugar mucho más pacífico. Ratnamyi no era alguien que pudiese ser cogido desprevenido por nadie. Inmediatamente hizo una contra-pregunta.

"Cuando usted quiere un ascenso en su trabajo, ¿no se inclina ante su jefe, aunque quizás de otra manera? Estos hombres quieren el conocimiento y la experiencia que sienten que tenemos. Si se inclinan, es precisamente para obtenerlo. Aunque eso no basta, es- desde luego- un primer paso. Hace falta saber si también se inclina la mente. A una mente que no sea receptiva, no se le puede enseñar nada." Mi padrastro, tal vez dándose cuenta de la verdad de estas palabras, permaneció en silencio. Tras unos minutos de conversación, se marcharon a su habitación.

Ratnamyi y yo estuvimos tratando sobre la inauguración de la casa. En la India, uno no le da "calor" a una casa, sino que más bien entra en ella como un comienzo. Constituye toda una ceremonia religiosa y se cree que si se hacen ciertos ritos en la casa, antes de vivir en ella, las vibraciones iniciales generarán una atmósfera propicia para lograr una vida apacible y armoniosa en aquel espacio. Se dice, además, que la forma y la orientación de la casa afectan a los ocupantes de forma positiva o negativa. Las antiguas culturas lo consideraban una gran verdad. Quizás la investigación científica encuentre algún día sus causas, aunque estos principios están basados en principios de vibración u ondas de energía extremadamente sutiles que se difunden por todo el universo, afectando a todo tipo de acontecimientos y cambios mentales.

Decidimos que Avadhutendrayi entrara en la casa prime-ro, mientras se repetían *mantras* védicos, y a continuación se realizarían ciertos rituales. Después de la ceremonia se daría de comer a todos los invitados, asegurando así la buena disposición de los presentes hacia la nueva vivienda. Ratnamyi pensó que si se le pedía a Avadhutendrayi que entrara en primer lugar, la casa adquiriría más fuerza para la práctica espiritual. Pero, por los acontecimientos posteriores, estaba claro que Dios tenía su propio plan, bien distinto al nuestro y, sin duda, mucho mejor.

A la mañana siguiente nos reunimos todos en el ashram. Después nos dirigimos lentamente hacia la nueva casa recitando el Nombre Divino. Por el camino, un extraño se acercó a mi madre y le dijo que, como era mi madre, le correspondía entrar primero en la casa. Ninguno de nosotros escuchó aquellas palabras. Al acercarnos a la puerta, los sacerdotes empezaron a cantar los *mantras* védicos. Y cuando Avadhutendrayi estaba a punto de entrar, zuuuum... ¡Mi madre se presentó presurosa desde atrás, hizo a un lado a Avadhutendrayi y entró triunfal en la casa! Todos nos miramos sorprendidos y perplejos. Entonces Ratnamyi rió y dijo: "¡Aparentemente, Dios ha querido entrar primero en la forma de madre!" Todos aceptaron alegremente lo sucedido y el resto de la ceremonia transcurrió sin novedades. Mi madre y mi padrastro me pidieron que les acompañara en una gira por el norte de la India, y nos preparamos para partir al día siguiente. Cuando salíamos, Ratnamyi me dijo que él se iba a Bombay con Avadhutendrayi y que podíamos encontrarnos allí cuando mi madre se hubiese ido. Me dio la dirección de la casa donde estarían alojados y, tras prometerle reunirme con ellos, me fui a Madrás.

Visitamos la mayoría de los lugares turísticos más importantes del norte de la India. Cuando acabó la gira, mi madre y mi padrastro regresaron a los Estados Unidos, dejándome a mí en Bombay. Inmediatamente me dirigí a la casa donde se hospedaban Avadhutendrayi y Ratnamyi. Tras postrarme ante ellos, les relaté todos los detalles de mi viaje. Me dijeron que algunos devotos les habían invitado a Baroda, una gran ciudad al este de Bombay y que pensaban partir al día siguiente. Yo había llegado justo a tiempo para acompañarles.

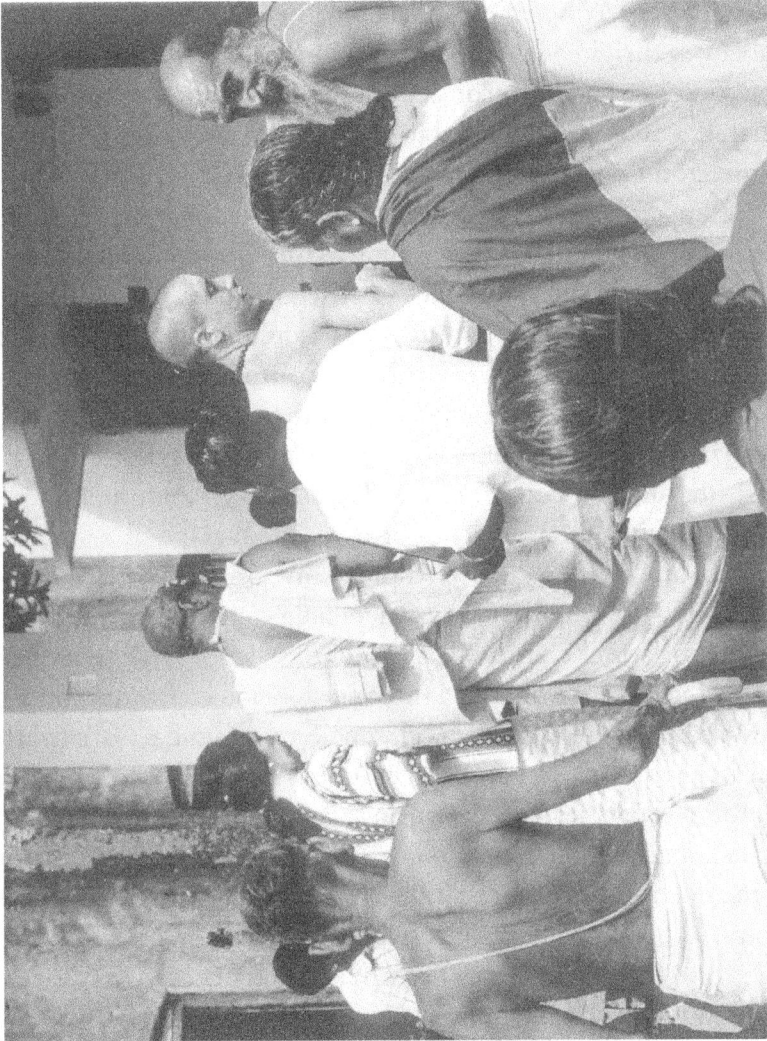

Entrando a la casa en Tiruvannamalai. De izquierda a derecha:
La madre de Neal, Avadutendrayi, Neal, Ratnamyi.

Llegamos a Baroda por la noche. Avadhutendrayi salió a buscar a alguien para que tocara la tabla o los tambores durante el canto vespertino. No conocía a nadie allí que supiera tocar la tabla y se dirigió a la Academia de Música. Mientras hacía averiguaciones, se encontró con el profesor de música que había tenido cuarenta años atrás. No había visto a su maestro desde entonces y tuvieron un feliz reencuentro.

El maestro nos llevó a su casa. Estaba enseñando cítara en la Escuela de Música, donde nos mostró una pintura de su profesor y dijo que le había costado mucho conseguirla, pues tuvo que pagar una importante suma para rescatarla de una colección privada. Como su profesor era su Gurú, no escatimó esfuerzos y trabajó duro, durante mucho tiempo, con el fin de reunir el dinero necesario para comprar la pintura. Tocó la cítara para nosotros durante casi una hora, y consiguió que Ratnamyi y Avadhutendrayi se quedaran profundamente absortos en meditación.

En una ocasión anterior, alguien invitó a Ratnamyi a un concierto de Ravi Shankar, en Hyderabad, y me pidieron que fuera con ellos. Por el camino, Ratnamyi me dijo: "No te dejes llevar por la melodía que oigas. Mantén tu atención en la nota continua de fondo y, de esa manera, el concierto te ayudará a entrar en meditación." Nos sentamos en el auditorio y las luces se apagaron. Empezó el concierto y yo cerré los ojos tratando de concentrarme en la nota de fondo. Cuando parecía que sólo habían transcurrido unos dos minutos, se encendieron las luces y todos se pusieron en pie. Me preguntaba qué estaba sucediendo. ¿Por qué se había interrumpido el concierto nada más empezar? Miré a Ratnamyi inquisitivamente. Riéndose, me dijo: "Vámonos, pues llevamos aquí más de dos horas. Te quedaste profundamente dormido en cuanto cerraste los ojos. Creía que estabas muy cansado, y no quise molestarte. ¡Has hecho una meditación bien profunda!" Ahora, mientras escuchaba la cítara, procuré no cerrar los ojos.

Después de pasar unos días en Baroda, Avadhutendrayi decidió regresar a Bombay. Ratnamyi recibió una carta en la que le pedían que fuese a Hyderabad, así que fuimos a buscar billetes para ese destino. Cuando llegamos a la estación, tuve que pedir dinero prestado a Avadhutendrayi, ya que me había dejado el dinero en casa. Al llegar a Bombay, Avadhutendrayi se levantó para bajarse del tren. Ratnamyi me preguntó: "¿Cuánto le debes a Avadhutendrayi?"

"Setenta rupias", respondí.

"¿Cuánto llevas contigo?", preguntó.

"Ciento cinco", contesté.

"Dale cien." Dijo Ratnamyi. Es una cifra redonda y no está bien mostrarse muy calculador cuando se paga una deuda a un hombre santo."

De mala gana le ofrecí el dinero a Avadhutendrayi, quien lo tomó diciendo que no tenía nada de dinero y que le vendría bien. Luego se bajó del tren en Bombay.

"¿Y ahora qué hacemos?", dije algo irritado. "Tenemos todavía un viaje de dos días por delante. Con cinco rupias, ¿cómo vamos a comer?"

"Bueno, veamos de qué manera Dios nos provee. ¿No deberíamos darle, de vez en cuando, una oportunidad para hacerlo?", preguntó Ratnamyi con una sonrisa ligeramente picaresca en su rostro.

"En el camino hay dos sitios sagrados que he deseado visitar durante mucho tiempo. Uno es Dehu Road, donde vivió el gran santo Tukaram hace unos trescientos años. Cerca de allí está Alandi, donde se encuentra la tumba de Jnaneshwar (se pronuncia Gñaneshwar, [N.del E].), un Alma Realizada que dejó voluntariamente su cuerpo a la edad de veintiún años, pidiéndoles a sus discípulos que le enterrasen vivo. Se sentó en meditación, suspendiendo todas sus funciones vitales y fue enterrado. Muchos devotos, incluso hoy, lo han visto en sus meditaciones cerca de su tumba y algunos han sido bendecidos con experiencias asombrosas.

"Es una lástima que viajemos en un tren expreso que no se detiene en Dehu Road. Si nos bajamos en la próxima estación, podemos tomar un autobús hasta Dehu Road y luego volver para esperar el siguiente tren. Pero si lo hacemos así, no nos quedará ni un céntimo para comprar una banana. Bueno, ya veremos. No comamos hoy para ahorrar dinero."

¿No comer? Desde el momento en que oí aquellas palabras, empecé a pensar en el hambre que tenía. Cuando llevábamos unas tres horas de viaje, Ratnamyi entabló una conversación con un hombre que se sentaba junto a nosotros. El hombre tenía unas uvas en una bolsa de papel. Como un lobo hambriento viendo un rebaño de ovejas, yo mantenía los ojos fijos en la bolsa. ¡Oh, gran Dios de los cielos! Mi invocación fue escuchada, pues al fin colocó sus manos en la bolsa y ofreció unas uvas a Ratnamyi. ¡Ah, Señor, ya sabía que no abandonarías a tus devotos! Ratnamyi se giró hacia mí y abrió las manos. Allí había seis pequeñas uvas. La generosidad del hombre y mi apetito no guardaban, evidentemente, proporción alguna. Al ver mi expresión, Ratnamyi estalló de risa. Yo no veía nada de gracioso en ello. Dios nos había abandonado.

Pasaron algunas horas más y, de repente, se detuvo el tren. Ratnamyi miró por la ventanilla. "¡Vamos! ¡Salta! ¡Estamos en Dehu Road! ¡Dios ha detenido el tren para nosotros!", gritó Ratnamyi. Presurosamente junté los bolsos y salté del tren. Inmediatamente arrancó el tren. Parece que una vaca se había estado paseando por la vía y el tren tuvo que detenerse hasta que se apartó el animal. Para suerte nuestra, ¡estábamos precisamente en Dehu Road!

Dejamos nuestros bolsos en una tienda cercana a la parada del autobús y fuimos a ver todos los sitios relacionados con la vida de Tukaram. Fue un hombre santo que, a pesar de ser perseguido toda su vida por gente ignorante, siempre salió triunfante por la pureza e inocencia de su corazón. Instruía espiritualmente a la gente a través de las canciones que componía. Aun hoy se deja sentir su influencia en la vida de las personas de esa parte del país. Se dice que desapareció misteriosamente al final de su vida, y que nunca más se le volvió a ver. Su casa y el templo donde solía cantar todavía se conservan, y fuimos a visitarlos.

Al final del pueblo había un árbol muy viejo que parecía encerrar cierto simbolismo, pero como no sabíamos hablar la lengua local, no pudimos comprender muy bien de qué se trataba. En lugar de sentirme inspirado pensando en la vida del santo, me sentía hambriento y algo enojado con Ratnamyi por haber entregado todo nuestro dinero. Regresamos a la parada para tomar el siguiente autobús a Alandi, a unos treinta y cinco kilómetros de allí. El propietario de la tienda, que hablaba inglés, nos dijo que el autobús llegaría en una hora. Nos preguntó si habíamos visto el sitio en donde había desaparecido Tukaram. Dijo que Tukaram se detuvo un día bajo un árbol, se despidió de todos sus amigos y de los que le deseaban el bien, y partió en algo similar a un aeroplano. Cada año, coincidiendo con el día y la hora de su desaparición, parece que el árbol tiembla violentamente, como si estuviese asustado. Nos dijo dónde encontrar el árbol.

Ratnamyi no quería irse sin ver el árbol y salió corriendo bajo el sol ardiente del mediodía. Resultó ser el árbol que habíamos visto antes. Cuando regresamos a la tienda, exhaustos y sedientos, el autobús se había ido. Yo refunfuñaba en voz baja. Nuestro tren salía a las seis de la tarde y en ese momento era la una. Si perdíamos el tren, caducarían nuestros billetes y nos quedaríamos sin billetes y sin dinero. El siguiente autobús a Alandi llegaba a las tres. Calculé que si teníamos que llegar a Alandi, verlo todo y coger otro autobús hasta la estación de tren, llegaríamos casi a las siete. Además, estaba hambriento y cansado. Ratnamyi, al enterarse de que el autobús tardaría todavía dos horas, se tumbó en la parte de atrás de la tienda. Me dijo que lo despertara antes de las tres y se quedó dormido. Eso significaba que yo no podía dormirme. Mi mente se agitaba a ritmo acelerado a causa del enfado y la preocupación. ¿Dónde estaba mi entrega y mi confianza en Ratnamyi y en Ramana? Se habían evaporado ante la adversidad.

Subimos al autobús a las tres y llegamos a Alandi a las cuatro. Visitamos todos los sitios relacionados con la vida de Jnaneshwar y nos sentamos a meditar cerca de su tumba. ¿Meditación? A mí me era imposible meditar con todo el desasosiego que tenía. Finalmente, subimos a un autobús que tardaba unas dos horas en llegar a la estación de tren. Una vez en el autobús, me dije: «Ahora Dios va a enseñarle una lección a Ratnamyi. ¿Por qué tiene que ser tan poco práctico?»

Ratnamyi interrumpió mi pensamiento: "¿Qué te parecieron esos lugares? Yo me sentí como transportado a otro mundo completamente diferente, como si estuviese viviendo con esos santos. ¿Y tú, qué tal?"

"Si tengo hambre y estoy cansado, ¿cómo voy a disfrutar de algo? Además, a esta hora ya va a ser imposible que tomemos el tren. Si no hubiéramos ido a ver ese árbol la segunda vez, ya estaríamos en la estación", dije en un tono de enojo reprimido.

"Es una pena que pienses tanto en tu cuerpo a pesar de haber vivido tanto tiempo conmigo. En lugar de aprovechar esta peregrinación para progresar espiritualmente, solo te sirve para echar a perder tu mente. ¿Dónde está tu fe en Ramana, si no puedes pasar ni siquiera un día sin dinero? Cuando nos conocimos, me dijiste que querías vivir sin dinero. ¿Dónde está ese espíritu?", preguntó.

¿Qué podía decir yo? Volvía a tener razón como de costumbre. Por fin el autobús llegó a la estación y nos bajamos. ¡En la estación nos informaron que nuestro tren venía con retraso y que, por tanto, no había llegado! Fuimos rápidamente al andén y llegamos justo a tiempo para ver entrar nuestro tren. Cuando nos acomodamos en nuestros asientos, Ratnamyi me miró y sonrió. A continuación, dijo: "Compra, ahora, unas bananas. Mañana llegaremos a nuestro destino".

Yo había aprendido una buena lección y prometí no dudar nunca más de mi guía espiritual. Era habitual que Ratnamyi llegara siempre tarde a la estación, pero jamás perdía un solo tren.

En Hyderabad nos enteramos de que el Shankaracharya de Puri acababa de llegar y había organizado un gran acto religioso. Hacía unos tres años que no llovía en Hyderabad y la gente le había pedido al Acharya que les ayudara. Estaba probado que si se realizaban ciertos rituales védicos, observando estrictamente las instrucciones de las Escrituras, se producía inmediatamente después un aguacero. Yo fui testigo de este hecho en dos ocasiones, una en Tiruvannamalai y otra en Hyderabad. Se requeriría una gran imaginación para afirmar que, tras dos o tres años de sequía, fuera una coincidencia la lluvia torrencial que cayó en estas dos ciudades nada más concluir los rituales.

Hace unos ochocientos años, nació en el sur de la India un muchacho llamado Shankara. Desde su niñez dio muestras de poseer un gran intelecto. Cuando tenía ocho años dejó su casa y viajó a pie por toda la India hasta que encontró un Gurú Realizado. Estudió bajo su guía, y alcanzó la Perfección. A partir de entonces se dedicó a escribir comentarios sobre muchas de las Escrituras hindúes, para beneficio de los buscadores sinceros. Antes de su muerte, acaecida a la edad de treinta y dos años, había establecido cuatro o cinco ashrams en diversos lugares de la India, que fueron administrados por discípulos que él había formado directamente. Al ser un renombrado maestro de religión, fue conocido con el sobrenombre de Acharya.

Desde la época en la que vivió hasta el presente, han perdurado sus enseñanzas y a la persona encargada de preservarlas se le otorga el título de Shankaracharya. Estos hombres son elegidos por sus predecesores de acuerdo con su erudición, austeridad, devoción y ausencia de egoísmo. Ellos son los líderes religiosos reconocidos por gran parte de la población hindú. El Shankaracharya de Puri de ese momento era una notable personalidad, célebre por sus elevados logros espirituales y devoción a Dios. Por tanto, se le consideraba la persona más idónea para dirigir la ceremonia.

El ritual se desarrollaba en dos zonas diferentes cubiertas por toldos. Bajo uno de ellos, se celebraba un encuentro con todos los grandes eruditos de las Escrituras védicas. Durante el día, estos sabios discutían sobre cuestiones polémicas, apoyándose en versículos de las Escrituras a fin de ganar méritos. Por la noche, el Acharya hablaba de varios temas de carácter práctico, pero también servían para que el auditorio se afianzara más en su religión y cultura. Bajo el otro toldo, se cavaban mil hoyos para emplazar pequeñas hogueras en las que se ofrecían diversos productos a Dios. Se utilizaba el fuego como medio de adoración, además del recitado de *mantras* védicos. Este toldo era tan enorme que su circunferencia tendría unos mil setecientos metros. El sonido de los *mantras* y la visión de los llameantes fuegos eran una fiesta para el oído y la vista. La atmósfera se iba cargando de devoción mientras se completaban los ritos a lo largo de diez días.

Yo anhelaba tener una entrevista personal con el Acharya y le pregunté a Ratnamyi si sería posible. Ratnamyi conocía bastante bien al Acharya y pasó la mayor parte del tiempo a su lado. En realidad, a los pocos días, Ratnamyi se convirtió en su asistente personal. El Acharya le dijo a Ratnamyi que yo debía asistir a todos los discursos y que ya me llamaría cuando dispusiera de tiempo. Durante diez días y diez noches, desde las seis de la mañana hasta medianoche, esperé a que me llamara en cualquier momento. Acabó el programa y la lluvia cayó torrencial, pero yo seguía sin ser llamado.

El Acharya tenía que marcharse de Hyderabad aquella misma noche hacia otra ciudad, a unos ochocientos cincuenta kilómetros de allí. Me envió un mensaje diciendo que, si todavía deseaba verlo, lo siguiera a la siguiente ciudad. Era evidente que estaba probando mi sinceridad. Respondí por medio de un mensajero que, si era necesario, lo seguiría por toda la India hasta que me recibiera. Al día siguiente, el Acharya seguía allí y nada más acabar sus tareas más urgentes, me llamó y me recibió junto con Ratnamyi, a puerta cerrada. Me contó muchas cosas, pero hizo hincapié en que muchísimos sabios, a lo largo de la historia, habían obtenido la Auto-Realización mediante la constante repetición del Nombre Divino. Si yo deseaba alcanzar la Bienaventuranza Suprema y la Paz Eterna, ése era el sendero que debía seguir.

Me sentí muy feliz al oír aquellas palabras, pues Ratnamyi también me lo había aconsejado y yo trataba de seguir su consejo. Después de animarme para que me esforzara y consiguiera la Realización, el Acharya me entregó, como muestra de su favor, las flores y frutas que habían sido ofrecidas a Dios durante la *puja*. Inclinándome ante él, me fui con el corazón lleno y satisfecho. La espera de diez días había valido, realmente, la pena.

Ratnamyi me aconsejó entonces que regresara a Tiruvanna-malai y preparara la inauguración de su casa. Prometió que nos encontraríamos allí al cabo de dos semanas. Partí hacia Aruna-chala mientras él acompañaba al Acharya hacia el norte de la India. Allí se resfrió y, a consecuencia de aquel resfriado, sufrió una delicada enfermedad que fue, en buena medida, la responsable de su muerte, tres años más tarde. Éste fue el principio de una penosa parte de mi vida espiritual.

"Anoche tuve un sueño de malos augurios. Creo que, a partir de ahora, va a empeorar mi salud", dijo Ratnamyi tumbado en mi casa. La noche anterior, había llegado acompañado de su hermana Seshamma. Tenía fiebre y una tos desagradable. Mientras viajaba, le había aparecido un absceso en el pie y, tras causarle un gran dolor, acabó por reventarse. No podía andar y había que llevarlo a cuestas a casi todas partes.

Me dijo: "Concluyamos como sea la ceremonia de inauguración y después consultaremos a un buen médico". Yo deseaba ir en busca de un médico tan pronto lo vi, pero no me lo permitió. Pensaba que el médico le impondría algunas restricciones, dificultando la ceremonia. Además no era fácil cambiar la fecha, pues había sido invitada mucha gente y algunos ya habían emprendido viaje.

Hicimos los preparativos necesarios para la ceremonia y, cuando llegó el día fijado, Ratnamyi y los sacerdotes realizaron los rituales. Se presentaron unos cincuenta invitados de todas partes de la India, pero Avadhutendrayi no pudo venir, pues estaba ingresado en un hospital recuperándose de un infarto y, aunque quiso acudir a la ceremonia, los médicos no se lo permitieron. Envió a un mensajero para que transmitiera personalmente la noticia a Ratnamyi, que estuvo aguardándole hasta el último momento. Después del culto, Ratnamyi se acostó. Estaba muy débil y le dolía el pecho pero, en su rostro, se reflejaba la sonrisa y el resplandor habituales. A la mañana siguiente, nos llegó la noticia de que uno de los más antiguos discípulos de Ramana se estaba muriendo en el ashram. Ratnamyi y yo nos apresuramos hacia el ashram y encontramos al monje en su lecho de muerte. Todos entonaban el Nombre Divino en voz alta y, a las pocas horas, dejó apaciblemente su cuerpo mortal. Fue enterrado detrás del ashram aquel mismo día y se decidió que Ratnamyi hiciera la adoración de los cuarenta días ante su tumba, tal como está prescrito cuando muere un monje. Esta responsabilidad implicaba un nuevo aplazamiento de cuarenta días para su prevista consulta médica. Mi corazón estaba destrozado, pero ¿qué podía hacer? Él no escuchaba ninguno de mis argumentos.

Después de cuarenta días de sufrimiento, Ratnamyi propuso que fuéramos a ver a Avadhutendrayi, que ya había sido dado de alta y se hospedaba en casa de unos devotos. Prometió ir al médico mientras estuviésemos allí. Dejamos Arunachala, y nos presentamos ante Avadhutendrayi, cuya salud había mejorado algo. Sin embargo, seguía con espasmos en una de sus arterias principales, cercana al corazón, y varias veces al día se veía obligado a incorporarse repentinamente para poder respirar bien. Era realmente doloroso verlo en aquella situación. Tan pronto cesaba uno de sus ataques, se echaba a reír y gastaba bromas a costa de su enfermedad. Ratnamyi aceptó por fin visitar a un médico, ante la insistencia de Avadhutendrayi. Le hicieron unas placas de rayos X y comprobaron que tenía casi todos los pulmones afectados por una tuberculosis. El nivel de azúcar en su sangre era, además, muy alto. Por la noche, cuando los anfitriones se enteraron de la tuberculosis de Ratnamyi, se mostraron muy preocupados y pidieron que no se quedara en la casa. Avadhutendrayi se sintió muy apenado por esta actitud. Los anfitriones le advirtieron que no se acercara demasiado a Ratnamyi, y Avadhutendrayi les contestó, enfadado:

"Si vuestro propio hijo tuviera tuberculosis, ¿os alejaríais por miedo a que os contagiara la enfermedad? Donde hay verdadero amor, no pueden darse tales pensamientos."

Avadhutendrayi, de forma muy tierna y con mucho tacto, informó a Ratnamyi de la situación y le sugirió que fuésemos a Hyderabad e ingresara en un hospital. Ratnamyi también consideró que ésta era la mejor idea, pero, ¿de dónde íbamos a obtener el dinero? Lo habíamos gastado todo en la ceremonia de inauguración de la casa, y no nos quedaba ni para los billetes de vuelta ni para los medicamentos. Ratnamyi me prohibió hablar de nuestra situación ante Avadhutendrayi o cualquier otro. Sin embargo, a los pocos minutos, Avadhutendrayi vino hacia mí y me entregó una gran suma de dinero.

"Guarda esto para el tratamiento de Ratnamyi", dijo. "Mi Gurú, Prabhudattayi, me lo envió al enterarse de que yo estaba enfermo. Yo no necesito tanto y, a vosotros, os puede ser útil." Mis ojos se llenaron de lágrimas. Oh, Dios, es evidente que Tú nos cuidas, aunque lo dude una y otra vez.

Avadhutendrayi se despidió mientras subíamos a un taxi para ir a la estación. Más tarde nos enteramos de que se pasó casi una hora llorando por el modo cómo había sido tratado Ratnamyi y por no poder acompañarnos. En Hyderabad, fuimos otra vez a la consulta externa del hospital, en donde los médicos hicieron un nuevo reconocimiento de los pulmones de Ratnamyi. "¡Una persona con estos pulmones, no es posible que tenga un rostro tan radiante!", exclamaron los doctores. Esta vez, Ratnamyi fue admitido en el pabellón de hombres, pues no aceptaba una habitación privada, ni un trato especial. "¿Qué diferencia existe entre un pobre hombre, común y corriente, y un monje? ¿Acaso no debería el monje contentarse con lo mínimo?" Por tanto, no permitía que se gastara ningún dinero extra en él.

Todo la zona alrededor de su cama se convirtió, por supuesto, en un ashram. Casi todos los médicos y asistentes acudían a pedirle consejo. Se le había ordenado descansar y no hablar demasiado para que sus pulmones pudieran recuperarse, pero ¡todos le hacían hablar diez veces más que si se hubiera alojado fuera del hospital!

"Que el cuerpo cumpla con su propio destino. Mientras hablo de Dios, mi mente permanece sumergida en Él y ni siquiera piensa en la enfermedad. No hay nada mejor ¡Quién sabe en qué momento se presentará la muerte! ¿Acaso no debemos pensar en Él en ese instante?" Era evidente que no deseaba prestar atención a nuestras súplicas para que hablara menos y descansara.

La crueldad inhumana de los doctores en aquel pabellón no era menor que la que habíamos experimentado años atrás en el pabellón de cirugía. Un día entró un cirujano con algunos estudiantes. Ratnamyi estaba durmiendo y yo leía un libro junto a él. El médico tomó el pie de Ratnamyi y, con el mango de su martillo de reflejos, raspó con fuerza la planta de sus tiernos pies, casi cortándole la piel. Ratnamyi dio un grito de dolor. El doctor explicó a sus estudiantes: "Veis, esto es lo que se llama acción refleja." Yo estaba a punto de mostrarle algo de mi acción refleja al despiadado sujeto, pero Ratnamyi me miró como diciendo: "No lo toques. Es un inconsciente."

Otro día le confiaron a un estudiante la tarea de ponerle una inyección a Ratnamyi. Tras clavar la aguja con un golpe seco, dijo: "¡Vaya, se ha torcido al entrar." Sin sacarla, la dobló como pudo hasta una posición que consideró correcta, desgarrando un centímetro la nalga de Ratnamyi. No pude contenerme. Le di un grito y se alejó huyendo. Ratnamyi me miró y dijo: "Por ningún motivo debes dejar que muera en este hospital. Sería mejor morir en manos de un carnicero que aquí." Si hubiera aceptado costearse una habitación individual, en aquel mismo hospital, no hubiera sido tratado así, pero al ser considerado uno más entre los "pobres" se le podía tratar como a un conejillo de Indias.

Durante nuestra estancia de dos meses en el hospital, se me permitió, al igual que antes, dormir junto a la cama de Ratnamyi. Una noche tuve un sueño, o quizás pueda considerarse una visión un tanto inusual. Vi una habitación en lo alto, al final de unas escaleras, que atrajo mi atención, y allí me dirigí. En ese momento, me abordó un hombre diciendo: "Hay una joven que está deseosa de tener un hijo, ¿te importaría complacerla?" Sin pensarlo, accedí a la propuesta de aquel hombre, pero al instante me di cuenta de lo que había aceptado. Arrepentido de mi necedad y temeroso de poder quebrantar mi voto de castidad, bajé corriendo las escaleras hacia la calle. Cuando corría por la calle, encontré un templo a un lado del camino y me detuve frente a él. Miré dentro y vi la imagen de la Madre Divina. Empecé a gritar: "¡Oh, Madre, perdóname por mi estupidez!" Mientras le imploraba, lleno de lágrimas, la imagen de la Madre Divina desapareció de pronto y, en su lugar, apareció la Madre Divina de pie, en carne y hueso. Salió caminando del templo, me tomó de la mano y me condujo de regreso al cuarto del que acababa de escapar. Mostrándome unos cuadros vulgares que colgaban de la pared, me dijo: "Hijo mío, esta chica no es pura como creías. Es una chica fácil." Entonces tomó nuevamente mi mano y me llevó de nuevo al templo. Me dejó a la entrada mientras ella fue retrocediendo poco a poco y sin dejar de mirarme amorosamente. De pronto desapareció. En su lugar volvió a aparecer la imagen de piedra. Del templo salían los acordes de una canción: "Alabada sea la Madre, alabada sea la Madre Divina."

¡De repente desperté, pero todavía podía oír aquella canción! Enseguida me di cuenta de que la canción provenía de una radio que había en una esquina del pabellón. En ese instante, Ratnamyi me llamó: "¡Neal!" Su voz era la misma que la de la Madre Divina de mi visión. Me levanté y le conté a Ratnamyi aquel sueño. Sonrió y me dijo: "Me consideras como la Madre Divina que ha venido hasta ti para hacerte progresar espiritualmente. Yo también te considero como la Madre Divina que ha venido a reconfortar mi pobre cuerpo. A las personas se las puede considerar de muchas maneras. Por ejemplo, podrías verme como una persona enferma que necesita ayuda o como un maestro al que se le debe servir. También podrías considerarme como un devoto, un santo o incluso un sabio al que le ofreces tus servicios. Sin embargo, la manera más elevada y mejor es la de considerar a Dios en el cuerpo de la persona que sirves, y ofrecer tu servicio sintiéndote afortunado por la oportunidad que Él te ofrece. Al final, tu ego se irá debilitando y surgirá la conciencia de Dios. No pienses que lo digo por mi interés. Si tú no estuvieras aquí, Dios me enviaría algún otro para que me cuidara. Yo dependo únicamente de Él, y no de ninguna persona."

Tras dos meses en el hospital, la salud de Ratnamyi mejoró considerablemente; ya no quedaba ni rastro de la infección en sus pulmones. Fue dado de alta y se le aconsejó que continuara con la medicación durante varios meses y evitara todo esfuerzo. Poco tiempo después, Avadhutendrayi nos anunció que se iba a celebrar un festival de recitado continuo del Nombre Divino, durante una semana, en un lugar santo llamado Bhadrachalam. Le pedía a Ratnamyi que fuese lo antes posible.

Abandonamos Hyderabad y llegamos a Bhadrachalam al día siguiente. Una vez allí, nos encontramos a Avadhutendrayi en compañía de cientos de devotos. Su salud estaba mucho mejor, aunque todavía sufría algunos ataques espasmódicos. Durante el festival, apenas vi dormir a Ratnamyi, ya fuera durante el día o la noche. Estaba siempre con los devotos, recitando, discutiendo cuestiones espirituales o siguiendo a Avadhutendrayi de un sitio a otro. La atmósfera sagrada de Bhadrachalam tenía un efecto particularmente embriagador sobre ellos.

La existencia de este templo se debía a los esfuerzos de un santo, llamado Ramdas, que vivió hace unos doscientos años. Sri Rama se le apareció a Ramdas en un sueño y le pidió que construyera un templo para proteger la imagen de Rama, que se encontraba en la cima de una colina sin ninguna protección. Ramdas era entonces un funcionario que se dedicaba a recaudar impuestos y a enviarlos anualmente al emperador musulmán, pero dejó de mandarle el dinero recaudado y lo destinó a la construcción del templo, sin dar cuenta al emperador.

Cuando, unos años más tarde, se descubrió el destino de los impuestos, Ramdas fue obligado a caminar encadenado unos quinientos kilómetros hasta una prisión. Una vez allí, lo metieron en un calabozo, y estuvo sin comida ni agua durante una semana. Durante ese tiempo, compuso unas canciones muy profundas en las que le preguntaba a Sri Rama por las causas de su sufrimiento, pues había obedecido sus órdenes. Una noche, cuando ya estaba a punto de poner fin a su vida, el emperador se despertó sobresaltado y se encontró con dos hombres que afirmaban ser sirvientes de Ramdas. Le regalaron una bolsa con monedas de oro, cuyo valor equivalía a la cantidad que Ramdas había usurpado y le pidieron al emperador que lo liberase.

Ramdas fue puesto en libertad. Cuando examinaron las monedas, vieron que en una cara llevaban la imagen de Sri Rama y en la otra la de Hanuman. También tenían impresas unas letras indescifrables. Al comprender el emperador que Ramdas había visto al Señor, ordenó que regresara a Bhadrachalam cubierto de honores y que, todos los años, se entregara al templo un magnífico regalo en oro para celebrar una gran ceremonia. Yo vi una de aquellas monedas que Sri Rama había dado al emperador. Con los años habían desaparecido casi todas y sólo quedaban dos. También vi el tesoro del templo que contenía ornamentos de oro y muchas coronas incrustadas de piedras preciosas, que procedían de los regalos anuales del emperador mientras éste vivió.

Parece que Ramdas tuvo un sueño posterior en el que Sri Rama le comunicó que, en su vida anterior, había mantenido a un loro encerrado en una jaula, durante una semana, de modo que en su vida presente le correspondía permanecer encerrado de la misma manera. Por su parte, el emperador había sido muy devoto del Señor en su vida pasada y había realizado una ofrenda especial al Señor Shiva. La ofrenda consistía en ofrecerle personalmente mil vasijas con agua de un determinado río y verterlas sobre la imagen del templo. Al final, agotado e irritado por esta ofrenda, en lugar de verter el agua de la última vasija, la lanzó contra la imagen. Por esta causa tuvo que volver a nacer, pero gracias a su devoción primera, pudo tener la visión de Dios bajo una forma personal. A juzgar por la santidad de la atmósfera que allí se respiraba, la historia sería sin duda verídica. Avadhutendrayi y Ratnamyi gozaron de una continua Bienaventuranza Divina durante toda la semana.

Desgraciadamente, Ratnamyi tuvo una recaída en su tuberculosis debido al esfuerzo, y empezó a tener fiebre alta. Nada más acabar la celebración, tomamos el primer tren a Arunachala. Su salud empeoró rápidamente. Al afectarle la enfermedad a la cavidad cerebral, sufría un insoportable dolor de cabeza y, para colmo de males, el medicamento que tomaba no le hacía ningún efecto.

Sin saber qué hacer, visité la tumba del Maharshi y oré pidiéndole ayuda. Después de mi plegaria, sentí que debía encontrar al médico europeo que, al principio, me había desalentado a seguir con Ratnamyi. Al verme, me preguntó por qué no se le veía más a Ratnamyi. Le expliqué la situación en la que se encontraba. Inmediatamente se presentó conmigo en la casa y examinó a Ratnamyi. Me dio algunos analgésicos fuertes y escribió a otro ashram en el que contaban con un nuevo medicamento extranjero, que controlaría la enfermedad. A los pocos días llegó la medicina y Ratnamyi empezó a mejorar.

El doctor le dijo que debía guardar cama durante tres meses o, en caso contrario, sufriría otra recaída, más difícil de controlar. Al parecer, se había vuelto inmune a los medicamentos que había tomado anteriormente. Aunque Ratnamyi estaba dispuesto a seguir el consejo del médico, la Voluntad Divina seguía sus propios derroteros. Muy pronto tendría lugar otro acontecimiento que le iba a suponer grandes esfuerzos y una nueva recaída. El sufrimiento de Ratnamyi parecía no tener fin.

Un día, Ratnamyi me llamó y dijo sonriente: "Avadhutendrayi me ha escrito una carta. Dice que quiere venir aquí para caminar ciento ocho veces alrededor del Monte Arunachala, como un acto de culto. Necesitará, por lo menos, ciento ocho días, si lo hace una vez por día. Ya sabes que la distancia es de unos trece kilómetros y que su salud no es muy buena. También tendré que acompañarle. Parece como si Dios quisiera no verme reposar en la cama." Me sentí apenado al oír aquella noticia. Me alegraba saber que Avadhutendrayi iba a visitarnos, pero su presencia significaba un mayor esfuerzo y una previsible recaída para Ratnamyi. A él no le preocupaba, pues todo se debía a la dulce voluntad de Ramana, lo que le llevaba a no identificarse con el cuerpo de una manera dolorosa.

Avadhutendrayi llegó a los pocos días acompañado de otros dos devotos que le atendían. Traté de mostrarme feliz, pero supongo que se asombró al ver mi expresión de alegría carente de entusiasmo. En verdad, sentí como si hubiera llegado el mensajero de la muerte. ¿Qué podía hacer? Ratnamyi supo aparentar mejor que yo su felicidad, o quizás ni siquiera se lo llegó a plantear. Parecía estar feliz como siempre de ver a Avadhutendrayi. Pasaron el día hablando, pero Ratnamyi evitó mencionar lo que el médico le había dicho sobre la necesidad de guardar reposo. No quería estropear la estancia de Avadhutendrayi.

Al día siguiente, Avadhutendrayi comenzó sus vueltas a la colina. Ratnamyi también fue, apoyándose en mi hombro. Regresó completamente exhausto. Controlé su temperatura para ver si tenía fiebre, y me sorprendí al ver que no tenía. Pensé que Dios lo estaría protegiendo.

Al segundo día, su marcha resultaba mucho más lenta. Avadhutendrayi se vio forzado a caminar también más despacio. Al llegar a casa, le tomé la temperatura y lamenté comprobar que tenía fiebre alta. Tal como había pronosticado el médico, empezaba a sufrir una nueva recaída. Me prohibió que le dijera algo de su recaída a Avadhutendrayi.

A la mañana siguiente, Avadhutendrayi le pidió a Ratnamyi que no le acompañara, ya que era un esfuerzo demasiado grande para él y, de esta manera, permitía que Avadhutendrayi fuera más rápido. ¡Gracias a Dios! Pero, ¿de qué podía servir, si el daño ya estaba hecho? Fui nuevamente al médico, y rehusó visitar a Ratnamyi por cuestión de principios. Le había pedido que hiciera reposo absoluto, y no habíamos seguido su consejo. ¿Qué garantías tenía de que no íbamos a actuar otra vez igual? ¿Por qué iba a malgastar su tiempo y su energía inútilmente? No podía culparle por su actitud. Me fui preguntándome qué hacer. El médico me sugirió que intentáramos conseguir el medicamento a través de terceros. Conocíamos a dos personas en los Estados Unidos, una de ellas era mi madre. Decidí escribirle.

Uno de los acompañantes de Avadhutendrayi era una persona erudita en sánscrito. Ratnamyi me dijo que le resultaba difícil leer, pues no podía estar sentado mucho tiempo. Su libro preferido era el *Srimad Bhagavatam*, la historia de la vida de Sri Krishna, escrita en sánscrito. Contiene unos dieciocho mil versículos y su lectura completa supone diez días de lectura continua. Ratnamyi pensó que si lográbamos que el erudito leyera el libro en voz alta, yo podría grabarlo y él podría escuchar la grabación en cualquier momento. A Avadhutendrayi también le agradó la idea. En su última visita a la India, mi madre había traído una grabadora alemana, muy cara, para grabar la ceremonia de inauguración de la casa, y me la había dejado. Decidimos empezar a grabar de inmediato. Podíamos organizar la lectura diaria antes o después del recorrido que, alrededor de la colina, hacia habitualmente Avadhutendrayi.

Tras dos días de grabación, algo falló en la grabadora. Las pistas se superponían entre sí. Les expliqué el problema a Ratnamyi y a Avadhutendrayi.

"¿Puedes hacer que lo reparen aquí?", preguntó Ratnamyi.

"Lo dudo. Es una máquina muy cara. ¿Adónde vamos a ir para que lo arreglen? Lo más probable es que lo destrocen en lugar de repararlo", respondí.

"¿No se compró en los Estados Unidos? ¿Podrían arreglarlo allí?", preguntó. "Estoy seguro que sí, pero, por favor, no me pidáis que vaya. Por supuesto, si no hay más remedio, haré lo que me digáis", contesté.

"Ya sé que nunca quieres volver a los Estados Unidos. No estaría bien que yo te pidiera que lo hicieras. Conoces la situación y puedes decidir lo que creas más conveniente", concluyó Ratnamyi.

Aquella noche, cuando me acosté, le pedí a Ramana que me mostrara lo que debía hacer. Tan pronto me dormí, tuve un vívido sueño. Vi a mi madre frente a mí y, a mi lado, estaban Ratnamyi y Avadhutendrayi. Ambos señalaban a los pies de mi madre. Comprendí lo que querían decirme y fui a postrarme a sus pies. Tan pronto como la toqué, desperté. Llamé a Ratnamyi y le conté aquel sueño. No me dijo nada, pero era evidente que Ramana me había mostrado que debía ir a los Estados Unidos. Pero, ¿dónde iba a conseguir el dinero para los pasajes? Ratnamyi me dijo que volviera a dormirme, que ya buscaríamos una solución. A la mañana siguiente, cuando Avadhutendrayi entró en la habitación, Ratnamyi le contó mi sueño. Avadhutendrayi nos dijo:

"Algunos devotos me pidieron que organizara una ceremonia religiosa igual a la que hicimos en Bhadrachalam. Tengo algún dinero que me dieron para los preparativos. Tómalo, ve a los Estados Unidos y regresa lo antes posible. Nosotros cuidaremos de Ratnamyi hasta que vuelvas, pero no tardes."

Aquella mañana, después del desayuno, me despedí de ellos y emprendí viaje a Madrás. Casualmente había una plaza libre en el vuelo nocturno a Nueva York. Ni siquiera tuve tiempo de comunicarle a mi madre que iba. ¿Y si no estaba en la ciudad cuando yo llegara? Con las mejores esperanzas, compré el billete y aquella noche embarqué. Veinticuatro horas más tarde me encontraba en Nueva York. Sentía como si estuviese soñando. Los Estados Unidos y la India son dos mundos completamente diferentes. Habían pasado seis o siete años desde que me marché de los Estados Unidos y durante esos años mi vida había sido la de un monje hindú tradicional. Ni siquiera me había cambiado de ropa. Iba vestido con mi *dhoti* y un chal sobre la parte superior de mi cuerpo. ¡No llevaba ni zapatos! Me sentía como un niño al que sacan de la comodidad y el calor de su hogar para dejarlo en una fría calle bordeada de rascacielos. Pensé que lo mejor sería llamar a mi madre y asegurarme que estaba en Chicago.

"Hola, ¿madre?"

"¿Quién es?", preguntó.

"¿Quién otro, sino yo?", respondí.

"¡Neal! ¿Dónde estás? ¡Tu voz es tan clara! ¿Qué sucede?", exclamó.

"Estoy en Nueva York, en el aeropuerto, y estoy esperando el vuelo hacia Chicago. ¿Podemos vernos cuando llegue? Más tarde te lo explicaré todo."

Me pusieron en lista de espera para el vuelo de Chicago y, al final, me dieron la última plaza del avión. Mi madre vino a recibirme al aeropuerto. Se alegró muchísimo al verme, pero la noté preocupada por si estaba enfermo. Le expliqué todo lo sucedido y le dije que debía regresar de inmediato; al día siguiente, si fuese posible. No le gustó la idea, pero accedió a hacer lo que fuese necesario. Ese mismo día llevamos la grabadora a un taller de reparación y, como era viernes, nos dijeron que no estaría arreglada hasta el lunes. Le pedí a mi madre que reservara el billete de vuelta para el martes. Creo que se encontraba en un estado de conmoción parecido al mío o, de lo contrario, no hubiera accedido tan fácilmente. Le conté que tenía un amigo muy pobre en la India, que necesitaba un medicamento muy caro para la tuberculosis, y que no se vendía en la India. Le pregunté si podía conseguirlo. No le dije que aquel amigo pobre era Ratnamyi o se hubiera quedado preocupada pensando que podía contagiarme la tuberculosis. Contactamos con el médico de la familia y nos dijo que tardaría unos días en obtener la medicina. Mi madre se comprometió a enviarla por vía aérea tan pronto la consiguiera. El martes me vi sentado en el avión de regreso a la India y con una madre llorando en el aeropuerto. Fue como un sueño para los dos. Veinticuatro horas más tarde, estaba de nuevo en Madrás, seis días después de partir. Al llegar a casa, entré y me incliné ante Avadhutendrayi y Ratnamyi. Sonrieron y me preguntaron por mi viaje. Pensé que estarían felices por volver a verme, pero se mostraban tan ecuánimes como siempre. La grabación se reanudó y se completó en una semana.

Un día me di cuenta de que no disponía de tiempo para estudiar ni meditar. Tenía que servir a Ratnamyi, que seguía postrado en cama, y apenas tenía tiempo para mí. Cuando dejaba de pensar en mi persona, disfrutaba con las ráfagas de gozo de una existencia sin egoísmos, pero a veces deseaba vivir aislado en alguna parte y dedicar tiempo a la disciplina espiritual. A causa de estos pensamientos, disminuyó el entusiasmo de mi actividad al servicio de Ratnamyi. Avadhutendrayi no tardó mucho en advertirlo y, un día, me llamó aparte.

"Hijo, ¿por qué estás atendiendo tus deberes con tan poco entusiasmo?", preguntó. "¿Es porque deseas irte y practicar por ti mismo? Yo también me sentí así en cierta época. Siempre podrás encontrar tiempo suficiente para esas cosas, pero tener la compañía de un verdadero santo y la posibilidad de mantener una relación tan cercana con él, es extremadamente inusual. Son muchos los devotos que se dedican a buscar un verdadero santo por todo el mundo y no pueden encontrarlo. Nosotros dos estamos enfermos y puede que no permanezcamos en este mundo mucho más tiempo.

Aunque no dependemos de tu servicio, debes pensar seriamente qué te conviene hacer y preguntarte dónde está tu deber. Si deseas irte y practicar una intensa meditación, no tenemos ninguna objeción, pero si decides quedarte, debes trabajar con toda tu mente y todo tu corazón. Sólo entonces obtendrás el beneficio de tu servicio. Tienes que decidir por ti mismo."

Yo sabía que lo que Avadhutendrayi me decía era verdad. Le respondí que en adelante honraría el camino que había elegido de servir a los sabios. Aunque la meditación en soledad fuera necesaria para mí, la haría cuando ya no pudiera gozar de su compañía.

Tras completar su voto de circunvalar Arunachala, Avadhutendrayi preparó el encuentro espiritual según lo planeado. Asistieron casi quinientas personas de diferentes partes de la India y la ceremonia se prolongó a lo largo de una semana. Cuando terminaron todos los actos, Avadhutendrayi nos comunicó que se iba al norte. Antes de partir le entregó algún dinero a Ratnamyi para que se comprara las medicinas que necesitara. Ratnamyi había estado todos aquellos días con fiebre alta, pero prefirió no decirle nada a Avadhutendrayi. Coincidiendo con su marcha, decidimos también nosotros partir en busca de un buen médico que tratara a Ratnamyi. Un día después de la partida de Avadhutendrayi, hicimos todos los preparativos con la intención de salir al día siguiente. Yo había puesto el dinero en el armario de mi casa, donde ahora dormía la hermana de Ratnamyi, pues yo me había mudado a la casa de Ratnamyi para atenderle. De repente, a la una de la madrugada, Ratnamyi me llamó y dijo:

"Levántate y ve a la otra casa. Siento como si alguien hubiera entrado a robar. ¡Date prisa!"

Cuando llegué a la casa, vi que la puerta había sido cerrada desde fuera. La abrí. Seshamma estaba profundamente dormida y el dinero no estaba en el armario. Los ladrones habían retirado el tejadillo de la chimenea y habían entrado por allí. Se llevaron todo lo que encontraron de valor y salieron silenciosamente, cerrando la puerta por fuera.

Por la mañana acudió la policía y ordenaron traer un perro desde Madrás para que rastreara la zona. El perro atrapó a un hombre que trabajaba en una casa cercana, el hermano de nuestro jardinero. La policía lo detuvo para interrogarlo, pero alguien influyó para que fuera liberado, y así acabó el asunto. Como no teníamos más dinero, tuvimos que quedarnos y recurrir a algunos amigos para que nos ayudaran a costear los gastos del viaje y los honorarios del médico.

Unos días más tarde, tuve un sueño y en él aparecían varias personas disputándose el cadáver de Avadhutendrayi. Se lo dije a Ratnamyi, pero no hizo ningún comentario, se limitó a asentir con la cabeza. Poco después nos avisaron que Avadhutendrayi había muerto repentinamente de un ataque al corazón, en Hyderabad. Ciertamente se produjo una disputa por el destino de su cuerpo. La discusión terminó cuando encontraron una carta suya, escrita hacía muchos años, en la que decía que, tras su muerte, quería que su cuerpo quedara inmerso en el Río Krishna, en el sur de la India.

Llegamos a la ribera del Río Krishna tan pronto como pudimos y antes de que comenzaran las honras fúnebres. Ratnamyi se hizo cargo de la situación los siguientes quince días, asegurándose de que todos los rituales prescritos se realizaran a la perfección. El esfuerzo de supervisión continua que tuvo que realizar, hizo que su salud se deteriorara aún más. Parecía una luz resplandeciente en un recipiente roto. Estaba dispuesto a hacer lo que fuera con tal de cumplir con su deber, aun a costa de su vida. Ciertamente, Dios le daba una oportunidad tras otra para hacerlo.

Cuando terminaron las honras, suspiré lleno de alivio pues al fin podíamos consultar con un médico. El doctor le prescribió diversas hierbas y minerales que debían tomarse con miel o mantequilla y nos dijo que, en su opinión, Ratnamyi no padecía tuberculosis, sino más bien algún tipo de bronquitis crónica. Le dijo a Ratnamyi que regresara a su casa y que tomara las medicinas durante un mes.

Antes de partir hacia Arunachala, unos amigos consultaron a un astrólogo sobre el futuro de Ratnamyi. Les dijo que no viviría más de nueve meses. Cuando Ratnamyi se enteró de aquella predicción, decidió hacer testamento. Me dejaba su casa y su biblioteca, sus únicas posesiones. Pensó que haría uso de ellas, tal como él lo haría.

En Tiruvannamalai, Ratnamyi se dedicó a ordenar su biblioteca de casi dos mil libros, muchos de los cuales eran ejemplares raros. Había tardado casi treinta y cinco años en formarla. Si cuando viajaba disponía de dinero, siempre procuraba comprar algún libro. Quería que estuvieran bien ordenados para que me resultara fácil localizarlos. También se dedicó a leer el *Garuda Purana*, un antiguo libro que se refiere a los últimos ritos del alma fallecida y describe el viaje al siguiente plano de existencia tras la muerte. Tomaba notas y me las traducía al inglés para que yo las estudiara y pudiera supervisar sus honras fúnebres, al igual que él había hecho por Avadhutendrayi. Al final, incluso, llegó a redactar la lista de las personas a las que habría que comunicar su muerte. Lo tenía todo previsto. De hecho, ¡sólo le faltó escribir la fecha de su defunción!

"¿Por qué hace todo esto?", le pregunté un día. "Ya me las arreglaré como pueda. No me gusta que se esfuerce haciendo todas estas cosas. Quizás mejore y viva otros cincuenta o sesenta años. ¡Quién sabe!"

Me contestó, riéndose: "Aunque viviera otros cien años, algún día tendré que dejar este cuerpo. En ese momento, ¿cómo voy a pensar en todas estas cosas? Esto es solo un ensayo. Lo que intento es dejarlo todo listo para que, cuando llegue la hora, salga todo adecuadamente y no tengas que preocuparte. A diferencia de otros que celebran bodas, bautizos y otras ceremonias familiares, yo por ser soltero no tengo más celebración que ésta. Me gustaría que se celebrara por todo lo alto la ofrenda de mi cuerpo al dios de la muerte. Será mi oblación final."

Durante los siguientes seis o siete meses, Ratnamyi siguió el tratamiento de hierbas que no parecía hacerle ni bien ni mal. Su hermana, Seshamma, le invitó a participar en un ritual que ella y su esposo preparaban en su aldea. Deseaban contar con la presencia y la supervisión de Ratnamyi. Fijamos un día para el viaje e hicimos los preparativos necesarios. Ratnamyi me pidió que fuera a recoger algunos libros que había prestado, meses atrás, a un amigo que vivía en el ashram. Se trataba de un anciano que tenía el don intuitivo de predecir el futuro. Me preguntó por nuestro viaje y le expliqué algunos detalles. A continuación me dijo:

"Dile a Ratnamyi que concluya antes del 21 de febrero, pues puede suceder algo en torno a esa fecha. Además, presiento que vas a tener que pedir prestado, durante un año, para ayudar a alguien que te es muy querido." ¿Un préstamo? No podía imaginar de qué me estaba hablando. Regresé y le transmití el mensaje a Ratnamyi.

Llegamos a la aldea de Seshamma, y Ratnamyi comenzó los preparativos para el culto. Iba a ser un gran acontecimiento que requería muchas horas de celebración, además del reparto de regalos y la organización de las comidas para los invitados. Los preparativos duraron casi tres semanas. Ratnamyi insistió en que sólo se utilizaran los mejores materiales y dijo que rechazaría todo lo que no estuviese en perfecto estado. Su salud mejoró en aquellos días, pues remitió la fiebre y la congestión pulmonar. Después de todo, tal vez hubiera acertado en su diagnóstico el médico ayurveda.

Por fin llegó el día de la *puja*. Empezó a las seis de la mañana y acabó a medianoche, ¡dieciocho horas en total! Ratnamyi permaneció sentado durante toda la ceremonia y supervisó cada uno de los detalles. No se levantó en ningún momento, ni siquiera para atender sus necesidades básicas. No comió ni bebió nada hasta que no concluyó la *puja*. Yo temía por su cuerpo, pero él estaba completamente en otro plano, despreocupado de la vida y de la muerte. Su cuerpo emitía un resplandor bien visible que atraía, incluso, a los niños más pequeños. Era tan llamativo que hasta los aldeanos llegaron a preguntarle a qué se debía.

"No lo sé", respondió con sencillez. "Quizás sea una manifestación de las bendiciones de mi Gurú." En realidad, era la refulgencia propia de su Auto-Realización, que no podía ocultar.

Un día, cuando ya habían transcurrido dos semanas desde la *puja* especial, Ratnamyi me llamó a su lado.

"Me siento mucho mejor ahora", dijo. "Dentro de unos días podremos regresar a Arunachala. Pero, aún así, presiento que voy a dejar mi cuerpo este mes o, bien, dentro de seis meses." Al decir esto, su pierna izquierda empezó a temblar incontroladamente. La sujeté con mis manos. A continuación se puso a temblar la otra pierna y también la tuve que sujetar. Cuando miré su rostro, vi que sus brazos también temblaban y, todo él, parecía empezar a sufrir un ataque de epilepsia. Fui corriendo a la cocina y llamé a su sobrino para que me ayudara. Cuando regresamos junto a su cama, vimos que se había quedado inconsciente. A los veinte minutos, recobró la conciencia, pero antes de que pudiera decir nada, empezó a sufrir otro ataque, quedando inconsciente de nuevo. Así sucedía cada veinte minutos. Pedimos que acudiera un médico. Vino enseguida y trató de suministrarle alguna medicina, pero fue difícil conseguir que Ratnamyi la tragara. Después de tres o cuatro ataques, sólo dijo unas pocas palabras: "¡Esta es toda tu bondad, Señor!"

No dijo nada más. Los ataques continuaron cada veinte minutos. Su cuerpo se iba debilitando y la agudeza de los ataques era cada vez menor por la debilidad que experimentaba su cuerpo. Me ocupé de que varias personas se sentaran alrededor de su cama y recitaran el Nombre Divino. Era evidente que se acercaba el momento de su partida. Resultaba curioso, pero yo no tenía miedo ni estaba, en absoluto, preocupado. Sentía que todos aquellos acontecimientos formaban parte de una representación en la que yo debía desempeñar mi papel. Finalmente, a las dos treinta de la madrugada del 18 de febrero, Ratnamyi exhaló su último suspiro. De acuerdo con las instrucciones que me había dado previamente, hice ante él un *arati* (una ofrenda con movimiento de alcanfor encendido) y, nada más acabar, abrió los ojos, sonrió beatíficamente, y dejó de estar. Su mirada de perfecta paz y de bienaventuranza interior me hizo pensar que se encontraba en *samadhi*. Sacaron el cuerpo de la casa y lo colocaron en el patio, bajo un cobertizo, en donde los amigos sinceros pudieran velarlo.

El recitado del Nombre Divino continuó durante toda la noche y siguió hasta el ocaso del día siguiente. A continuación, el cuerpo fue bañado y llevado a la zona de cremación, en las afueras de la aldea. Yo también fui para comprobar que todo se hiciera según sus deseos. De las aldeas de alrededor se desplazaron muchísimas personas para ver el cuerpo de un gran santo antes de que fuera ofrecido a las llamas. Después de encender la pira fúnebre, se fueron todos a sus casas. Sólo un amigo y yo permanecimos allí, junto a la pira ardiente, para asegurarnos que ningún perro se acercara a morder el cuerpo o perturbara la cremación.

Yo sentía una mezcla de gozo y tristeza al mismo tiempo. Ratnamyi había sido liberado, al menos, de la dolorosa jaula de su cuerpo, tras una vida dedicada a la espiritualidad. Su alma había ido a su Gurú, Ramana. Al mismo tiempo, sentí cierta orfandad pues, a partir de aquel momento, tendría que valerme por mí mismo. Él lo había sido todo durante mis últimos ocho años. Me había transmitido todo su conocimiento sobre la vida espiritual. Y ya no estaba, ¿o tal vez sí? Sentía claramente su presencia dentro de mí como la luz de la conciencia. Durante los días que siguieron experimenté un peculiar sentimiento de identificación con él. No sabía si los demás podían percibirlo, pero yo notaba que mis expresiones faciales se volvían como las de él, también mi manera de hablar e, incluso, mi modo de pensar. Sentía como si mi cuerpo y mi personalidad fueran sólo una sombra del cuerpo y la personalidad de Ratnamyi. Aunque separado físicamente de él, yo disfrutaba de una profunda paz en mi interior. Supongo que todos se sorprendían al verme así. Había sido como su propio hijo durante los últimos ocho años y esperaban verme profundamente apenado por su muerte. Se asombraban al ver que, si en algo me afectaba, era para hacerme más feliz. ¿Acaso no se debía a sus propias bendiciones? Yo así lo sentía.

Según las Escrituras hindúes, tras la muerte, el alma no se dirige inmediatamente hacia el otro mundo. Requiere de una especie de cuerpo en el que poder hacer ese viaje. Normalmente, se coloca una pequeña piedra sobre el cadáver a la hora de la cremación. Una vez extinguido el fuego, se recoge esta piedra y algunos trozos de huesos que quedan. Durante diez días se usa la piedra como médium. Se cocinan platos especiales y se ofrecen a la piedra, al tiempo que se recitan *mantras* apropiados. Se cree que cada día que se ofrece la comida, se forma una parte del cuerpo que se necesita para viajar al reino sutil. Por ejemplo, la ofrenda del primer día sirve para crear los pies, la del segundo día las piernas, y así sucesivamente. La ofrenda se denomina *pinda* y el cuerpo que se forma de la esencia sutil del alimento se llama *pinda sariram*; *sariram* significa cuerpo. El décimo día, el alma toma conciencia de su entorno y de la existencia del *pinda sariram*. Se encamina hacia el lugar en el que sus amigos están honrando su memoria y observa quiénes han ido. Después comienza su viaje al próximo mundo.

Este mismo proceso se siguió tras la muerte de Ratnamyi. Al décimo día, la piedra fue arrojada a un río cercano, una vez cumplido su propósito. Resultó ser el mismo río en el que se sumergió el cuerpo de Avadhutendrayi, hacía nueve meses. Ese día, casualmente, era *Shivarathri*, una fiesta anual que se celebra en toda la India. Con motivo de esa festividad, la gente ayuna y permanece despierta toda la noche, adorando a Dios hasta que rompe el alba.

Exhausto por las ceremonias y algo abatido, me acosté alrededor de las once de la noche. Inmediatamente apareció Ratnamyi en un vívido sueño. Sonrió y extendió su mano. Me fijé en ella y vi que la piedra reposaba en su palma. Entonces la tiró al río y me dijo: "Ven, esta noche es *Shivaratri* y tenemos que adorar al Señor." Luego se sentó y, pidiéndome que me acomodara junto a él, empezó la *puja*.

Desperté súbitamente y tuve el sentimiento certero de que lo que acababa de ver no era un mero sueño, sino que Ratnamyi había querido mostrarme que seguía vivo a mi lado, aunque en una forma sutil invisible para mí. Me sentí sumamente dichoso y apenas pude dormir el resto de la noche.

Capítulo 5

Valiéndome por mí mismo

Una vez completadas las ceremonias, tomé las pocas posesiones de Ratnamyi y regresé a Arunachala. Después de todo, había llegado a Arunachala ocho años atrás para vivir cerca de la tumba de Ramana y tratar de alcanzar la realización de mi Verdadera Naturaleza. Sentía que durante los últimos ocho años había sido guiado por Ramana en la forma de Ratnamyi. Ahora debía poner en práctica todo lo que había aprendido. Los cimientos ya estaban echados, ahora tenía que levantarse el edificio.

En el tren de regreso, tuve otro sueño maravilloso. Me encontraba en el ashram. Acaba de llegar y había una gran multitud reunida al pie de la colina. Me acerqué y vi que el cuerpo de Ramana yacía allí inmóvil. Acababa de morir y todos lloraban desconsolados. Me aproximé a su cuerpo y empecé a llorar: "¡Oh, Señor, he venido desde muy lejos para verte, pero te has ido antes de que pudiera llegar a ti!" Entonces abrió los ojos y me sonrió. Me dijo que me sentara. A continuación puso sus pies sobre mi regazo y me pidió que frotara sus piernas.

"Dicen que estoy muerto, ¿tú también crees que estoy muerto?", preguntó. Entonces desperté y me admiré de la claridad del sueño. Tenía la seguridad de que estaba conmigo y, realmente, estaba convencido.

Nuestras casas parecían vacías y carentes de vida sin Ratnamyi. Me preguntaba cómo podría permanecer en su casa sin estar él. Lo sentía dentro de mí, pero no cabía ninguna duda de que estaba físicamente ausente. La bienaventuranza que sentía en su compañía, ya no estaba allí. Decidí ver al astrólogo del ashram. Me recibió y me preguntó por Ratnamyi. Le conté lo sucedido. También le dije que no sólo había acertado en su predicción sobre la necesidad de que Ratnamyi finalizara su trabajo antes del 21 de febrero, sino también en lo relativo al préstamo, pues tuve que pedirle ayuda a mi madre para que se pudieran realizar las ceremonias mensuales que, durante un año, se tributan a los que abandonan su cuerpo. Le dije que estaba sorprendido por la precisión de sus predicciones, y, directamente, le pregunté:

"¿Podría decirme qué me va a deparar el futuro, ahora que Ratnamyi se ha ido?"

"Tu salud se irá deteriorando", comenzó, "y es posible que mueras dentro de cuatro años. Si no sucede así, irás con tu madre y seguirás tu vida espiritual. Al mismo tiempo, estarás ocupado reuniendo dinero."

¿Muerte? ¿Volver a los Estados Unidos? ¿Reunir dinero? Todo parecía demasiado terrible para ser verdad. Le agradecí su predicción y regresé a casa. Empecé a preocuparme. Como sabía que las palabras de este hombre no podían ser falsas, me sentí triste y desasosegado. No tenía a nadie con quien compartir mis temores. Durante diez días estuve dándole vueltas en mi cabeza, y no podía meditar ni concentrarme en la lectura de nada. Hubiera continuado así, de no haber sido por un sueño que tuve. Ratnamyi estaba de pie, en la casa, y me miraba con una expresión irritada.

"¿Por qué te preocupas?", dijo. "Todo está en las manos de Ramana. ¿Acaso no le has entregado tu vida? Tienes que cumplir con tu deber, meditando en Dios día y noche. Él se hará cargo de lo que tenga que ocurrirte. No te preocupes." Desperté sin

Camino hacia la Libertad ★ Volumen 1

ningún signo de somnolencia. Me sentía aliviado de una pesada carga. Desde aquel momento, dejaron de atormentarme los pensamientos acerca del futuro.

Aquel mismo año decidí viajar a Hyderabad para participar en una de las ceremonias mensuales que se llevaban a cabo por el alma de Ratnamyi. Un día, mientras descansaba después de comer, en la casa del hombre que había realizado los rituales, soñé que Ratnamyi y Ramana estaban de pie, mirándome. Ramana señaló a Ratnamyi y me dijo: "Cuando le sirves a él, me estás sirviendo a mí." Aunque llame sueños a estas experiencias, debo aclarar que no poseían la vaguedad de un sueño. Eran tan nítidas como la conciencia en estado de vigilia, pero con alguna peculiaridad, ya que sentía que no estaba despierto ni tampoco soñando. Me dejaban la profunda impresión de que estaba siendo guiado y cuidado por estos grandes hombres.

Seis meses después de la muerte de Ratnamyi, mi madre decidió visitar la India con mi hermana y mi cuñado. Viajamos durante unos diez días por Cachemira, una de las partes más pintorescas de la India. De allí volamos a la India oriental y nos quedamos en Darjeeling, una estación de montaña famosa por sus plantaciones de té y desde donde se divisan magníficas vistas del Everest y de Kanchenjunga. Mientras ascendíamos por las colinas, empecé a sentirme lleno de gozo, sin ninguna razón aparente. Me puse a reír a carcajadas. Nadie podía imaginarse por qué me reía, ni yo tampoco podía explicarlo. Sospecho que tanta dicha me la daba la presencia, en esa zona, de muchos hombres santos.

Por la noche, al acostarme, se me apareció Ratnamyi. Me miró como si deseara que le dijera algo. Me aventuré a preguntarle: "Ratnamyi, ¿qué le sucedió en el momento de la muerte?" Según mi visión, en aquel momento parecía estar en *samadhi*, o perfecta unión con Dios.

178

Y él me respondió: "Sentí una fuerza que surgía desde dentro de mí y me invadía. Me entregué a ella y me sumergí en Eso." Después de estas palabras, se alejó en dirección al cielo y, lentamente, desapareció.

Al finalizar el año de las ceremonias mensuales por el alma de Ratnamyi, decidí quedarme en Arunachala el año siguiente. Les pedí a todos mis amigos que no me visitaran, pues quería pasar ese año en completo aislamiento, meditando y estudiando, tratando de asimilar la experiencia de los últimos nueve años. Me surgió una seria duda sobre el tipo de práctica espiritual que debía seguir. Según Ramana Maharshi, existen dos senderos fundamentales: el de la devoción a Dios, caracterizado por la incesante repetición del Nombre Divino o *mantra*, y el sendero del conocimiento, caracterizado por la indagación constante, en el interior de uno mismo, para llegar a conocer aquello que resplandece como "yo".

Ratnamyi me había aconsejado el sendero de la devoción durante los seis primeros años que estuve con él. Transcurrido este periodo, me llamó un día y me aconsejó que profundizara en la indagación del «Yo», pues sólo así purificaría mi mente hasta un estado de ecuanimidad que la hiciera apta para la absorción en lo Real. Me recomendó que pasara varias horas al día meditando en mi Ser más recóndito. Ahora, sin la presencia de Ratnamyi, me asaltaba la duda sobre si debía seguir aquella misma práctica. Sentía que el sendero del conocimiento estaba creando en mí una suerte sutil de falso orgullo. Aunque veía un reflejo de la Verdad en mi interior, me quedaba por recorrer un largo trecho hasta llegar a realizar esa Verdad como mi «Ser Real». Me parecía un camino más seguro mostrarme como un humilde devoto de Dios o del Gurú, pero también debía considerar los consejos de Ratnamyi. ¿Cómo puede uno confiar en su propia mente?

Pasé muchos días dudando sobre aquel dilema. Una noche tuve otro sueño significativo. Un santo Realizado, el

Shankaracharya de Kanchipuram, a quien yo le tenía una gran estima, apareció sentado ante mí y dijo: "Que yo entre en Ti. Que yo entre en Ti. Repite esto todos los días durante nueve horas." Le pedí que me repitiera la frase en sánscrito. "Con esto basta", dijo algo irritado, y desperté. A partir del día siguiente, traté de repetir la frase durante nueve horas. Me sentía muy incómodo con aquella frase, así que me dediqué a repetir mi propio *mantra* con la actitud mental adecuada. Mi cuerpo iba debilitándose cada día más y, al cabo de un tiempo, me resultaba imposible sentarme erguido durante muchas horas. No obstante, procuraba repetir mi *mantra* durante cinco horas al día. Al finalizar el día sentía sus efectos en forma de una profunda paz interior. Continué así durante dos o tres meses.

Un día volvió a aparecer el Acharya en mi sueño. Estaba sentado ante mí al igual que en el sueño anterior.

"Lo único que importa es la mente", dijo. A continuación me ofreció una hoja de plátano en la que había un pequeño montículo de azúcar cande. Tomó un poco de azúcar, lo puso en su boca y, levantándose, se fue. Desde aquel día, ya no tuve tanto interés por permanecer sentado repitiendo el *mantra*. Comprobé que la indagación del «Yo» resultaba mucho más fácil y, de esta manera, me dediqué seriamente a practicarlo. Entendí claramente lo que había querido decir con "lo único que importa es la mente." Lo importante no es el tipo de práctica espiritual que se realiza, sino la pureza mental que se obtiene con esa práctica. Sólo eso es lo que cuenta. Las prácticas son un medio para obtener un fin.

En el segundo aniversario del tránsito de Ratnamyi, los devotos de Hyderabad me comunicaron que esperaban contar conmigo para organizar, en Benares, los rituales para honrar su memoria. En aquel momento me sentía demasiado débil para viajar. Tenía un dolor agudo en la parte baja de la espalda y en el abdomen. Me dolía toda la columna vertebral y sufría frecuentes migrañas.

Me trataban en el hospital gubernamental de la ciudad, pero sin que notara ninguna mejoría. Cuando me llegó la invitación para ir a Benares, pensé: "Bueno, si Ratnamyi descuidaba su cuerpo para asistir a estos encuentros espirituales, ¿no debería hacer lo mismo su hijo espiritual?"

Con este pensamiento, partí hacia Hyderabad. Al poco de llegar, continué con otras siete personas hasta Kasi y llegamos a los dos días. Me sentía feliz por estar otra vez en Kasi, después de diez años, pero apenas podía caminar o sentarme erguido. Sólo podía permanecer tumbado en un rincón. La noche anterior a la ceremonia tuve un sueño muy agradable. Me hallaba al pie de una colina, ascendí por ella y vi una pequeña cabaña en la que se encontraba sentado Ratnamyi. Brillaba con tal esplendor celestial que incluso la casa parecía estar totalmente iluminada por su presencia.

"¿Has hecho este largo viaje para asistir únicamente a la ceremonia? Sufres mucho, ¿verdad? Me conmueve tu gran devoción. Toma, come esto." Mientras decía estas palabras, me hizo entrega de un dulce. A continuación, desperté con lágrimas en los ojos. Era evidente que podía ver todo lo que sucedía, y comprendía mi corazón igual que cuando vivía unido a su cuerpo.

Con dificultad regresé a Arunachala. El astrólogo me había dicho que podría morir en cuatro años, y ya habían transcurrido dos. Antes de abandonar el plano terrenal, tenía dos deseos que quería cumplir. Uno consistía en caminar alrededor del monte Arunachala ciento ocho veces. El otro, visitar a pie todos los santuarios importantes de la zona del Himalaya. Estaba demasiado débil para hacer cualquiera de las dos cosas, pero decidí intentarlo. Después de todo, lo peor que podía suceder era que mi cuerpo expirara antes de tiempo, y morir mientras cumplía un acto santo era lo que anhelaba.

Me dirigí lentamente hasta la tumba de Maharshi, en el ashram. Una vez allí, le pedí que me diera fuerza suficiente para cumplir con alguno de mis deseos. Inmediatamente sentí una oleada de fuerza en mi interior y, aquel día, pude caminar los trece kilómetros alrededor de Arunachala. Decidí dejar un día de descanso tras cada vuelta. Pero cada vez que me dirigía al ashram, me sentía tan débil que creía que no podría dar ningún otro paso. Únicamente cuando me detenía ante la tumba o *Samadhi* de Ramana, recuperaba la fuerza necesaria para caminar en torno a la colina. Gracias a esta ayuda completé las ciento ocho circunvalaciones.

Una vez cumplido este primer deseo, llegaba el momento de cumplir el segundo. Tomé un tren a Hyderabad y luego a Kasi. Mi idea era permanecer en Kasi unos días y después caminar hasta el Himalaya. Calculé que si iba a paso tranquilo, tardaría unos seis meses en completar todo el recorrido. Por desgracia, caí tan enfermo en Kasi que llegué a la conclusión de que no podría cumplir con mi aspiración. Admitida la derrota, volví sobre mis pasos y regresé en tren a Hyderabad. Allí ingresé en un hospital naturista. Tenía fe en que si alguien podía diagnosticar mi enfermedad y curarme, ese alguien sería, sin duda, un médico que siguiera los métodos naturistas, la homeopatía o el *Ayurveda* (tratamiento con hierbas).

Pasé dos meses en el hospital. La atmósfera era parecida a la de un ashram. Había clases de yoga, cantos devocionales y se podían seguir diversos regímenes dietéticos. Sin embargo, mi debilidad iba en aumento, así que decidí, finalmente, acudir a un renombrado homeópata que atendía, por aquel entonces, al Presidente de la India. El homeópata me trató durante dos o tres meses, sin cobrarme nada, pero tampoco noté mejoría. ¿Qué podía hacer? Un amigo me sugirió que viajara a los Estados Unidos e intentara recobrar mi salud, para el bien de mi vida espiritual. Él no pensaba en los daños espirituales que podría causarme esa visita, tal como lo veía yo después de la experiencia acumulada durante todos estos años. Me dijo que podía probar y, si no mejoraba tampoco allí, regresara de inmediato a la India.

Sólo quien ha vivido en la India algunos años puede entender mi disgusto de vivir de nuevo en los Estados Unidos. Cuando se vive en la India es muy fácil mantener una disciplina de vida, dedicar tiempo a la meditación, estudiar y hacer otras prácticas espirituales. Son muy pocas las cosas que nos pueden distraer. La cultura, en sí, fomenta una forma de vida espiritual. No sucede lo mismo en los Estados Unidos. Como el ideal americano se basa en el confort y el goce de los sentidos, todo apunta en esa dirección. Uno se ve asediado por grandes oportunidades de disfrute externo, que le hacen olvidar su meta espiritual y sumergirse fácilmente en los placeres mundanos. No es propio de la naturaleza humana buscar la paz mental a través de la renuncia, ni tampoco mirar hacia dentro para encontrar a Dios. La gente tiende más bien a buscar la felicidad fuera, en los objetos de este mundo. En su búsqueda externa por la paz interior, sólo acumulan, sin excepción alguna, desilusión tras desilusión y, como alternativa, algunos empiezan a mirar hacia dentro. Cuando se enteran de que existe una felicidad superior, más consistente que la que el mundo puede ofrecer, muchos se deciden por una vida dedicada al logro de la realización espiritual y la consiguiente bienaventuranza infinita que pueda alcanzarse. Pero la antigua tendencia a buscar la felicidad externa resurge, de algún modo, una y otra vez.. Por este motivo, se ha comprobado que es necesaria una atmósfera propicia para quien camina por el angosto y difícil sendero de la Auto-Realización.

Para mostrar cómo las tendencias mundanas interfieren, impidiendo que la mente vaya hacia dentro en busca de la luz, se cuenta una historia en la India. Había una vez un gato que, por alguna razón, se cansó de perseguir a los ratones para subsistir.

Pensó que si aprendía a leer, conseguiría un mejor empleo. Una noche estaba sentado junto a una vela, estudiando el alfabeto. En ese momento pasó corriendo un ratón. Inmediatamente dejó el libro y, apagando la vela, ¡se lanzó sobre el ratón! ¿Adónde se fue su deseo de aprender? Yo me veía como el gato del cuento, pues estaba seguro de que si pasaba algún tiempo en los Estados Unidos, empezaría de nuevo a sentirme atraído por los objetos mundanos y, paulatinamente, iría perdiendo la luz interior ganada con tanto ahínco.

Decidí, finalmente, probar seis meses, telefoneé a mi madre y le comuniqué que llegaría al cabo de unos días. Una vez hecha la reserva de vuelo, me volví a Arunachala. Oré ante la tumba de Maharshi, y le pedí que me guiara y me permitiera regresar sin dificultades. Cuando llegó el día de partir, me dirigí a Madrás y de allí volé a Nueva York, vía Bombay. Mi madre vino al aeropuerto a recibirme y me llevó a su nuevo hogar en Santa Fe, adonde se había mudado recientemente. Todo el tiempo que pasé con ella mostré la actitud propia de un niño en los brazos de su madre. Como encarnación divina, iba a obedecerla en todo durante aquellos meses. Sería otra práctica de entrega a Su voluntad.

Pasé los siguientes seis meses visitando diversos médicos. Primero, por supuesto, me dirigí a un médico que practicaba medicina alopática. Aunque confirmó mi sufrimiento y debilidad física, no pudo concretar ni determinar sus causas. Al no haber diagnóstico, no había posibilidad de tratamiento. Después seguí un tratamiento a base de hierbas y, más tarde, uno homeopático con una dieta especial. Seguí sesiones de acupuntura e, incluso, de hipnosis. Nada parecía mejorar mi enfermedad. Finalmente, mi madre pensó que lo mejor sería que me tratara un psiquiatra. Aunque no me gustaba la idea, tuve que aceptarla. Me dije, está bien, si esa es tu voluntad, Señor, iré.

"¿Recuerdas a tu padre?", me preguntó el psiquiatra.

"Por supuesto, cada minuto de mi vida estoy recordando a mi Padre", respondí.

"¿De veras? ¡Qué interesante! ¿Por qué recuerdas a tu padre con tanta frecuencia? Debes haber tenido una experiencia muy traumática con él", dijo.

"Sí, traumática sería una buena palabra para expresarlo. Él puso en mi mente el deseo de verlo y de llegar a ser uno con Él. Desde ese día, he tratado de recordarlo siempre y de verlo en todo lo que encuentran mis ojos."

"¿Qué quieres decir exactamente con 'padre'?", preguntó.

"Usted, yo y todos los demás tenemos solamente un Padre, y ése es Dios. Todos somos sus hijos. Puede que no crea en su existencia, pero eso depende sólo de usted. En cuanto a mí, no puedo negar su existencia, pues percibo con claridad su presencia dentro de mí. Puede considerar que se trata de ilusión mental o lo que quiera. Yo, en cambio, diría que sentir lo Real dentro de uno mismo es bastante normal, mientras que sentir sólo pensamientos y perturbaciones, como sucede en la mayoría de la gente, es una especie de enfermedad", respondí. "Aunque mi cuerpo esté enfermo, me siento perfectamente feliz y en paz."

"Puede que estés en paz y tal vez eso esté bien, pero tengo muchos pacientes que llegan aquí con serios problemas mentales. Para ellos creer en Dios no es la solución. Me suelen preguntar: 'Si hay un Dios, ¿por qué este sufrimiento?' La verdad es que no puedo darles ninguna respuesta, pues hasta yo mismo me hago esta pregunta."

"Doctor", empecé, "usted se ha formado en una sociedad en la que predominan el cristianismo y el judaísmo. Mediante los dogmas o principios filosóficos de esas religiones, es difícil probarle a un racionalista la existencia de Dios o el valor de entregarse a su voluntad. Sería sólo una cuestión de fe o de creencia ciega. En la actualidad, son muchas las personas que piensan profundamente sobre una cosa, antes de aceptarla como verdadera. Si se explorara el lado filosófico de las religiones orientales, se vería que parten de conclusiones extraídas de experimentos lógicos y metódicos. Las conclusiones a las que llegaron los sabios espirituales de la India, proceden de los frutos de sus prácticas espirituales de toda la vida, prácticas que les dieron ciertas experiencias. Cualquiera que siguiera los senderos trazados por ellos, tendría las mismas experiencias que han tenido anteriormente muchísimos otros. La filosofía de vida de esos sabios es perfectamente lógica y está en consonancia con los descubrimientos científicos más recientes.

"En el hinduismo, la concepción más elevada de Dios, por ejemplo, no es la de alguien sentado en el cielo, dirigiendo la creación como un dictador. Se concibe a Dios como el núcleo más recóndito de uno mismo, que puede ser experimentado, directamente, cuando se controla la mente y se logra que ésta sea sutil y apacible. El sol no puede ser visto claramente sobre la superficie de un lago agitado por olas. Nuestra mente es como ese lago que, si se calma, reflejará la Presencia Divina. Cuando perdemos de vista la gema que reside en nuestro interior, corremos impacientes por todas partes buscando la felicidad. No podemos permanecer tranquilos ni un minuto. En el momento en que disfrutamos de algún objeto, conseguimos calmar nuestra mente por un tiempo, y a esa quietud la llamamos felicidad. La conclusión lógica es que si uno controla la agitación mental y aquieta la mente, en sí misma, sin recurrir a goces externos, la felicidad se torna una experiencia continua.

"En Oriente, la religión no es una mera cuestión de fe, sino más bien la ciencia para controlar la mente y obtener la experiencia directa de la Realidad, el origen de nuestra mente. Las acciones que nos alejan de ese centro interior, se consideran negativas, mientras que el bien es todo aquello que nos acerca a ese centro. La ciencia física afirma que cada acción tiene una reacción igual y de sentido contrario. Este principio se aplica a todas las esferas de la vida, tanto física como mental. Aquello que se siembra, es lo que se cosecha. Si dañamos física o mentalmente a los demás, sufriremos, en última instancia, sus consecuencias. Este principio también es válido respecto al bien que hacemos a los demás. Es posible que el fruto no llegue inmediatamente, pero más tarde o más temprano tendrá que llegar, si la ciencia está en lo cierto.

"Todo esto, por supuesto, se ha de ver bajo el prisma o creencia de una existencia previa y una futura, porque si no fuera así, ¿cómo íbamos a sufrir por algo que no recordamos haber hecho o cómo podemos experimentar goce sin poseer mérito alguno? Algunos llevan una vida llena de maldad y, sin embargo, no padecen; y otros que sólo hacen el bien a los demás, se pasan la vida cargados de sufrimiento y dolor. Lo que uno experimenta en esta vida se debe, en gran medida, a las acciones de su vida anterior. Nadie llega con la 'pizarra limpia.' Lo que hacemos hoy volverá a nosotros mañana o en algún nacimiento futuro. Somos los constructores de nuestro propio destino y no podemos culpar a Dios por nuestro sufrimiento. Nos debería bastar con observar la Ley de la Naturaleza. Tendríamos que aprender esas leyes y vivir en armonía con ellas, pues evitaríamos el sufrimiento y lograríamos felicidad y paz eterna.

"Si mientras cosechamos los frutos de nuestras acciones, ya sea en forma de experiencias placenteras o dolorosas, recordamos que sólo estamos saldando cuentas, conseguiremos que la mente permanezca tranquila, en lugar de afligirse o regocijarse. En una mente que tenga tal tranquilidad, se verá claramente la luz espiritual, muy sutil, que es el verdadero origen de la mente y de sus ocasionales vislumbres de felicidad. Solo con una mente así, se puede entrar en esa luz. Ésa es la esencia de la bienaventuranza, y los que lo logran pueden ser considerados santos, pues su resplandor se convierte en fuente de inspiración para la desorientada humanidad.

"Aunque pueda ser capaz de calmar a sus pacientes y resolver algunos de sus problemas, éstos volverán a surgir una y otra vez. Sólo cuando se comprende que la misma mente puede ser controlada y liberada de todos los pensamientos, incluyendo los molestos, será posible aconsejar adecuadamente a una persona para que los problemas dejen de atormentarla, al menos en el plano mental. No sé si me ha podido seguir en todo lo que acabo de decir. Tal vez le parezca un modo extraño de ver las cosas."

El psiquiatra, en realidad, entendió lo que le había dicho, porque había estudiado algo de filosofía hindú. Él también consideraba que la manera más lógica de alcanzar la paz era abordando la mente en sí misma, en lugar de sus múltiples problemas, pero como no lo había practicado, no podía aconsejar a nadie que lo hiciera. Al marcharnos le dejé una copia de un libro titulado *¿Quién Soy Yo?*, que contiene la enseñanza de Ramana Maharshi, en una forma muy concisa. Otro día me invitó a almorzar y tuvimos una larga conversación sobre temas espirituales. Al ver todo esto, mi madre concluyó que no iba a obtener ningún resultado con un tratamiento psiquiátrico, y no me presionó para que siguiera con los encuentros. Yo le había dicho, además, que por mi parte no había necesidad de pagarle al psiquiatra cincuenta dólares la hora y ¡sólo para que yo le diera un poco de paz mental!

Ya habían pasado cinco meses desde mi regreso a los Estados Unidos. Mi fecha de partida se acercaba. Lo único que me impedía tomar el avión era el retraso en la respuesta a una solicitud de visa para ampliar el período de entrada a la India. Mientras tanto, se estaba creando otra situación incómoda en otro frente. En los últimos tres o cuatro meses, una mujer de mi edad venía regularmente a visitarme. Si un día no podía venir, me telefoneaba para averiguar cómo me iba todo. Al principio, pensaba que tenía cierto interés en cuestiones espirituales y que por esa razón deseaba pasar algún tiempo conmigo. Yo sólo le hablaba de temas espirituales. Al cabo de un tiempo noté que, de vez en cuando, me hacía algún gesto cariñoso. Deseché aquel pensamiento, considerándolo un producto de mi imaginación impura o, quizás, de algún aspecto propio de la naturaleza femenina.

Empecé a sentir cierto placer sutil en su compañía y, a veces, me planteaba si el sendero de la completa abstinencia de goces mundanos era el más indicado para mí. Me sorprendía al verme asaltado por estos pensamientos. Yo sabía que, aunque cayera presa de la tentación, sólo sería por un momento, pues ya había pasado por la vida mundana y ésta me había decepcionado. No obstante, una caída no dejaba de ser una caída, y me haría perder tiempo y energía. Al observar la tendencia de mi mente, decidí regresar a la India en la primera ocasión que tuviera. La atmósfera, ciertamente, me había afectado de forma negativa en el plano espiritual.

No tuve que esperar mucho. Mi visa llegó a los pocos días y reservé mi billete inmediatamente. Mi madre, por supuesto, no quería que me fuera, pero me mostré inflexible. Cuando llegó el día de mi partida, la chica vino a despedirme. Me llevó a un lado y me dijo: "Neal, ¿de verdad tienes que irte? Yo te amo mucho."

"Yo también te amo, pero igual que se ama a una hermana", respondí. "Además, yo no puedo amar a una persona más que a otra. La misma esencia está en todos y es a eso a lo que yo ofrezco mi amor. Aunque puede haber muchas clases de máquinas, la corriente eléctrica que las hace funcionar es sólo una. El principio que hace que nuestros cuerpos tengan vida y sean atractivos es uno, y el mismo, en todos. En cuanto desaparece este principio, sólo queda un cadáver. Debemos amar solamente Eso", contesté, feliz de iniciar mi regreso a la India.

¡Hogar, dulce hogar! Pensaba que nunca volvería a verte, mi bienamada Madre India. Aunque no tengas abundancia de riquezas materiales, tienes la riqueza de las austeridades espirituales de miles de hijos, que han logrado la infinita bienaventuranza de la Realización de Dios a través de los siglos, ¡Oh, Madre, no permitas que vuelva a dejarte!

La India ya era querida para mí antes de mi marcha. Ahora, tras mi regreso, se había tornado doblemente amada. Fui directamente a Arunachala y traté de recobrar mi habitual estado mental. Me di cuenta de que aquellos seis cortos meses en los Estados Unidos habían afectado realmente mi desapego, tal como lo había temido. En lugar de deleitarme en la meditación constante en la Luz interior, aparecía en algún rincón de mi mente un anhelo por gozar de los objetos externos, unido al desasosiego que ello entraña. Me preguntaba si alguna vez recobraría mi antiguo estado. Movido por ese deseo, pasé todo el tiempo que pude cerca del santuario de Ramana, y pronto recuperé mi estado anterior.

El efecto sutil e insidioso de vivir en una atmósfera mundana se hizo claro y transparente para mí. La tendencia a mirar hacia fuera va mermando, poco a poco, la riqueza interior de una vida de intensa meditación ganada duramente. Basta una pequeña grieta en una vasija, para que se pierda toda el agua, sin que sepamos por dónde se ha ido.

Mi salud continuó deteriorándose día a día. A causa de mi debilidad, apenas podía caminar cien metros y solo podía sentarme erguido unos cuantos minutos. Los dolores en la espalda aumentaron hasta tal punto que, incluso, el comer me resultaba doloroso. Sentía como si tuviera una úlcera en alguna parte del duodeno. Aconsejado por un médico homeopático local, empecé a comer solamente la miga del pan y a beber leche, pero también esto me resultaba doloroso. Me pregunté cuántos días sobreviviría así mi cuerpo. Aunque no estaba en mis manos, resultaba preferible la muerte. Me había entregado a Ramana y tenía que aceptar la condición en la que él me ponía. No importaba los medicamentos que tomara ni su resultado, pues estaba enteramente en sus manos.

En aquellos días me encontré con un libro titulado: *Yo Soy Eso*, una colección de conversaciones con Nisargadatta Maharash, un Alma Realizada que vivía en Bombay. Sentí que sus enseñanzas eran idénticas a las de Maharshi. Puesto que no había conocido a Maharshi en vida, abrigué un fuerte deseo de ver a alguien como él. Ir a Bombay parecía imposible, así que le escribí una carta a Maharash explicándole mi condición física, mental y espiritual, y le pedí sus bendiciones. Al día siguiente de enviar la carta, vino a visitarme una mujer francesa. Había leído el mismo libro recientemente y había decidido ir a Bombay para ver a Maharash. Le conté que también era mi deseo, pero me veía incapaz de viajar.

"Podrías ir en avión a Bombay. Si quieres, puedo ir contigo y ayudarte", dijo.

Pensé que aquella debía ser la respuesta de Dios a mi plegaria y accedí inmediatamente a su propuesta. Ella había leído muchos libros sobre filosofía Vedanta, en donde se afirma que sólo hay una Realidad, que el mundo es una manifestación de Eso, y que la verdadera naturaleza de uno es sólo Eso. Es casi imposible lograr esa conciencia sin una devoción dirigida a Dios o al Gurú, y una completa purificación del cuerpo, el habla y la mente, incluyendo las acciones. Ananda, que así se llamaba aquella dama, pensaba, al igual que la mayoría de los pseudo no-dualistas, que bastaba con la convicción superficial de que uno mismo es Eso. Al considerarse Verdad Suprema, esas personas creen que pueden entregarse a toda clase de actividad indisciplinada, irresponsable y, a veces, hasta inmoral. Mientras íbamos en un taxi camino de Madrás, me preguntó: "¿Por qué toda esta disciplina y estas normas? Ni siquiera la devoción a Dios es necesaria. Todas estas cosas sólo son para mentecatos sin carácter. Tú sólo debes pensar 'Yo soy Eso, Yo soy Eso,' y un día realizarás esa verdad."

"Creo que has pasado por alto un punto importante de la filosofía Vedanta", objeté. "Todos los libros y maestros de esa corriente de pensamiento insisten en que, incluso antes de comenzar el estudio de esa filosofía, se deben tener ciertas aptitudes. Un niño en una escuela de párvulos no puede, de ninguna manera, valorar un manual universitario. Lo más probable es que desvirtúe su significado. Del mismo modo, antes de empezar a estudiar o a practicar Vedanta, la mente debe llegar a tener una quietud tal que lo Real pueda reflejarse allí, en su interior. A través de ese reflejo se llega hasta el origen del mismo. Si el reflejo no es visible, ¿en qué vamos a fijar la mente al considerarnos como la Verdad? ¿En los pensamientos, en los sentimientos o en el cuerpo? Creo que ya le hemos hecho bastantes travesuras a este pequeño cuerpo perecedero. Si empezamos a pensar que somos el Ser Supremo, creeremos que lo podemos hacer todo. ¿Qué es un demonio o un dictador, sino aquel que siente que su pequeño yo es igual o mayor que Dios? No existe ni el más mínimo indicio de maldad en la Realidad Suprema y, por tanto, aquél que no ha renunciado a cualidades negativas, como la lujuria, la ira o la codicia, no puede vanagloriarse de haber realizado la Verdad. Es mejor considerarse hijo de un Alma Realizada o de Dios. Para poder beneficiarnos de ser hijos de alguien así, deberíamos tratar de aproximarnos a su carácter. Sólo así conseguiremos que nuestra mente sea cada vez más pura e imperturbable ante las pasiones, y se llegue a ver la Verdad, pero no antes."

"Eres realmente un mentecato. Ya verás cuando estemos con Maharash. Él te aconsejará que tires todo ese sentimentalismo por la borda", replicó algo irritada. Yo ya había conocido a muchas personas como ella y sabía que no servía de mucho discutir, así que me quedé callado.

Al llegar a Bombay, un amigo nos llevó a la vivienda de Maharash. Éste había sido de joven un comerciante de cigarrillos.

Un día, un amigo lo llevó a visitar a un famoso santo que estaba en Bombay. El santo inició a Maharash con un *mantra* y le dijo que purificara su mente, liberándose de todos los pensamientos y aferrándose al sentimiento de ser, o "yo soy." Practicó intensamente durante tres años y, después de muchas experiencias místicas, su mente se sumergió en la Realidad Trascendente. Siguió en Bombay trabajando e instruyendo en cuestiones espirituales a quienes llegaban a él. Ahora tenía más de ochenta años y vivía con su hijo en un piso de tres habitaciones. En una sala preparada para acoger a los visitantes se pasaba la mayor parte de su tiempo. Fue allí donde nos recibió.

"Entrad, entrad. Así que venís de Arunachala, ¿verdad? Tu carta llegó ayer. ¿Estás disfrutando de paz cerca de Ramana Maharshi?", me preguntó jovialmente, indicándome con la mano que me sentara cerca de él. Inmediatamente sentí una intensa paz a su lado, y aquella sensación fue para mí un signo seguro de que se trataba de una gran alma.

"¿Sabes lo que quiero decir con paz?", preguntó. "Cuando pones a freír una rosquilla en aceite hirviendo, salen muchísimas burbujas hasta que se consume toda la humedad de la rosquilla. También hace mucho ruido, ¿no lo has comprobado? Finalmente, cuando se queda en silencio, la rosquilla está en su punto. La condición silenciosa de la mente, que se alcanza a través de una vida de meditación, se llama paz. La meditación equivale al aceite hirviendo. Hace que salga todo de la mente. Sólo entonces se alcanza la paz." ¡Aquella sí que era una explicación gráfica y precisa de la vida espiritual, como nunca antes había oído! A continuación le pregunté:

"Maharash, en mi carta le hablaba de las prácticas espirituales que he hecho hasta ahora. ¿Me podría decir qué me conviene hacer en adelante?"

"Hijo, has hecho más que suficiente. Te bastará con repetir el Nombre Divino hasta alcanzar la meta. La devoción a tu Gurú es el sendero que debes seguir. Esa devoción ha de ser perfecta y no verse nunca interrumpida por otros pensamientos. Cualquier cosa que te llegue, acéptala como voluntad y gracia suya para tu propio bien. Apenas puedes sentarte derecho, ¿no es así? No importa. Los cuerpos de algunas personas enferman de esta manera cuando hacen meditación y otras prácticas espirituales con sinceridad. Depende de la constitución física de cada uno. No debes abandonar tus prácticas, sino persistir hasta que alcances la meta o hasta que el cuerpo muera".

Dirigiéndose a Ananda, preguntó: "¿Cuál es tu práctica espiritual?"

"Yo sólo pienso que soy el Ser Supremo", respondió en un tono un poco orgulloso.

"¿De veras? ¿Nunca has oído acerca de Mirabai? Ella fue una de las santas más grandes que jamás haya existido en la India. Desde su niñez sintió que el Señor Krishna era su Bienamado y pasó la mayor parte de sus días y noches adorándole y cantándole canciones devocionales. Un día tuvo una visión mística de Krishna y su mente se fundió en Él. A partir de aquel momento, se dedicó a cantar canciones sobre la gloria y la bienaventuranza del estado de Realización de Dios. Al final de su vida entró en un templo de Krishna y desapareció en el santuario. Tú deberías seguir el mismo sendero que ella, si quieres lograr la Realización", dijo Maharash sonriendo.

Ananda se puso pálida. ¡Maharash había pulverizado su montaña de Vedanta en un instante! Se quedó sin saber qué decir.

"Puede que yo hable sobre Vedanta a ciertas personas que vienen por aquí", continuó Maharash. "Eso no es para ti y no deberías prestar ninguna atención a lo que digo a determinadas personas. El libro de mis conversaciones no debe ser tomado como la última palabra de mis enseñanzas. He respondido a las preguntas de algunas personas, pero esas respuestas iban destinadas exclusivamente a ellas y no a todo el mundo. La enseñanza sólo puede ser individual. El mismo medicamento no puede ser prescrito a todos por igual.

"En estos tiempos, hay muchas personas llenas de vanidad espiritual. Carecen de fe en las antiguas prácticas tradicionales que conducen al Auto-Conocimiento. Lo quieren todo servido en bandeja de plata. El sendero del conocimiento se ajusta a lo que les interesa y por eso, tal vez, quieren practicarlo. Entonces se dan cuenta de que requiere más concentración de la que pueden alcanzar y, lentamente, volviéndose humildes, aceptan prácticas más fáciles como la repetición de un *mantra* o la adoración de una forma. Poco a poco empiezan a creer en un Poder superior al de ellos mismos, y brota en sus corazones un gusto por la devoción. Sólo entonces es posible que alcancen pureza mental y concentración. Los presuntuosos tienen que dar muchas vueltas para llegar. Por tanto, el sendero de la devoción es lo suficientemente bueno para ti", concluyó Maharash.

Era la hora del almuerzo, así que dejamos solo a Maharash. Cuando salíamos, me preguntó si me quedaría algunos días en Bombay.

"No lo sé. No tengo planes", respondí. "Muy bien. Entonces ven aquí esta tarde, a partir de las cuatro", me dijo.

Aquella tarde me encontraba de nuevo en la habitación de Maharash. Me pidió que me sentara cerca de él. Aunque lo había conocido hacía apenas unas horas, me sentía como su propio hijo, como si él fuera mi madre o mi padre. Se presentó un europeo y puso un billete de gran valor junto a Maharash.

"Por favor, retíralo. No estoy interesado en el dinero de nadie. Mi hijo me alimenta y cuida de mis necesidades. Después, cuando tengas un poco de paz mental, ya habrá tiempo para estas cosas. ¡Toma tu dinero, llévatelo!", exclamó.

Me senté en la sala con gran dificultad, observando todo lo que ocurría, hasta las siete. Estaba plenamente satisfecho y en paz. Me pareció que no podía recibir más de lo que ya Maharash me había dicho. Pensé en regresar a Arunachala al día siguiente. Se lo mencioné y le pedí su bendición.

"Si así lo sientes, entonces puedes marcharte. ¿Sabes cuál es mi bendición? Que hasta que dejes tu cuerpo, tengas completa devoción y entrega a tu Gurú." Maharash me miro compasivamente. Conmovido por su bondad, empecé a llorar e intenté controlarme. No obstante, algunas lágrimas rodaron por mis mejillas. Él sonrió y me dio un trozo de fruta. Entonces se levantó y, tomando un par de enormes címbalos, comenzó a cantar canciones devocionales en alabanza a su Gurú. Me incliné ante él y fui a descansar a mi habitación. No había visto a Ananda desde la mañana. Creía que la humillación había sido demasiado fuerte para ella y no quería dejarse ver. Por tanto, me esforcé y, como pude, llegué a Arunachala, dejando a una Ananda más triste, pero más sabia.

Capítulo 6

Caminando hacia la Madre

Durante algunos meses en Arunachala, dejé de esforzarme para mejorar mi salud. Maharash me había dicho que la causa era espiritual, y no era el primero que lo decía. Ramana Maharshi le había explicado una vez a un devoto que, aunque la fuerza vital suele fluir hacia fuera a través de los sentidos, un aspirante espiritual procura hacerla regresar y la hace fusionar con su origen, dentro algo así como si se intentara contener un río. Esta presión puede manifestarse de varias formas, a través de dolores de cabeza, dolores corporales, problemas digestivos, dificultades coronarias y otros síntomas. La única cura consistiría en seguir practicando insistentemente.

Al abandonar mi inquieta búsqueda de una cura concreta, sentí mucha paz mental. Mientras permanecía en cama, repetía sin cesar mi *mantra*, tal como me había aconsejado Maharash, y esperé a ver qué me deparaba el futuro. Ya fuese la vida o la muerte, todo estaba en manos de Ramana.

Una noche tuve un sueño muy vívido, el último sueño que tuve hasta ahora de Maharshi. Me encontraba en el ashram, cerca del hospital que hay allí. Una gran multitud de devotos se arremolinaba como esperando algo. Pregunté qué pasaba y me dijeron que Ramana había sido hospitalizado y que podía salir muy pronto. Un hombre me abordó y me ofreció una pastilla para mejorar mi salud. "No gracias, ya me he tratado con toda clase de medicinas y nada me ayuda", le dije. En ese momento se abrió la puerta principal del hospital y Ramana Maharshi salió caminando. Se sentó en el suelo, enfrente del hospital, en un patio abierto. Me acerqué y me incliné ante él. Al hacerlo, puso su mano sobre mi cabeza y la pasó por mi columna vertebral hasta la mitad de mi espalda. Entonces lo miré y vi su rostro refulgente. Sonrió y dijo: "¿Acaso crees que no sé cuánto estás sufriendo? No te preocupes." Entonces me levanté, pensando que los demás también querrían acercarse a él y, en ese momento, desperté. Aunque entonces no lo sabía, mis circunstancias personales iban a tomar, al poco tiempo, un curso inesperado.

Unos días más tarde llamaron a mi puerta.

"¿Puedo pasar?", preguntó la voz de un joven.

"Sí, pasa", le dije.

"Quizás puedas ayudarme. He llegado hace unos días de Kerala. Una mujer joven me envió aquí, a Tiruvannamalai, diciéndome que hiciera voto de silencio durante cuarenta y un días. También me dijo que evitara totalmente la compañía de mujeres mientras permanezca aquí. He tratado de encontrar albergue en una cueva de la colina, pero el monje que la ocupa se pasa el tiempo hablando con los visitantes del pueblo sobre los amoríos de la gente. He salido corriendo de allí y estoy buscando un sitio donde quedarme para poder completar mi voto. ¿Sabes de algún lugar?", preguntó.

Lo observé detenidamente. Se parecía un poco a como yo me imaginaba que sería Ratnamyi a su misma edad. Tendría unos veinticinco años o algo así. Pensé que hablaba en serio cuando se refería a su interés en hacer meditación.

"Hay otra casa junto a ésta, que perteneció a mi guía espiritual. Él ya no está. Puedes quedarte ahí", le dije. Al decir estas palabras, tuve la sensación de estar a punto de llorar, sin ninguna razón aparente. De hecho, los ojos se me llenaron de lágrimas y mi corazón se sintió inundado de una repentina efusión de amor. Estuve unos momentos sin poder hablar mientras me preguntaba quién sería la mujer que había enviado aquí a este muchacho. Seguramente debe ser una gran santa. De una manera desconocida, su poder me había bendecido en el mismo instante en el que di refugio a este hijo suyo. Aunque tal vez no parezca muy racional, ésa fue la conclusión a la que llegué en aquel momento. Más tarde resultó ser perfectamente correcta.

Después de acomodarlo en la casa, le di algo de comer. Al ver que no tenía reloj, le ofrecí uno que me sobraba para que pudiera saber la hora y no se retrasase en sus tareas. Mientras recogía el reloj, mis ojos se posaron sobre un rosario que podría serle útil, así que también se lo di.

"Cuando dejaba a Amma, le pedí un reloj y un rosario. Ella me reprendió y dijo que sólo debía pedir lo más elevado, es decir, Dios. También me dijo que, sin tan siquiera pedirlo, obtendría las cosas necesarias para mi práctica. Ahora llegas tú y me das precisamente esas cosas", dijo, obviamente muy emocionado.

"¿Quién es Amma?", pregunté, con cierta curiosidad.

"Hay una pequeña aldea de pescadores en Kerala, a unos cincuenta kilómetros al norte de la ciudad de Quilon. Está situada sobre una isla, entre el Mar Arábigo al oeste y un remanso de mar al este. Amma es hija de unos aldeanos. Durante cinco o seis años, ha estado curando a muchas personas de enfermedades incurables como cáncer, parálisis y lepra mediante su poder espiritual. La gente acude a ella con todo tipo de problemas mundanos y, de alguna manera, los resuelven a través de sus bendiciones. Tres veces a la semana recibe a la gente durante toda la noche y, durante ese tiempo, revela su identidad con el Señor Krishna y la Madre Divina."

"¿Qué quieres decir con eso?", le interrumpí. "¿Queda poseída por algún poder divino en ese momento?"

"Bueno, supongo que depende de lo que cada uno quiera creer. Para mí es la misma Madre Divina. Algunos aldeanos piensan que primero se transforma en Krishna y más tarde, durante el resto de la noche, en Devi o la Madre Divina. Antes y después de ese acontecimiento parece ser una persona totalmente diferente, y no recuerda lo que dijo en ese período", explicó él.

Yo había visto muchas personas así a lo largo de los años, mientras viajaba con Avadhutendrayi y Ratnamyi. Algunos eran, sin duda, canales del Poder Divino, pero debido a sus diversos grados de pureza mental, no se podían tomar sus palabras como una verdad evangélica. Su conciencia normal parece suspenderse por un tiempo, y después no recuerdan lo que dijeron o hicieron. Sin embargo, obtienen algún beneficio de este contacto temporal con lo Divino, que se expresa en distintos grados de intuición. Pero yo, que había vivido con santos de verdad, ¿para qué iba a querer visitar a esas personas? Bueno, quizás ella pueda ayudarme a recobrar un poco mi salud perdida y no tenga que estar en cama todo el día. Le conté al joven mis problemas y le pregunté si Amma podría hacer algo por mí.

"Le escribiré con la esperanza de que me responda, pero no podré llevarte allí hasta que termine mi voto de cuarenta y un días." Entonces me contó algunos casos que había curado. Uno fue el de un leproso que supuraba pus de la cabeza a los pies. Estaba más muerto que vivo. De hecho, sus hermanos ya habían muerto de la misma enfermedad. Sus ojos, oídos y nariz apenas eran visibles debido al efecto devastador de la enfermedad. El hedor que despedía su cuerpo era tan desagradable que tenía que poner su tazón de limosnas a unos cincuenta metros de él para que los que se compadecieran, le dejasen algo de comida en el recipiente. Un día, alguien le dijo que había una mujer que manifestaba poderes divinos en una aldea cercana y que tal vez le ayudaría.

Ya que no tenía nada que perder, se presentó allí pero dudó al acercarse a la multitud. Amma, que estaba sentada en el templo como Devi, lo divisó en la distancia y lo llamó inmediatamente: "Oh, hijo mío, no te preocupes, ya voy yo." Corrió entonces hacia él, le dio un abrazo reconfortante y le dijo algunas palabras para tranquilizarlo. Él temblaba como una hoja, temeroso de lo que pudiera sucederle a ella, o incluso a él mismo. Amma derramó sobre él abundante agua mientras permanecía de pie con sus ropas puestas. Finalmente, untó de ceniza sagrada todo su cuerpo. Le aconsejó que volviese cada semana durante las tres noches que ella estaba en el templo. Luego Amma fue a cambiarse sus ropas manchadas con el pus de las heridas del hombre, y siguió el resto de la noche recibiendo y atendiendo a los demás.

El leproso se presentó puntualmente las siguientes seis semanas y ella lo trató de la misma manera. Tras la sexta semana, sus heridas dejaron de supurar y empezaron a sanar. En la actualidad se encuentra totalmente curado de la enfermedad, aunque las cicatrices permanecen en su piel. Si Amma encontraba una pequeña grieta en la piel del hombre, la lamía y al día siguiente se cerraba.

Cuarenta y un días más tarde mi nuevo amigo, Chandru, y yo estábamos viajando en tren en dirección a Kerala, a unos ochocientos kilómetros al sudoeste de Arunachala. El paisaje era maravilloso. Kerala está considerado como el jardín de la India. Dondequiera que se mire, hay abundante vegetación. Se pueden encontrar bananeros y cocoteros por todas partes. Especialmente, el área donde vivía Amma, que era un denso bosque de palmeras de coco, tan numerosas que era imposible contarlas. Se extendían por kilómetros en todas direcciones. Era parecido a un paraíso en la Tierra, muy diferente al clima árido y caluroso de Tiruvannamalai. Al bajar del tren, compramos fruta y otros alimentos

El Templo original para Darshan y casa de Amma — 1979

para obsequiar a Amma, y tomamos un taxi para hacer los quince kilómetros que faltaban hasta su aldea. Afortunadamente, me acompañaba Chandru, pues de otra manera no hubiera podido hacer el viaje. Me sentía tan débil que apenas podía andar unos cuantos pasos.

Como Chandru hacía dos meses que no había visto a Amma, pensé que le gustaría estar un rato a solas con ella sin ser molestado por mi presencia. Me senté en la galería de una casa próxima y le dije que se adelantase y que volviera después de estar con ella. Sin embargo, me sorprendió al ver que volvía enseguida acompañado de una mujer joven vestida de blanco. Llevaba una falda, una camisa y un chal sobre su cabeza. Yo había visto una pequeña fotografía de Amma, tomada unos años antes. No la reconocí como la misma persona. No obstante, me puse de pie y Chandru me dijo: "Ésta es Amma", y me incliné ante ella. Extendió sus manos para tomar las mías, pero me quedé dudando. Durante doce años no había tocado a mujer alguna, ni había permitido que ninguna me tocase. Ésta era parte de la disciplina que se espera de un monje célibe. Y ahora, ¿qué debía hacer? Desesperado, miré a mi alrededor y divisé las frutas que había traído para ella. Las puse en sus manos, aliviado de haber encontrado una solución al problema. Mi alivio, sin embargo, duró bien poco. Ella le dio las frutas a Chandru y otra vez extendió sus manos. Repitiendo el nombre de Dios y considerándola como una santa, en lugar de una mujer común y corriente, puse mis manos en las de ella. Amma me llevó entonces al pequeño templo donde pasaba la mayor parte del tiempo. Apenas tenía tres metros cuadrados y sólo había una suerte de taburete o asiento en el centro. Las paredes estaban cubiertas de imágenes de diferentes dioses y santos hindúes. No parecía haber ninguna imagen central a la que adorar. Amma tomó un poco de polvo bermellón y lo presionó sobre mi entrecejo, el sitio donde los yoguis dicen que está ubicado el tercer ojo u ojo de la intuición. Su mano vibraba todo el tiempo. Yo sentía una especie de ebriedad y difícilmente podía mantenerme en pie más que unos pocos minutos. Me llevaron entonces a un cobertizo de paja cerca del templo donde Chandru y Amma se sentaron a conversar. Yo me tumbé y la observé detenidamente. Medía escasamente un metro y medio de estatura, tenía unas manos y pies diminutos y su piel era oscura, y no tendría más de veinticinco años. No pude percibir ningún resplandor ni refulgencia, de los que se suelen ver irradiando del rostro de un gran santo. En realidad, su cara parecía ser como la de cualquier persona normal. Era muy afectuosa con Chandru, como si fuese su propia madre.

Tras permanecer allí tendido unas horas, le dije a Chandru: "Mira, lleváis mucho tiempo hablando y ya es más de mediodía. Es posible que Amma tenga hambre. Esta mañana, cuando en el templo me puso el dedo en el entrecejo, sentí que se estremecía como una persona debilitada por el hambre. Debe estar sintiéndose muy mal. ¿Por qué no haces que coma algo?"

Chandru le tradujo a Amma lo que le había dicho y ambos se rieron de buena gana.

"El estremecimiento no se debe a ninguna debilidad. Lo tiene continuamente. Es debido al poder que vibra constantemente dentro de ella. Observa atentamente sus manos. Están siempre temblando de esa manera. No tiene nada que ver con ninguna enfermedad o debilidad", respondió Chandru.

Después entramos en una casa que estaba junto al templo. Me dijeron que allí era donde vivían los padres de Amma y sus otros hijos. Parece que ella prefería vivir sola en el templo o afuera, en la arena. Me dijeron que, incluso durante la estación de las lluvias, se la podía encontrar durmiendo o sentada bajo la lluvia, totalmente inconsciente de su cuerpo. Cuando ella llegó, se sentó detrás de mí y puso su mano exactamente en el punto de mi columna vertebral donde sentía mayor dolor.

Dirigiéndose a mí, Amma dijo: "Hijo, todos deben sufrir los efectos de sus acciones pasadas. A causa de las malas acciones en tu nacimiento anterior, ahora estás sufriendo. Pero todo es, en última instancia, solo por tu bien. No creo que ningún médico pueda encontrar la causa de tu enfermedad. Proviene de la voluntad de Dios para hacer que te eleves en la vida espiritual. Sería un error si la Madre te la quitara. Si aceptas la enfermedad con agrado, como proveniente de Dios y le lloras fijando tu mente en Él, no necesitarás un nuevo nacimiento. Por el contrario, si la Madre te quitara este problema, seguramente tendrías que volver a nacer y sufrir incluso más de lo que estás padeciendo ahora." Entonces Chandru pidió un poco de agua caliente, me preparó un poco de leche en polvo y me dio un trozo de pan.

"¿Cuánto tiempo llevas comiendo así?", preguntó Amma.

"Unos tres meses. Cualquier cosa que intento comer me produce fuertes dolores de estómago. Hasta este vaso de leche me causa dolor, pero debo comer algo", respondí. Me pusieron en una habitación de la casa sobre un catre que había en aquel lugar. Exhausto, me dormí y desperté a medianoche. Allí estaban Amma y Chandru conversando en la habitación. Él volvió a darme algo de comer y nuevamente quedé dormido. Cuando me levanté a las cuatro, los encontré todavía hablando. Me pregunté, ¿pero es que ella no duerme nada? Más tarde, supe que, en realidad, solo dormía dos o tres horas, ya fuera durante el día o la noche, según conviniera.

A la mañana siguiente, Amma y Chandru vinieron a verme. Se sentaron a mi lado y empezaron a hablar.

"¿Qué práctica espiritual estás haciendo?", preguntó Amma.

"Repito el Nombre Divino y también hago Auto-indagación. ¿Es necesario ser iniciado con un *mantra*? ¿Hay alguna diferencia entre repetir el nombre de Dios y el *mantra* dado por un Gurú?", pregunté.

"Repitiendo el Nombre de Dios, se puede sin duda realizar a Dios, pero la iniciación de un Gurú le da al discípulo una fe firme para continuar su práctica, pues confía en el poder de su Gurú que lo respalda", contestó Amma. "Has caminado por el sendero del conocimiento durante mucho tiempo y todavía no has logrado lo que te proponías alcanzar, ¿por qué no intentas llorar a Dios o a tu Gurú Ramana? Tal vez tengas éxito de esa manera."

"¿Cómo es posible llorar sin ninguna razón? Tiene que haber una causa para que alguien llore, ¿no es así?", le pregunté.

"¿No es tu enfermedad una razón suficiente? Apenas puedes moverte y tienes que estar todo el tiempo en la cama. Ni siquiera puedes comer. Deberías tomar una foto de tu Gurú y llorarle para que se revele en ti y te libere de toda aflicción. Inténtalo, no es imposible ni tan difícil como crees", me dijo. "Tenemos que ir a casa de un familiar que vive en el otro extremo de la isla. Volveré dentro de dos o tres horas." Tras estas palabras, se levantó y se fue con su madre.

Habían pasado cuatro horas y Amma aún no había regresado. Quise comer y le pedí a Chandru que me diera la leche y el pan habituales. Justo cuando estaba a punto de llevarme la cuchara a la boca, empecé a llorar. '¿Qué es esto?' Pensé mientras bajaba la cuchara. El llanto se detuvo. Otra vez me llevé la cuchara a la boca, y otra vez comenzó el llanto. Lo intenté tres o cuatro veces, pero sucedía igual. Chandru me miraba con una expresión de preocupación en su rostro.

"¿Tanto te duele el estómago?", preguntó.

"No, no sé qué es. De repente, la imagen de Amma ha brillado en mi mente y he empezado a llorar como un niño. He sentido un tremendo anhelo e impaciencia por verla en ese momento. Es

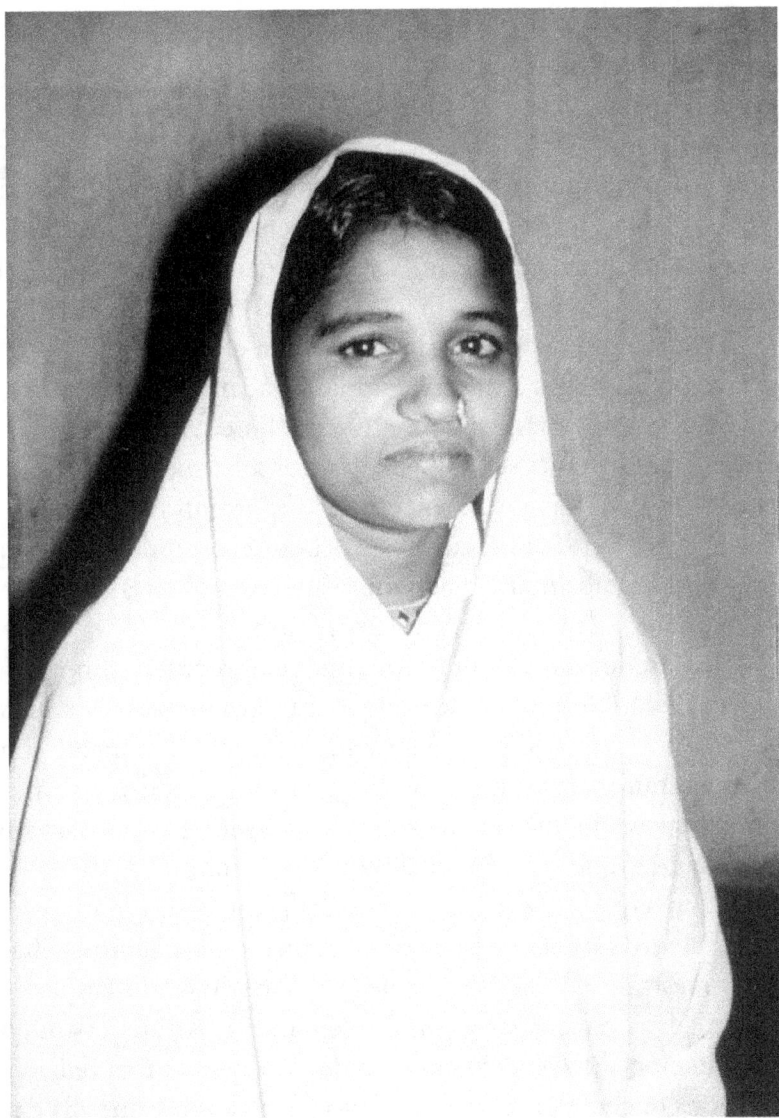

Amma -- 1979

posible que haya hecho algo para hacerme sentir de esta forma", le respondí.

"Me voy a sentar fuera y a repetir mi *mantra*. Tal vez consiga que vuelva antes", dijo Chandru, y salió. Yo me levanté y fui a la habitación contigua. Allí, en la pared, había colgada una foto de Amma. En cuanto mis ojos se posaron en ella, empecé a llorar. Sentí como si estuviera viendo a Dios en la foto. Me estremecí hasta lo más profundo de mi ser y mi mente se quedó fija allí. Regresé y me senté en la cama.

En ese momento, la madre de Amma entró corriendo en la habitación. "Ya llega Amma. Cuando estábamos al otro lado del remanso y no podíamos conseguir un bote, Amma se puso a gritar: 'Chandru está sentado allí, bajo el sol ardiente y Neal está llorando por verme. ¡Si no encontráis pronto un bote, cruzaré a nado!' Por suerte, conseguimos un bote enseguida." Mientras decía esto, miraba maravillada mi rostro bañado en lágrimas. En ese momento, Amma entró en la habitación.

"¿Estás llorando?", preguntó inocentemente, como si no supiera nada. No pude alzar mi cabeza para mirarla. Me sentía humillado y veía que yo no era nada ante ella. Mi mente y mi corazón eran meros juguetes en sus manos. Chandru entró y le contó lo sucedido mientras había estado ausente. Yo no tenía ganas de hablar, así que esperé silenciosamente sentado.

"Hoy hay *Darshan*. Vendrá mucha gente para ver a Krishna y a la Madre Divina. Ahora van a comenzar los cantos. Chandru, muéstrale a Neal dónde puede sentarse cuando empiece el *Bhava*." Tras estas instrucciones a Chandru, Amma abandonó la habitación. El *Darshan* era la audiencia que Amma daba a la gente tres noches por semana y *Bhava* era el nombre que ella daba a la transformación que sufría en esas ocasiones.

Los cantos continuaron durante más o menos una hora. A continuación, Amma se levantó y entró en el templo. Chandru me pidió que me sentase en la galería del templo para que pudiera ver con claridad lo que ocurría. Amma cantó una canción a Krishna y, a mitad de la canción, su cuerpo se puso a temblar súbitamente. Sentí como si una ola de fuerza invisible saliera del templo y pasara a través de mí. Mis cabellos se erizaron y me sentí colmado de bienaventuranza espiritual. Todo el peso que había acumulado en mi corazón durante la larga enfermedad, se desvaneció en un instante. Chandru vino y me llevó hacia el templo.

Amma estaba allí, de pie, en la esquina. Iba vestida como Krishna, con una pequeña corona que tenía incluso una pluma de pavo real. No era un mero traje. El rostro de Amma brillaba con Esplendor Divino y uno sentía que realmente estaba viendo al mismo Señor Krishna. Chandru me empujó para que me acercara. Ella me abrazó afectuosamente y pasó su mano por mi espalda, de arriba hacia abajo, recorriendo mi dolorosa columna vertebral. Todo su cuerpo vibraba a una velocidad asombrosa. Entonces me miró directamente a los ojos. Esos ojos, ¿dónde había visto yo unos ojos así? Ratnamyi tenía esa mirada en sus momentos de absorción; Ramana tenía esos ojos siempre. Eran los ojos de una persona que era uno con la Realidad Suprema, llenos de paz y danzando, por así decirlo, con una bienaventuranza interior. Volvió a abrazarme con todo afecto y empecé a llorar.

Si Dios existía sobre la Tierra, era en la persona de Amma. Por fin había llegado al Tesoro de todos los tesoros. Me hizo señas para que me sentara cerca. Desde allí observé cómo atendía a cada persona que llegaba hasta ella. Daba a cada uno un abrazo afectuoso y presionaba un momento su dedo sobre el entrecejo. Luego les daba un trozo de plátano y un poco de agua consagrada para que bebieran. También les transmitía unas palabras tranquilizadoras. Si tenían alguna enfermedad, les tocaba en la parte afectada. A los niños más pequeños se les dejaba que llegaran primero. ¡Ellos iban principalmente por el plátano! La expresión de Amma de

Bienaventuranza Divina y de paz inquebrantable, no variaba en ningún momento. Se quedaba allí durante cinco o seis horas hasta que la última persona había recibido su *Darshan*. No había prisa. Ella mostraba la misma paciencia y el mismo interés, tanto por los hombres como por las mujeres, igual por los niños que por los ancianos, tanto por los ricos como por los pobres. Esta era su verdadera visión equitativa. Era perfectamente consciente de todo lo que sucedía. Poco tenía que ver con las personas que había conocido y que contaban con la Gracia Divina. Ésta era un Alma Realizada en Dios, establecida en la perfecta ecuanimidad. ¡No era de extrañar que se ocultara tan perfectamente, de manera que nadie pudiese entender quién o qué era ella! Permanecí sentado allí lleno de asombro. En esta pequeña aldea pesquera vivía alguien así, y de incógnito. Yo había oído que existían seres que ocultaban su identidad de sabios perfectos. Ahora estaba viendo a uno con mis propios ojos. Había llegado hasta aquí por razones de salud y ahora me sentía avergonzado de mi egoísmo y de la mezquindad de mi espíritu. Decidí refugiarme en esta Gran Alma para que me mostrara el camino hacia la Realización de Dios.

Con pocas ganas, salí del templo y fui a acostarme. Debido al dolor y a la debilidad, no podía aguantar ni sentado ni de pie, aunque mi deseo era quedarme allí para siempre. Al final del *Krishna Bhava*, Amma entró en mi habitación junto con otros devotos, y se sentó en el suelo. Salí de la cama y me tumbé sobre el suelo. Me sentía humilde y no podía estar en un nivel más elevado que el de ella.

"¿Qué te pareció Krishna?", preguntó Amma.

"Es muy hábil para disimular que no sabe nada, cuando en realidad lo sabe todo", respondí. Ella sonrió.

"Realmente, no sé nada", dijo, "sólo soy una muchacha loca." ¡Loca, en verdad que sí!

Al cabo de media hora, Amma volvió a entrar en el templo. Esta vez cantó una canción a Devi, la Madre Divina. De nuevo se estremeció su cuerpo y, tras unos minutos, se quedó allí parada como Kali, el aspecto feroz de la Madre Divina. Aunque la Madre Divina es la Compasión y la Gracia mismas, asume una forma feroz para infundir miedo en la humanidad y corregir, de esta manera, sus hábitos erróneos. Un buen padre ha de ser bondadoso y ha de amar a sus hijos, pero al mismo tiempo no debe titubear para castigar o disciplinar al hijo que anda por mal camino. Si el hijo no siente temor y respeto hacia sus padres, no dudará en hacer cualquier cosa que le plazca, buena o mala. Nuestros antepasados nunca creyeron, como ahora creen algunos psicólogos, que se deba permitir a los niños crecer como a ellos les guste, igual que hierbas silvestres. La vida tiene un propósito y una meta, y para alcanzarla, es necesario que desde la infancia se inculque un profundo sentido de lo correcto e incorrecto. Los padres tienen el deber de enseñar estos valores a sus hijos. El sentido moral en el animal humano no es natural, debe ser enseñado y adquirido.

La forma feroz de Amma, sosteniendo una espada en una mano y un tridente en la otra, animaba a las personas que llegaban a pedirle favores y a mantener la mente pura, al menos durante el tiempo que estaban en su presencia. Aunque un devoto corriente no se concentrara en Dios, ni siquiera un minuto a lo largo del día, podía lograr una intensa concentración durante un par de horas mientras permanecía cerca de ella. Con el paso del tiempo, conforme fueron acercándose más y más aspirantes espirituales, el aspecto feroz de Amma durante el *Devi Bhava* se fue suavizando, hasta que llegó a ser absolutamente tranquilo y sereno. Incluso dejó de llevar la espada y el tridente en sus manos para, en su lugar, sostener sólo flores.

Entré en el templo y me dijeron que me sentara cerca de ella. Puso mi cabeza sobre su regazo y me acarició la espalda. Yo sentía

que, realmente, estaba en el regazo de la misma Madre Divina. Su apariencia y personalidad eran totalmente diferentes a la de Krishna o Amma. Me pregunté cómo podían coexistir estas dos personalidades, al mismo tiempo, en una persona. Era obvio que estaba plenamente consciente de todo lo que sucedía. La persona era la misma, pero su personalidad y apariencia cambiaban. Decidí preguntarle sobre esta cuestión más tarde.

Permanecí allí sentado tanto tiempo como pude y luego fui a acostarme. Cuando terminó el *Darshan* a las cuatro de la madrugada, Amma me llamó al templo. Había vuelto a su actitud normal. Me acerqué con una pequeña grabadora, que me había sugerido Chandru, para que ella pudiese oír algunas canciones de Avadhutendrayi. Amma me pidió que las pusiera. Mientras las escuchaba, cerró los ojos y unas lágrimas rodaron por sus mejillas. Estaba evidentemente en éxtasis. ¿Era ésta la misma persona que había visto, hacía sólo unas horas, como el mismo Dios? Me senté con ella un rato y luego me fui a acostar, pero no conseguía conciliar el sueño. Me sentía cargado de una corriente de bienaventuranza que recorría todo mi cuerpo y me impedía dormir. En realidad, no dormí prácticamente nada durante los tres días siguientes.

Por la mañana, Amma vino a ver cómo me encontraba. Decidí aprovechar la oportunidad para aclarar mi duda.

"¿Podría decirme cuál es su experiencia en el momento del *Bhava*?", le pregunté.

"Mientras le canto a Krishna o a Devi veo ese aspecto particular de lo Supremo. Al ofrecerme totalmente, siento sumergirme en Él o en Ella, identificándome plenamente con Ellos." Mientras decía esto, hizo un signo de una "V" con dos de sus dedos y, uniéndolos, me mostró que los dos se hacían uno.

"¿Por qué disimula no saber nada de lo que ocurre durante el *Bhava*, si es obvio que está plenamente consciente? Chandru me ha dicho que ha sufrido mucho porque su familia y algunos aldeanos ignorantes creen que está loca. ¿Por qué no les dice la verdad?", pregunté.

"He emprendido una tarea concreta, tal como Dios me ha confiado. Quiero que la gente adore a Dios, no a mí. Ellos sienten que Dios se manifiesta a través de mi persona durante tres noches a la semana y con esa fe vienen aquí y solucionan sus problemas. Además, la mayoría de estas personas no conocen los principios de la vida espiritual, y aunque les dijese la verdad, ¿quién la iba a comprender? Ante todo, si uno lo ve todo como Dios, ¿qué sentido tiene declarar que yo y los demás somos diferentes? Todo aquel que se cree algo especial y que los otros están inmersos en la ignorancia, tiene seguramente un largo camino que recorrer para realizar a Dios."

Con gran dificultad aprendí algo de la vida de Amma. Dada su natural humildad, sólo hablaba de sí misma después de insistirle una y otra vez. Y cuando lo hacía, parecía inquieta y se marchaba antes de terminar algún incidente en particular.

Desde la infancia, arraigó en su interior la semilla de la devoción. Consideraba a Krishna su Bienamado y empezó a componer canciones para Él cuando sólo contaba cinco años. Siempre tenía un pequeño dibujo de Krishna en su enagua y, de vez en cuando, lo sacaba y le hablaba. Cuando tenía ocho o nueve años, su madre enfermó y las tareas familiares recayeron sobre sus hombros. Se vio forzada a dejar la escuela aunque continuó yendo a una escuela parroquial para aprender a coser. Su madre y su hermano mayor eran muy estrictos y no dudaban en golpearla o darle patadas si encontraban en su conducta algo que les pareciera inapropiado. Su hermano, en especial, le causaba un gran sufrimiento, pues se oponía a que mostrara su devoción por Dios y, a menudo, la maltrataba por cantar en voz alta el Nombre Divino.

Todos los días, desde las tres de la madrugada hasta las once de la noche, se dedicaba a barrer el patio, dar de comer a las vacas, preparar la comida, limpiar las ollas, lavar la ropa de toda la familia y cumplir con otras muchas tareas. Por si todo esto no fuera suficiente, la mandaban también a casa de unos familiares para que les ayudara con los quehaceres domésticos. Pero a pesar de todas estas tareas, no dejaba de repetir el Nombre Divino en voz baja, esperando el día en que pudiera ver a su Señor, Sri Krishna. Tenía la costumbre de dar todo lo que encontraba en su casa a cualquier pobre o persona necesitada, lo que le acarreaba grandes problemas cuando era descubierta. Una vez la ataron a un árbol y la golpearon terriblemente por haber regalado el brazalete de oro de su madre a una familia que se moría de hambre.

Al llegar a la adolescencia, empezó a tener frecuentes visiones del Señor Krishna y se sintió identificada con Él. Solía encerrarse en su casa, en el pequeño cuarto utilizado como templo y, una vez allí, bailaba y cantaba en el éxtasis de la conciencia divina o permanecía inmersa en profunda meditación, durante horas, completamente absorta de su entorno. A veces se la encontraba sentada en el baño, inmóvil, con lágrimas rodando por su rostro y murmurando las palabras "Krishna, Krishna." Con gran dificultad, su madre la hacía regresar a la conciencia externa. Finalmente, su Realización interna se hizo manifiesta al mundo exterior.

Un día, mientras arrancaba algunas hierbas para las vacas, oyó casualmente una charla sobre el Señor Krishna, en el patio de una casa vecina. Incapaz de controlarse, corrió hacia aquel lugar y se quedó allí, transfigurada en Krishna. Los aldeanos no podían entender qué le había sucedido. Muchos creyeron que estaba poseída por Krishna, mientras otros pensaron que había sufrido un ataque. Nadie, por supuesto, llegó a comprender que estaba plenamente identificada con Él. A partir de entonces, empezó a llegar gente de todas partes y la multitud le pidió que mostrase un milagro para probar que era Krishna. Al principio rehusó, diciéndoles que vieran el verdadero milagro, a Dios dentro de sí mismos, pero más tarde accedió a sus peticiones.

Le dijo a un hombre que trajera un cántaro con agua y que introdujera su dedo. Y, he aquí, que el agua se convirtió en una especie de mermelada dulce, que fue repartida entre todos los presentes. Casi mil aldeanos se saciaron de comer mermelada de ese pequeño cántaro, y todavía seguía llena. Desde entonces, muchos creyeron que Krishna, efectivamente, se había presentado allí para bendecir la aldea.

Este acontecimiento no supuso de ninguna manera una bendición para Amma. Muchos vecinos e incluso parientes cercanos intentaron matarla, pues creían que todo era un fraude y que ella era una mancha para el buen nombre de la familia. Envenenaron su comida y hasta quisieron acuchillarla, pero fracasaron en todos sus intentos y, además, sufrieron diversas desgracias al cabo de poco tiempo.

Pasaron unos seis meses, y un día Amma empezó a sentir el deseo de ver a la Madre Divina, al igual que antes había ansiado la visión de Krishna. Como pensaba que a través de la meditación y las austeridades podría ganarse el favor de Devi, decidió pasar todo el tiempo meditando profundamente en su forma. A veces, abrumada por el desasosiego de no conseguir su visión, lloraba como una niña que busca a su madre. A menudo la encontraban tumbada en la arena, con el rostro inundado de lágrimas y con su pelo, orejas y ojos llenos de barro. No le preocupaba proteger su cuerpo de las inclemencias del tiempo y se sentaba o tendía bajo el sol del mediodía, o bajo la lluvia torrencial. Debido a la intensidad de su anhelo y a sus constantes pensamientos sobre Devi, empezó a percibir que el universo entero era su forma. Así, abrazaba los árboles, besaba el suelo o lloraba al menor contacto con una suave brisa, pues sentía que estaban llenos de la Presencia de la Madre. Pero, a pesar de su intenso deseo y de sus austeridades, no lograba ver la forma personal de la Madre Divina.

Por fin apareció ante ella la Madre Divina, en una forma viviente, y le habló. Le dijo que Amma había nacido para el bien del mundo y que debía mostrar a la gente el camino para fundirse con su Verdadero Ser. A continuación, la Madre Divina, sonriendo, se transformó en una refulgencia brillante y se fundió en Amma. Según las propias palabras de Amma: "A partir de ese momento, cesó toda visión objetiva y llegué a verlo todo como mi propio Ser." Observó que su Verdadera Naturaleza carecía de forma y que contenía a todas las formas, incluso la forma de Dios dentro de sí. Desde entonces, además de *Krishna Bhava,* también comenzó a mostrarse en *Devi Bhava.* Este episodio de su vida tampoco puso fin a las dificultades de Amma.

Hubo personas que continuaron hostigándola, quizás movidas por los celos ante la creciente multitud que se acercaba a Amma, o por la simple diversión de causar problemas. Algunos informaron a la policía e intentaron arrestarla bajo la acusación de perturbar la paz, pero los policías, al ver su semblante luminoso y dichoso, se inclinaron ante ella y se alejaron. Un asesino, contratado para matarla durante un *Darshan,* entró en el templo con un puñal escondido bajo sus ropas. Amma lo miró compasivamente y le sonrió. Aquella mirada lo llenó de remordimiento por su malvada intención e, inmediatamente, cayó a sus pies, rogándole que lo perdonara. Aquel hombre se transformó completamente. En la época en la que yo me encontré con Amma, las cosas se habían calmado un poco, aunque todavía habían aldeanos que se oponían.

Un día, su padre se hartó de las dificultades ocasionadas por la Forma Divina de Amma y el consecuente gentío, y durante un *Devi Bhava* le suplicó a Devi, como poseedora del cuerpo de su hija: "Quiero que mi hija vuelva a ser como era antes de que tú vinieras. Por favor, vete."

"Si me voy", respondió ella, "tu hija será un cadáver." Haciendo caso omiso de sus palabras, el padre insistió en que se le concediera lo que exigía. En ese momento Amma cayó muerta allí mismo. Durante ocho horas no mostró señales de vida en su cuerpo. Se formó un tumulto y el padre fue culpado de ser la causa de su muerte prematura. Se encendieron lámparas alrededor de su cuerpo y se ofrecieron plegarias a Dios para que regresara a la vida. Dándose cuenta de su error y amargamente arrepentido, el padre cayó al suelo y extendiéndose completamente frente al templo lloró a gritos: "¡Perdóname, oh, Madre Divina! Soy un hombre ignorante. Nunca volveré a repetir tales palabras. Por favor, devuelve la vida a mi hija." Poco a poco empezaron a verse leves movimientos en el cuerpo de Amma. Por fin, su condición física retornó a la normalidad. Desde aquel momento, sus padres dejaron de imponerle restricciones y le permitieron hacer, más o menos, como ella quería.

Amma tenía dos hermanas solteras que cuidaban de las tareas domésticas y que también asistían a la escuela. Numerosos jóvenes, atraídos por el afecto maternal y las charlas espirituales de Amma, deseaban pasar más tiempo con ella después del *Darshan*, pero su padre no lo permitía. Temía que las intenciones de esos jóvenes no fueran tan inocentes y surgieran problemas respecto a sus otras dos hijas. Así, nada más acabar el *Darshan*, ahuyentaba a estos muchachos.

Chandru era uno de esos jóvenes y se apenaba por la conducta del padre. Un día le suplicó a Amma: "Si vuestro padre continúa actuando de esta manera, ¿cómo va a convertirse este lugar en un ashram o en un refugio para aspirantes sinceros? Él se muestra muy poco amable con todos nosotros y, además, aquí no hay nadie que se ocupe de Amma. Ni siquiera tiene una manta para abrigarse ni alimentos apropiados. Me cuesta mucho soportar esta situación."

Consolándole, Amma le sonrió y le dijo: "Hijo mío, no te preocupes. Ve a Arunachala y cumple con un voto de silencio de cuarenta y un días. Todo estará solucionado cuando regreses. En Arunachala encontrarás a las personas que cuidarán de mí y del futuro ashram. También hallarás hijos que provienen de otras tierras, más allá de la India, y que también son hijos míos. Ya verás. Llegará un día en que mi padre te recibirá con amor y afecto como si fueras su propio hijo." Chandru se dirigió a Arunachala y allí nos conocimos poco tiempo después.

Era el tercer día de mi estancia con Amma. Durante todo el día estuve oliendo un perfume celestial. Pensaba que, tal vez, fuera el incienso que se usaba en el templo pero no pude encontrarlo allí. Le pregunté a Amma dónde podía conseguir ese incienso. Ella sonrió y dijo: "Ese aroma no se encuentra en ninguna tienda. Ese olor existe dentro de cada uno, pero sólo los yoguis saben cómo manifestarlo."

Yo había oído que, en alguna ocasión, Ramana Maharshi había bendecido a algunos devotos a través del poder de sus ojos. Era como si algunos rayos de luz sutil emanasen de sus ojos y, cuando tocaban a alguien, esa persona se beneficiaba con diversas experiencias espirituales. Le pregunté a Amma si ella podía hacer lo mismo. "Yo soy una muchacha loca. Yo no puedo hacer nada", contestó, riendo.

Esa noche había *Darshan*. Permanecí en el templo tanto tiempo como pude durante los dos *Bhavas*. Sentía que la atmósfera estaba cargada de paz espiritual. La meditación llegaba con muy poco esfuerzo. Fui a apoyarme detrás del templo, pues no quería ir a dormir y poder, así, estar tan cerca de Amma como fuese posible. Cuando terminó el *Darshan*, Chandru vino a buscarme. Dijo que Devi estaba llamándome para que me presentara ante el templo. Di la vuelta hasta la parte frontal y me detuve delante de ella. Al verme, se dirigió hacia mí rápidamente y me abrazó con

gran afecto. Luego, se inclinó y me susurró al oído: "Hijo mío, no te preocupes, tu cuerpo mejorará." A continuación, regresó lentamente hacia el templo y se paró en su centro, mirándome. Mientras me miraba, noté que su rostro se tornaba más y más brillante. El fulgor se fue expandiendo tanto que abarcó todo su cuerpo, el templo e incluso los alrededores. Yo no podía ver nada salvo esa luz resplandeciente, pero calmante. De repente, la refulgencia se fue contrayendo hasta alcanzar el tamaño de una punta de alfiler, y su brillo me hizo entrecerrar los ojos. Un momento más tarde se detuvo. Otra vez estaba viendo a Amma sonriéndome. Las puertas del templo se cerraron, y el *Darshan* finalizó.

Yo sentía claramente que Amma había entrado en mí. Mi mente estaba colmada con el pensamiento único de ella y sentí claramente su presencia dentro de mí. Sentía que había vislumbrado su verdadera forma, la Luz Divina. Me maravillaba su magistral manera de ocultar su identidad de gran santa y aparentar cierta torpeza e, incluso, mostrarse a veces como una loca. Era, en verdad, una personalidad única. Ha habido santos que después de cuarenta o cincuenta años de intensa meditación alcanzaron la Auto-Realización, pero Amma era completamente diferente. Desde los dieciséis o diecisiete años, estaba establecida en el Estado Supremo y lo utilizaba de esta manera única para el bien del hombre común y corriente, sin revelar su identidad y sin importarle que la colmaran de malos tratos. Nunca perdía su paciencia y mostraba igual amor a quienes la buscaban sinceramente, como a aquellos que deseaban lastimarla.

Refiriéndose a la gente que había intentado hacerle daño, dijo un día: "Fueron sus conceptos erróneos los que les hicieron pensar y comportarse de la forma en que lo hicieron. No podían darse cuenta de la importancia y del propósito de la vida espiritual. Si sucedía así, ¿cómo íbamos a enfadarnos con ellos? Mirad estas hermosas rosas. Qué fragancia más delicada. Pero, ¿qué les damos para que crezcan? ¡Estiércol! Qué diferencia entre la bella flor y el estiércol maloliente. De igual modo, los obstáculos son el fertilizante que nos hace crecer espiritualmente. El crear dificultades es propio de los ignorantes. Debemos orar a Dios para que los perdone y los lleve hacia el sendero correcto."

A la mañana siguiente, Amma vino a preguntarme si había disfrutado durante el *Darshan* de la noche anterior. Le conté mi experiencia.

"Eres muy afortunado. Yo sentí como si mi luz interior saliera de mis ojos y se fundiese en ti. Me preguntaba si tú también lo habías sentido", dijo.

El centenario del nacimiento de Ramana se iba a celebrar dentro de tres días. Estaba previsto que fuera una ceremonia espléndida. Aunque quería quedarme con Amma, también deseaba asistir al acto en Arunachala. Conociendo mi corazón, Amma me dijo que volviese a Arunachala para asistir a la celebración. Le dijo a Chandru que fuera conmigo y me ayudara siempre que lo necesitara. Pensó que, como no podía permanecer con ella, tuviera, al menos, la compañía de un aspirante espiritual. Además, necesitaba que alguien me atendiera. Le pregunté a Amma si podía regresar para quedarme permanentemente, ya que éste era mi ardiente deseo.

"Si a mi padre no le importa, puedes venir y quedarte", respondió. Acudí a su padre y le pedí permiso para quedarme. Él accedió, pero me recomendó que construyera una choza para mí. Al ser ésta su única condición, le dije que volvería muy pronto. Amma me dijo entonces que existía en mí la influencia de alguna fuerza negativa y que, en parte, era la responsable de mi enfermedad. Añadió que debía quedarme en Tiruvannamalai durante cuarenta y un días y realizar allí un rito especial que neutralizaría esa fuerza. También me explicó los detalles del rito.

Amma llamó a su padre y le pidió que nos diera una exhibición de baile. De joven había aprendido la danza tradicional de Kerala — *kathakali*. Empezó a bailar por la habitación. Ya no era un hombre joven; se había vuelto patizambo y tenía un enorme abdomen como un dirigible. Amma rodaba por el suelo muerta de risa. Cuanto más nos reíamos, más rápido bailaba, saltaba y botaba en el suelo. Por fin se detuvo, jadeando sin aliento.

Mientras me despedía de Amma, tomó el rosario de cuentas de *rudraksha* que llevaba en mi cuello. "Me gusta", dijo. Le prometí que ensartaría las cuentas en plata y se lo traería cuando regresara. Dándome un abrazo maternal, me dijo: "No te preocupes, siempre estoy contigo." Me acompañó entonces hasta el embarcadero y permaneció allí, de pie, hasta que alcanzamos la otra orilla del remanso.

Un taxi nos esperaba para llevarnos a casa de Chandru, que se encontraba a unos sesenta y cinco kilómetros de distancia. Tan pronto subí al taxi, estallé en lágrimas, recordando el afecto que ella me había mostrado. No pude controlarme hasta que recorrimos unos siete u ocho kilómetros. Chandru me miraba con asombro. Esto de llorar ya no era una cosa nueva, así que se abstuvo de preguntarme qué ocurría. Una dicha indescriptible colmaba mi mente y no podía pensar en nada, excepto en Amma. Chandru empezó a decirme algo, pero no podía contestarle. Mi mente era incapaz de pensar en nada. Aunque todavía estaba enfermo y débil, ya apenas me importaba mi cuerpo. Ella había dicho que mejoraría. Pensé que así debía ser.

Cuando llegamos a casa de Chandru, sentí hambre por vez primera en varios meses. Le pedí a su madre que me preparara un poco de arroz y legumbres, y me los comí sin experimentar ningún dolor de estómago. A partir de aquel día, ya pude comer normalmente. De este modo, recuperé fuerzas poco a poco y pude andar de un lado para otro e, incluso, realizar pequeñas tareas.

Aunque la debilidad y los dolores de espalda persistían, ya no eran como cuando me encontré con Amma.

Al día siguiente tomamos un tren a Tiruvannamalai. Cuando llevábamos una media hora de viaje, comencé a oler la fragancia divina que había percibido en presencia de Amma. Busqué en mis bolsillos y encontré que la fragancia emanaba del rosario que ella había tocado. Era tan fuerte que parecía como si alguien hubiese derramado perfume sobre él. Lo puse en una bolsa de plástico y lo guardé bien envuelto. Tras unos minutos, volví a notar el mismo aroma. Estuve a punto de llorar. De repente, la fragancia se transformó en flores de jazmín, poco después olía a limones frescos, a incienso común y, finalmente, a raíces de tapioca cocidas, todas las cosas que podían encontrarse cerca de Amma. En el momento de nuestra despedida, ella estaba comiendo raíz de tapioca en lugar de arroz, como alimento básico.

Llamé a Chandru y le pregunté si podía oler alguna de esas cosas. Dijo que no. Le pedí que pusiera su nariz junto a la mía para ver si podía oler algo. Los demás pasajeros debían estar preguntándose qué estábamos tramando. Chandru seguía sin poder percibir nada, a pesar de que los olores llenaban mis fosas nasales, como si alguien estuviera sosteniendo todas estas cosas bajo mi nariz. Debe ser el juego de Amma, pensé. Chandru regresó a su asiento. Al cabo de dos minutos exclamó: "¡Ahora lo huelo! ¡Ahora lo huelo!" Durante el trayecto de más de dieciséis horas, fueron apareciendo y desapareciendo los olores junto con el sentimiento de la presencia de Amma. Esta idea de que alguien pueda estar presente, aunque no sea visible es, sin duda, abstracta. Sin embargo, ésa fue nuestra impresión y más tarde fue confirmada por Amma.

Durante los siguientes cuarenta y un días estuvimos en Tiruvannamalai. La celebración del centenario del nacimiento de Ramana se llevó a cabo a gran escala y fue, efectivamente, magnífica. Me alegré de poder presenciarla pero, aunque estaba de pie ante la tumba de Ramana, mi mente estaba con Amma. Me sentía como quien, a pesar de estar aferrado a un árbol, es barrido por un tornado. Durante once años, el centro y el soporte de mi vida había sido Ramana. Incluso mi vínculo con Ratnamyi y Avadhutendrayi parecía que había sido propiciado y guiado por Ramana. Ante su tumba había sentido una presencia viviente que había sido fuente de auxilio y descanso para mi mente, a menudo, confundida. En realidad, hasta la luz sutil de corriente de conciencia que percibía en mi mente, la había equiparado, por alguna razón, con la presencia de Ramana.

Ahora, aunque estaba ante él, sentía que esa presencia interior era la de Amma. ¿Se debía al hecho de que ella había entrado místicamente en mí la noche anterior a mi despedida? No tenía ninguna duda de que realmente era así, y no me apenaba por ello. La compañía y la guía de un Alma Realizada que está viva en un cuerpo es siempre preferible a la de alguien que ha dejado su forma física. Me consolaba al pensar que el Padre había decidido enviarme a la Madre después de haberme dado alguna formación.

El rito que Amma me había aconsejado implicaba presentarse, ante cualquier templo, antes de las dos de la madrugada y, mientras le oraba a Dios para que eliminara la influencia que me estaba afectando, debía pasar una tea encendida por encima y alrededor de mi cabeza. Así lo hice durante cuarenta y un días. En ese tiempo, Chandru hizo lo mejor que pudo para atender mis necesidades. Fue un período penoso para él. Ratnamyi me había entrenado de manera tan estricta que cada acción debía realizarse de un modo particular. Ni siquiera debía dejarse una cerilla de forma fortuita. Yo insistía en que Chandru hiciera lo mismo. Él, por supuesto, tuvo que luchar, pero más tarde admitió que le fue de gran utilidad, sobre todo cuando tuvo que dejar a

Amma durante los cuatro años siguientes para estudiar Vedanta en Bombay.

En esta época conocí a Gayatri. Era australiana y había llegado a Arunachala sin ningún plan previo. Las circunstancias la habían llevado hasta ese lugar y residía allí desde hacía unos dos años. Cocinaba para algunos devotos locales y llevaba una vida muy austera. No tenía absolutamente nada de dinero y, en ocasiones, tenía incluso que arrancar hojas de los árboles para comer y alimentar a otros. De forma misteriosa, de vez en cuando le llegaba un poco de dinero o de comida y así podía continuar. Chandru le había hablado de Amma en una ocasión y tenía un intenso deseo de verla. En realidad, quería estar tan unida a Amma que deseaba poder servirla como su asistente personal.

Gayatri tenía una mente muy inocente y era incapaz de abrigar mala voluntad hacia nadie, sin que le importara cuánto pudiesen maltratarla. Además, rechazaba la vida mundana y dependía de Dios para que le facilitara y le mostrara el camino para su Realización. Un día, mientras meditaba, observó un destello de luz y vio a Amma, como una forma viviente, dentro de ella. Un grito de "Madre, Madre, Madre", surgió espontáneamente de su interior y, en ese momento, todo se sumergió en una profunda quietud. De ahí en adelante, solo mostraba impaciencia por ir hacia Amma. Cuando supo que pronto íbamos a volver con Amma, pidió que la llevásemos con nosotros. Chandru me miró y dijo: "Creo que esta chica puede convertirse en la asistente de Amma. Llevémosla con nosotros." Después de encargar a alguien el cuidado de las casas en Tiruvannamalai, partimos los tres. Poco imaginábamos que toda una nueva vida estaba a punto de abrirse ante nosotros.

"La Madre ha ido a tomar su baño. Regresará pronto." Era uno de los muchachos que solía visitar a Amma los días que no había *Darshan*. Había estado sentado frente al templo meditando. Nos sentamos a esperar a Amma. A los pocos minutos llegó corriendo como una niña y nos saludó amorosamente. Nos inclinamos a sus pies y le presentamos a Gayatri. Observó a Gayatri y luego se sentó con nosotros. Chandru le contó nuestra experiencia en el tren.

"Cuando saliste de aquí estabas muy enfermo", dijo mirándome, "estuve pensando en ti y por eso sentiste mi presencia."

"Madre, ¿le basta con pensar en una persona para que ella sienta que Amma está allí? ¿Cómo es posible?", le pregunté.

"Hijo, se requiere concentración, sólo entonces es posible. Primero pienso: 'Esta persona se encuentra en cierto lugar. Pero ese sitio y todos los sitios están dentro de mí.' Mientras pienso así, mi mente se dirige hacia esa persona. Si su mente es algo pura, seguramente sentirá algo. Si me preguntas por qué tengo que ir a alguna persona en particular, no puedo decirlo. Ocurre así, eso es todo." Tras estas palabras, empezó a reírse. Algunos niños jugaban por allí cerca. Se levantó y comenzó a correr tras ellos, jugando a pillarse. Corría y gritaba al igual que ellos. Si no fuera por su tamaño, uno hubiese pensado que tenía seis o siete años. Transcurridos unos quince minutos, volvió a nosotros, sin aliento.

"Deberíamos pasar todos los días un tiempo con niños pequeños", dijo. "Nos transmitirán su inocencia y disfrutaremos la felicidad propia de un niño. En realidad, nuestra verdadera naturaleza es ser un inocente niño de Dios, pero permitimos que cosas como la lujuria, la ira y la codicia oculten nuestra inocencia. La misma inocencia que se ve en los ojos de un niño puede verse en los ojos de una persona que ha logrado la Realización de Dios."

La Madre, pues así es cómo nos dirigíamos a ella, le pidió a Gayatri que se sentase a su lado para meditar. Después de unos minutos, apretó su dedo sobre el entrecejo de Gayatri y la observó intensamente. Parecía tener un propósito definido al hacerlo. Tras sostener así su dedo durante unos minutos, de repente sonrió. Cualquier cosa que fuera lo que había querido hacer, aparentemente lo había hecho. Gayatri abrió lentamente los ojos. Era muy tímida y vacilante ante la Madre.

"No seas tan tímida, hija. Si una muchacha quiere elevarse en la vida espiritual, esa timidez debe desaparecer y, si espera tener éxito, debería asimilar algunas cualidades propias del hombre, como el desapego y la valentía. Las mujeres, generalmente, no están interesadas en renunciar a la vida mundana para llegar a Dios. ¿Quién, si no, iba a mantener a la creación? Pero, en cambio, si se despierta su interés, pueden progresar más rápidamente que los hombres."

Se decidió que yo me alojaría en la casa, la Madre y Gayatri dormirían en el templo y Chandru descansaría donde pudiese hallar un sitio resguardado del frío y de la lluvia. Esa noche la Madre hizo dormir a Gayatri a su lado y se quedó dormida con sus piernas sobre las de Gayatri. La inocencia infantil de la Madre, junto con su afecto y consejos maternales, tocaron el corazón de Gayatri y la unieron inmediatamente a ella. Al segundo día, ya había decidido no volver a Arunachala.

En aquellos días, excepto cuando estaba en meditación, la Madre se pasaba todo el tiempo con nosotros, nos daba de comer con sus propias manos, bromeaba con nosotros o cantaba canciones y contaba anécdotas interesantes. Jamás había un momento aburrido y vimos que, a medida que pasaban los días, sólo la Madre existía en nuestros pensamientos.

El *Darshan* empezaba a las seis de la tarde y continuaba hasta las seis o las siete de la mañana siguiente. Incluso a aquella hora, la Madre se sentaba frente al templo y se ponía a hablar con los visitantes hasta las diez o las once. No podíamos entender cómo soportaba tanto esfuerzo, día tras día. Durante las tres noches de *Darshan* semanal no queríamos ir a dormir. Si la Madre permanecía despierta toda la noche para ayudar a la gente, ¿cómo podríamos nosotros dormir cómodamente? Al principio, los vecinos se preguntaban cómo era posible que dos extranjeros desearan quedarse en una diminuta aldea pesquera junto a una muchacha "loca" como Amma, pero pronto llegaron a considerarnos unos vecinos más, pues vieron que, al igual que ellos, sentíamos una poderosa atracción hacia la Madre. La Madre nos prohibió revelar su verdadera identidad de *mahatma* a los visitantes y aldeanos. Ella consideraba que la fe de esa gente no debía ser perturbada, ya que procuraban resolver sus problemas a través de esa fe.

"Todo llegará en el momento oportuno, hijos. ¿Quién os trajo aquí? El Mismo que os trajo aquí hará que suceda cualquier cosa que sea necesaria, en el momento adecuado. Cumplamos sencillamente con nuestro deber, sin mostrar ningún deseo por los frutos. La Madre no necesita propaganda alguna. Los que tienen pureza de corazón y deseos de Dios, vendrán a buscarla y la comprenderán." Ella continuó desempeñando su doble papel, el de Dios durante el *Darshan*, y el de una muchacha algo loca, pero encantadora, en los demás momentos.

Poco después de nuestra llegada para establecernos de forma permanente cerca de ella, se construyó una cabaña que iba a convertirse en la primera edificación del ashram. Era de una sola habitación, pero suficientemente grande para destinar la mitad de la misma a cocina, y la otra mitad como zona de descanso y dormitorio. La Madre y Gayatri se alojaron en un lado, mientras que Balu, uno de los jóvenes que tuvo la suerte de lograr el permiso del padre de Amma para quedarse, y yo ocupábamos el otro espacio. Gayatri se encargaba de cocinar. Aunque construida con hojas de coco, era apta para protegernos de los elementos atmosféricos. Desgraciadamente, como era el único refugio disponible, en las noches de *Darshan* entraban tantos visitantes como podían y apenas nos dejaban espacio para acostarnos.

La mayor parte del tiempo la ocupábamos en tratar de adaptarnos a la constante afluencia de gente que entraba y salía de la cabaña a todas horas. También nos llevaba mucho tiempo, evitar que la gente molestara a la Madre cuando se retiraba a dormir. Acudían a cualquier hora y no se paraban a pensar si la Madre llevaba dos o tres días sin dormir. Muchas veces tuve que tumbarme en la puerta para evitar que entrara alguien y permitir, así, que la Madre descansara unas horas. Verla reposar sin que la molestasen, era mi mayor gozo. El mundo se regocija cuando una persona muestra cierto altruismo de vez en cuando. La Madre, sin embargo, era la personificación misma del altruismo, de la ausencia total de egoísmo. Ella estaba dispuesta a dar su vida con tal de aliviar al más común de los mortales de sus sufrimientos. Para lograrlo, renunciaba al sueño, a la comida y a cualquier cosa que pudiera llamarse suya. Un ejemplo puede ser suficiente para aclarar este punto.

Una noche, el *Darshan* terminó más temprano de lo habitual, alrededor de las cuatro de la madrugada. Era la estación de las lluvias, y no había acudido tanta gente como otras veces. Después del *Darshan*, la Madre se sentó en la galería del templo y estuvo hablando con algunos devotos hasta casi las cinco y media. Tras persuadirle, una y otra vez, finalmente accedió a entrar en la choza a descansar. Nos acostamos y, nada más apagar la luz, oímos una voz en la puerta. Era una mujer que había perdido el autobús y no había llegado a tiempo del *Darshan*. Había caminado bastante durante toda la noche para ver a la Madre. Puesto que el *Darshan* ya había terminado, pensó que al menos podría ver a Amma antes de regresar. Nosotros no teníamos ganas de abrir la puerta.

"Abrid la puerta", insistió la Madre. "No estoy aquí para disfrutar de ningún descanso o comodidad. Si puedo aliviar los sufrimientos de la gente, aunque solo sea un poco, eso es suficiente para mí. La felicidad de ellos es mi felicidad. ¿No os dais cuenta de la gran dificultad que ha tenido esta mujer para llegar hasta aquí, sólo para abrirme su corazón? Algunos de los que vienen aquí son tan pobres que tienen que ahorrar durante varios días para poder pagarse el billete de autobús. Antes de que vosotros llegarais aquí, era libre de ver a quienquiera que viniese y a la hora que fuera. En el futuro, también debo tener la libertad de hacerlo o dormiré fuera como hacía antes. ¿Acaso necesito esta manta o esta almohada? No tenía nada antes, ni necesito nada ahora. Utilizo estas cosas sólo para complaceros." Se levantó para hablar con la mujer y, sólo después de consolarla, volvió a acostarse.

La Madre, tras unirme a ella mediante su afecto, empezó a instruirme lenta y sutilmente. Nunca me daba largas explicaciones, le bastaba con decirme unas pocas palabras o sugerirme un pequeño cambio en mi modo de pensar y de actuar. Por ejemplo, cuando sólo habían transcurrido tres o cuatro días desde mi llegada, ella advirtió que nadie había limpiado el templo, a pesar de que eran las siete de la mañana. Me llamó. Como todavía estaba muy débil y me dolía todo el cuerpo, yo me pasaba la mayor parte del tiempo tumbado. Al estar ella totalmente desapegada de su cuerpo y desear que yo también me elevara hasta su nivel, aunque eso era casi imposible, me dijo que limpiara el templo, y ella misma empezó a realizar esta tarea. Luché y sufrí, pero terminé el trabajo. No sé cómo, pero ella siempre encontraba algún trabajo pendiente que sólo podía hacer yo. Y no es que yo no quisiera trabajar, pero el ejercicio físico significaba dolor y quería evitarlo. Aunque sabía que el dolor era un obstáculo para el progreso espiritual, yo todavía dudaba en mi capacidad para soportarlo.

Se dice que, así como hay tres clases de médicos, también existen tres clases de gurús. El primer tipo de médico le aconseja al paciente y se retira. Ni siquiera se interesa en saber si el paciente toma la medicina recomendada. Es como el gurú que aconseja a sus discípulos, pero después no se ocupa de ver si actúan de acuerdo con sus consejos y progresan. El segundo tipo de médico prescribe la medicina y persuade al paciente para que la tome. Éste es como el gurú que, con sinceridad, muestra una gran paciencia hacia su discípulo y se esmera, una y otra vez, en explicar y convencer al discípulo para que siga su consejo. El tercer y mejor tipo de médico no titubea en poner su rodilla sobre el pecho del paciente y hacerle tragar la medicina por la fuerza, pues sabe que de otra manera no se la tomará. Amma es como esta última clase de médico. Sabía que no eliminaría el apego al cuerpo por mí mismo, y me forzaba a hacerlo. Incluso durante el *Darshan*, cuando estaba a punto de levantarme, me decía que me sentase y encontraba siempre alguna razón para que me quedara allí.

"Yo soy la Shakti (Energía) Misma", solía decir. "¿Acaso no voy a darte fuerza suficiente para que permanezcas aquí sentado? Empiezas a preocuparte sobre cómo vas a sentirte mañana, y ya quieres levantarte e irte hoy." Aunque me sentía inquieto y sufría por el dolor y la debilidad, me sorprendía al ver que podía permanecer sentado en el templo, junto a ella, hasta el final del *Darshan*. En realidad, durante esos días, solía tener mis mejores meditaciones.

Un día, durante la estación de las lluvias, cogí un leve resfriado y me subió la fiebre. Cuando conseguí que me bajara, empecé con tos. Era tan severa y persistente, que pensé que podría haber contraído alguna enfermedad pulmonar. Así continuó durante casi un mes. Por la noche, solía sentarme fuera, lejos de la cabaña, y tosía durante horas, tratando de no perturbar el sueño de la Madre y de los demás. Finalmente, fui a un médico y me dio un medicamento que debía tomar a lo largo de una semana.

Al regresar al ashram, puse la medicina en las manos de la Madre y le pedí que la bendijera. Ésta era una costumbre habitual entre las personas que tenían que tomar medicamentos pero que, al mismo tiempo, también tenían fe en curarse por la gracia de Amma. Ella cerró los ojos un momento y me devolvió la medicina. Había tomado una resolución, o *"sankalpa"* como se le llama, por cuyo poder uno podía estar seguro de ser curado. Se cree que la fuerza de voluntad de un Ser Iluminado es perfecta y que puede lograr, incluso, lo aparentemente imposible. Si adoptan una decisión con seriedad, su cumplimiento se llevará a cabo a pesar de todos los obstáculos. Tomé la medicina durante uno o dos días, pero no mejoraba. Sentía un fuerte dolor en el pecho cuando respiraba y me impacientaba ante la falta de mejoría. Decidí visitar a otro médico y regresé con más medicamentos. Otra vez puse las medicinas en las manos de Amma y de nuevo cerró los ojos y me las devolvió. Probé durante unos días, pero no sentí ningún alivio. ¿Habría algo que no funcionaba en su resolución? Ese día, se fue a una aldea cercana a visitar a un devoto que la había invitado. Para no convertirme en una carga para los demás, decidí ingresar en un hospital privado y quedarme allí hasta que mejorara. Yo sabía que Amma, maternal como era, no accedería a que ingresara en el hospital. Por lo tanto, aproveché su ausencia y me fui con su padre al hospital, a unos quince kilómetros de distancia.

Estuve allí tres días, pero sin notar mejoría alguna. Me dieron una gran cantidad de antibióticos, que no sirvieron de mucho. Mientras tanto, la Madre se enteró de mi escapada, pero no dijo nada. La tercera noche de mi estancia en el hospital, empecé a sentir intensamente su presencia y, llorando incontrolablemente, sólo deseé ir a su encuentro. Pero, ¿cómo iba a ser posible, si había decidido no abandonar el hospital hasta que estuviera curado? A la mañana siguiente, entró el médico y me dio unas pastillas. Me dijo que tal vez sufría alguna clase de alergia y no una infección. Justo en ese momento, llegó Amma con unas quince personas.

"Hijo, anoche empecé a pensar en ti con intensidad. Conmovida por tu sufrimiento, escribí esta canción a la Madre Divina."

Iswari Yagadiswari

Oh, Diosa, Diosa del Universo
Oh, Preservadora, Oh Dadora de Gracia
Oh, Tú, que otorgas la Salvación Eterna
Por favor, libérame de todos mis pesares.

He visto los placeres de esta vida mundana
Que está llena de aflicciones.
Por favor, no me hagas sufrir
Como el insecto que vuela hacia el fuego.

Atado por el lazo del deseo por delante,
Y el lazo de la muerte por detrás
Oh, Madre ¿no es una pena Jugar a ligarlos?

Muéstrame el sendero correcto
Oh, Eterna, y derrama tu Gracia sobre mí
Oh, Madre, Tú que eres la Destructora del dolor,
Quita por favor la carga de sufrimientos.

Lo que se ve hoy no está mañana;
Oh, Conciencia Pura, todo es tu juego.
Todo lo que 'es' no tiene destrucción;
Cualquier cosa que pueda destruirse es efímera.
Oh, Madre del Universo, Oh Tú en todas las formas
Me inclino ante tus dulces Pies.

"Decidí que hoy vendría a recogerte. Tienes que regresar al ashram. No te preocupes. Mejorarás pronto", dijo.

Le pregunté: "Madre, ¿por qué no me han hecho ningún efecto las medicinas que bendijo?"

"Cuando tomé la resolución, pensé: 'Que mejore tomando esta medicina,' pero tú sólo la tomaste durante uno o dos días.

¿No deberías ser más paciente y esperar hasta que la resolución pueda realizarse? Como un niño inquieto, corriste de un médico a otro. Aunque yo bendiga la medicina, tú tienes que tomarla para que dé sus frutos."

El médico, desde luego, estuvo de acuerdo en darme de alta y regresamos al ashram. Esa noche había *Darshan*. La tos era todavía persistente. Durante el *Krishna Bhava* me acerqué a la Madre. Ella puso una de sus manos sobre mi cabeza y la otra en mi corazón, y permaneció así, de pie, sonriéndome unos minutos. Entonces me indicó que me sentara en un rincón del templo. Cuando me senté y miré a mi alrededor, me sorprendí al observar que una Luz Divina resultaba claramente visible en el rostro de todos los que yo miraba. Además, mi cuerpo parecía estar hecho de madera, no pesado, pero sí insensible. Aunque estaba tosiendo, no me importaba en absoluto. Disfrutaba de un intenso desapego hacia mi cuerpo físico y un beatífico estado de embriaguez en mi mente.

Me levanté y salí del templo. La cena se servía a una hora determinada y me encaminé hacia la cocina, pero no pude comer nada. La comida parecía goma y sabía a goma. ¿Quién querría una comida así en ese momento? ¿Quién podría siquiera pensar en comida? Volví al templo y me quedé allí un buen rato. Aquella noche pasé unas tres horas en estado beatífico, y después regresé, lentamente, a mi estado normal. A los dos días la tos empezó a remitir, y pronto desapareció completamente.

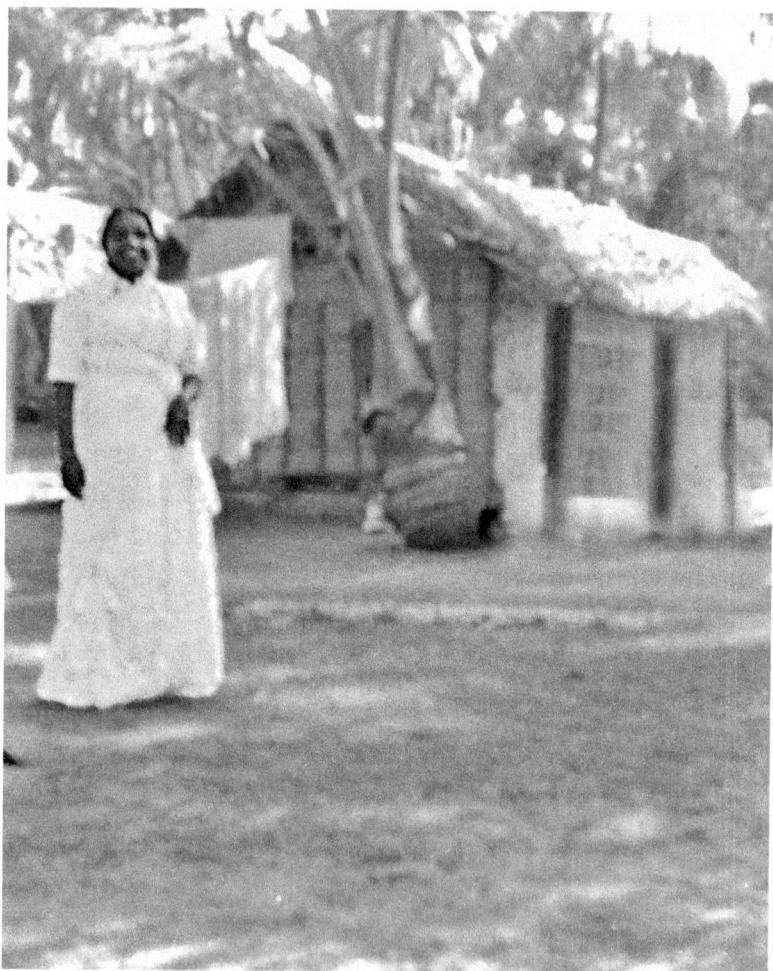

Capítulo 7

Con la Madre Divina

Amma es la madre de todos los que llegan a ella, ya sean hombres o mujeres, ancianos o niños. A todos los considera hijos suyos. Este hecho, a su vez, les anima a considerarla como su propia madre. Esto provocaba una gran revolución en las mentes de muchas personas que buscaban su presencia. Veían que ella no quería nada de nadie y, en cambio, les ofrecía su tiempo, comida, salud, e incluso paz, sin ningún límite y sin tener en cuenta quiénes eran esas personas. Sentían que en ningún lugar de esta Tierra existía un amor tan desinteresado. La madre biológica de cada uno de nosotros se puede enfadar si no se le obedece o se le ofende, pero Amma perdonaba hasta a los que trataban de matarla y los amaba como si fueran unos niños traviesos. Nunca pedía nada a nadie y aceptaba a todos los que se le acercaban, estuvieran limpios, sucios o como fuera.

Este amor sin deseo interesado, unió a mucha gente a la Madre, en un firme lazo de unidad. Muchos sentían que, salvo en su compañía, no podían encontrar ningún sentido a sus vidas. Ella estaba siempre presente en sus pensamientos. Se daban cuenta de que debían deshacerse de sus vicios, pues los consideraban impropios en los hijos de ella, aunque nunca les decía nada. Algunos llegaban a establecerse cerca de ella, dejando sus hogares, empleos o escuelas, a pesar de las protestas de Amma ya que

no podía mantener o alimentar a nadie. Las gentes que decidían quedarse, sin importarles lo que ella u otras personas pudieran decir, eran en su mayoría hombres jóvenes con título universitario, a los que la vida mundana les parecía carente de perspectivas y de auténtica felicidad, sobre todo a la luz del maravilloso, puro y desinteresado amor de la Madre.

Cuando se dirigía a estos muchachos, les hacía ver que la búsqueda de la felicidad a través de la vida mundana era una ilusión, y que unos momentos de placer se pagaban con años de dolor. El deseo de placeres crea desasosiego y, aun después de disfrutarlos, el ansia vuelve a surgir una y otra vez. La reiteración de los goces, lejos de conducir a la satisfacción, conduce al hastío y, finalmente, a la desesperación. Si la felicidad real y perdurable no se encuentra en el goce interminable de los placeres sensuales, ¿dónde se encuentra entonces?

Amma explicaba a estos jóvenes que la misma energía utilizada para cumplir propósitos mundanos, podía ser dirigida a producir la experiencia de la bienaventuranza interior y del Conocimiento Divino. Los goces mundanos agotan nuestra energía y causan una muerte lenta, mientras que la experiencia espiritual colma de energía y nos lleva a los reinos de la realización y de la bienaventuranza, reinos que desconoce el hombre común y corriente. Ella decía: "El néctar está depositado en la coronilla de la cabeza, en el místico loto de mil pétalos, pero el hombre nunca se preocupa de mirar allí, ocupado, como está, de sus cinco sentidos inferiores." Al haber realizado ella misma la Verdad, sus palabras tenían una autoridad superior a la de cualquier erudición libresca. Ella vivía lo que predicaba. Por tanto, no presionaba a nadie para que se dedicara a una determinada práctica espiritual, sino que se limitaba a exponer estas ideas.

Dos años después de mi llegada, un grupo de cinco o seis jóvenes se estableció cerca de la Madre. No había techo para nadie, así que dormían a la intemperie, bajo un árbol o en la galería del templo. No les importaba lo que pudieran comer o vestir, se las arreglaban con cualquier cosa que se presentara. La Madre les decía repetidamente que no podía mantenerlos, pero aun así no estaban dispuestos a dejarla. La compañía de la Madre y sus palabras era todo lo que querían. Su espíritu de renuncia era admirable. Aunque no ardían en deseos de Auto-Realización, sentían que la vida mundana no solucionaba el problema de la búsqueda de felicidad. Se mostraban indiferentes a todos los placeres mundanos y encontraban que la compañía de Amma era su única fuente de paz y felicidad.

Aparte de cerrar los ojos unos minutos o cantar cantos devocionales durante el *Darshan*, no se podía decir, sin embargo, que se encontraran en el sendero espiritual. Aunque conocía sus historias y la relación con Amma, su falta de seriedad para la práctica espiritual empezó a irritarme. Las actitudes que mostraban hacia la Madre eran como las de un niño hacia su madre. El niño no quiere hacer nada más que estar con su madre. ¿Para qué tratar de llegar a ser como ella? Les basta con sentir la felicidad de su compañía.

Dado que yo buscaba la compañía de Amma con el propósito de elevarme en la vida espiritual y la consideraba mi Gurú y guía, me sentía apenado al ver que algunos de los muchachos no le mostraban el respeto debido a un Alma Realizada. Ella me decía, una y otra vez, que no la consideraban del mismo modo que yo y, por tanto, no debía esperar que actuasen como yo lo hacía. Esta situación me resultaba incomoda y empecé a preguntarme por qué me seguía quedando. La compañía de un santo es, sin duda, la mayor ayuda que existe para el progreso espiritual, pero el entorno también debe ser propicio. Éste era el hilo de mi pensamiento.

Al no encontrar la deseada y esperada atmósfera propia de un ashram alrededor de Amma, sentía que la culpa era de los que se habían establecido allí. Empecé a ver sus fallos y su falta de espiritualidad, en lugar de sus buenas cualidades y su desapego por la vida mundana. Mi mente estaba cada vez más inquieta y pensé en regresar a Arunachala. Quizás me había equivocado al instalarme aquí para siempre. Yo no esperaba que las cosas sucedieran así. Tenía la esperanza de que la Madre llegara a ser conocida y respetada como un Ser Iluminado y que se formaría un ashram en torno a ella. Estaba desilusionado.

Una noche, cuando ya estaba casi decidido a marcharme, tuve un sueño. Vi a Amma que me miraba, con la luna llena brillando en el cielo a su izquierda y el sol a su derecha. Señaló al sol y dijo: "¿Ves el rayo brillante del sol? Como ese rayo, trata de ver el rayo de Luz Divina en los ojos de cada uno." Desperté sintiéndome feliz. A la mañana siguiente le pregunté a la Madre sobre aquel sueño.

"Sí", dijo ella, "debes tratar de ver esa Luz en cada uno. Si sólo te fijas en las faltas de los demás, ¿cómo vas a poder ver esa Luz inocente? Tienes que ver esa inocencia en cada uno." Me pareció un consejo muy conveniente. En realidad, si uno pudiera perfeccionarlo, ¿cómo iba a haber lujuria, ira, celos o rechazo? Ella podía ver claramente la Luz Divina que hay en todos, así que podía aconsejar a otros que también trataran de verla. ¿Acaso no era su vida entera una expresión de esa experiencia? También me dijo que, al principio, conviene imaginar que se ve a Dios en todos, como si fuera un ensayo previo a la actuación real, pues de ese modo se convertiría, más tarde, en una experiencia directa. Seguí su consejo, y mi aversión hacia los visitantes y residentes se fue disolviendo. Alcancé un nuevo nivel de paz interior, afectándome cada vez menos las circunstancias externas. No obstante, deseaba que se le mostrara el debido respeto a la Madre, pero transcurrieron algunos años sin que pudiera conseguirlo. Tuve que olvidarme de todas mis buenas ideas y elevadas expectativas,

y profundizar en mi interior hasta llegar a la presencia sutil de la Madre, sin que nada más me importara.

En los siguientes días, llegaron más personas y se establecieron junto a la Madre. Ella no insistía en que meditaran o en que siguieran alguna rutina diaria. La razón era obvia: la gente que se acercaba a ella no buscaba su compañía para alcanzar la realización espiritual, sino más bien para disfrutar de la felicidad y la paz que se respiraban en su presencia. Si les hubiera insistido en realizar alguna práctica rigurosa, se hubieran vuelto a sus casas y a sus actividades mundanas. La Madre seguía el proceso de atraerlos primero a través de su amor altruista y, en el momento adecuado, empezaría a moldearlos espiritualmente.

Éste es el proceder de un verdadero Gurú. No es su filosofía ni sus ideales lo que mantiene intacta la relación entre él y sus discípulos durante el intenso y prolongado proceso de prácticas espirituales, sino el conocimiento, por parte del discípulo, de que el Gurú posee un amor y un interés por él, siempre infinito e ilimitado. Un verdadero Gurú, después de atraer a sus discípulos a través del amor, los encauza gradualmente mediante la disciplina y, de este modo, les revela todos los funcionamientos de la mente, tanto burdos como sutiles, incluso el punto más profundo y sutil de donde surge la existencia misma de la mente. Una vez alcanzado el 'fondo' de la mente, el discípulo ve brillar en su interior la Verdad como su propio Ser supremo, y encuentra que el cuerpo y la mente son proyecciones irreales de ese Ser, de su Verdadera Naturaleza. Para la mayoría de los aspirantes, este proceso es prolongado y puede, incluso, requerir más de una vida. Hay muchas pruebas y tribulaciones a lo largo del sendero del Auto-Conocimiento y de la renuncia a la falsa mente. El amor es el primer motor del universo y sólo el amor puede mantenernos en pie hasta el final, a pesar de las dificultades que se encuentren en el camino. Si desde el principio falta el amor, el discípulo huirá en cuanto resulte dificultosa la marcha. Es, por tanto, un deber del Gurú inculcar, al comienzo de la relación, ese sentimiento de amor y confianza en el corazón del discípulo, pasando por alto todo lo demás.

La paciencia y el dominio personal ante el dolor físico y psíquico, son cualidades esenciales para lograr establecerse en el Ser Supremo. Allí la bienaventuranza interior no se ve afectada por ningún dolor o sufrimiento intenso. Yo sentía que, para ayudarme a alcanzar ese estado, Amma me daba muchas oportunidades para practicar. En realidad, me convencí de ese hecho poco tiempo después, gracias a un peculiar incidente.

Un día, la Madre fue invitada a visitar la casa de un devoto, a unos quince kilómetros del ashram. Se había previsto dedicar dos horas por la noche a los cantos devocionales o bhajans. En aquella época sólo había cuatro personas que tocaran el armonio (un órgano con aire insuflado a mano) que era esencial para el acompañamiento musical. Uno de estos cuatro era un muchacho que había salido a hacer unos recados y todavía no había vuelto. Otro era yo, que tenía un terrible dolor de cabeza y apenas podía ponerme de pie. La Madre me llamó para que fuera con ella.

"Madre, mi cabeza está a punto de explotar", me quejé. "¿No puede ir algún otro para tocar el armonio?"

"¿Qué?", exclamó ella. "¿Cómo es posible? No estaría bien que tú no vinieras. Debes venir."

Yo había decidido entregarme a mi Gurú, a cualquier precio. Ahora tenía la oportunidad de ponerlo en práctica. La acompañé a la casa y me senté a tocar. Brotaron lágrimas en mis ojos. No por tristeza ni devoción, sino por la presión y el dolor que sentía en mi cabeza. Me vi forzado a despegar la mente del cuerpo y toqué sin preocuparme por las consecuencias. Pensé en ese momento que así debía ser la muerte. Uno no puede hacer otra cosa que soportar el dolor de ella. Posteriormente, cuando sirvieron la cena, no pude comer por las náuseas que sentía en el estómago. Finalmente, volvimos a casa, y enseguida me quedé dormido. Al día siguiente, cuando Amma pasó caminando le dijo a la persona que estaba a mi lado: "¡Mira qué cruel he sido! Tenía un terrible dolor de cabeza y le hice tocar el armonio." En realidad, esto era lo que ella consideraba efectivo para hacerme evolucionar espiritualmente.

Este hecho no tiene que hacer creer a uno que Amma es cruel con sus hijos, sino más bien todo lo contrario, pues no duda en hacer lo que considera mejor para el bien espiritual de sus discípulos, ya sea agradable o doloroso.

En otra ocasión, cuando también tenía un dolor de cabeza similar, la Madre me llamó y empezó a explicarme algo. Le dije que no podía concentrarme en lo que me decía por el dolor que estaba sufriendo. Me pidió que fuera a acostarme. Fui a mi habitación mientras ella se dirigía a los bhajans nocturnos ante al templo. A mitad de la segunda canción detuvo su canto. En ese preciso momento, apareció una luz calmante en mi mente, y luego desapareció. Después de unos momentos apareció de nuevo y absorbió, por así decirlo, todo el dolor. A continuación la luz se difuminó y la Madre empezó a cantar de nuevo. Sintiéndome bastante bien, me levanté y fui al templo. Me senté allí para escuchar el resto de los cantos.

En otras ocasiones también me alivió de intensos dolores. Un día, durante el *Krishna Bhava*, entré en el templo y me quedé en una esquina mirándola. En aquella ocasión tenía fuertes dolores por todo el cuerpo. Había entrado con la idea de meditar. En un determinado momento, Amma se giró y me miró fijamente. Sentí como si el dolor fuera extraído de mi cuerpo. En su presencia, mi meditación se tornaba profunda rápidamente, fluyendo igual que una corriente de agua. Lo que resulta difícil lograr tras muchos años de meditación en soledad, se obtenía fácilmente en la presencia divina de la Madre.

Bhajans en los primeros días

Con el paso del tiempo, me di cuenta de la gran Maestra que es Amma. No importaba el número de personas que se acercara a ella, descendía a su nivel espiritual, atendía sus problemas, observaba sus estados mentales y procuraba elevarlos espiritualmente y, si era necesario, los ayudaba en lo material. Ante cada persona, sabía exactamente cómo actuar en cualquier momento. Sus acciones no parecían requerir ninguna clase de pensamiento, sino más bien fluían de una fuente espontánea, adecuada siempre a la situación. Lo que para unos puede ser medicina para otros se convierte en veneno. Ella conocía plenamente este principio. De hecho, una medicina que ha podido ser beneficiosa en un determinado momento, puede causar daño a la misma persona en otra circunstancia. En mi relación con ella, yo percibía un cambio gradual pero definitivo. Cuando llegué por primera vez, la Madre me mostró su afecto maternal. Incluso me alimentaba con sus propias manos. Pasaba la mayor parte de su tiempo conmigo y con uno o dos más que vivían allí. Cuando me sentía desasosegado por no estar cerca de ella, aunque sólo fuera unos momentos, se lo decía. Ella me tranquilizaba: "Pronto me sentirás siempre dentro de ti, y no te preocuparás por mi presencia externa". Sus palabras demostraron ser proféticas.

Como resultado de sus instrucciones y de las situaciones peculiares con las que me iba encontrando, profundicé cada día más y más dentro de mí y, así, empecé a sentir claramente su sutil presencia en mi mente. Prefería estar solo y concentrarme en eso, más que estar sentado en su presencia. Desde luego, a la hora del *Darshan* sentía un grado de concentración particularmente intenso, y procuraba hacer buen uso de él. Pero, a medida que iba profundizando, notaba un cierto cambio en la actitud de la Madre respecto a mí. Siempre que me acercaba a ella, me ignoraba, e incluso, cuando le hablaba repentinamente, se levantaba y se marchaba. Al principio no pude comprender este cambio en

Amma y Neal

su actitud, pero al poco tiempo aconteció un incidente que me abrió los ojos.

Aunque yo había meditado durante muchos años, la bienaventuranza de la unión con Dios parecía estar todavía muy lejos. Yo sabía que un Alma Realizada tiene el poder de quitar el velo de la ignorancia que cubre la Realidad en la mente del discípulo. Le había preguntado a Amma sobre ese particular y ella admitió que podía hacerse, pero siempre que el discípulo estuviera plenamente maduro. A través de prácticas espirituales, tenía que purificarse hasta tal punto, que se convirtiera en una fruta madura a punto de caer del árbol. Decidí preguntarle a la Madre por qué no me bendecía con esa gracia, dado que había estado intentándolo durante mucho tiempo. Por supuesto, no me daba cuenta de que en mi pregunta había una falsa modestia, pues daba por hecho que ya había alcanzado un estado de perfecta madurez. Me acerqué a ella cuando estaba sola y se lo planteé así: "Madre, si dice que los Seres Iluminados tienen el poder de liberar a sus discípulos ¿podría otorgarme esa bendición? Conozco muchos casos en los que el Gurú ha bendecido al discípulo con el Estado Supremo." Después le narré algunas historias de grandes santos que habían alcanzado la más elevada Realización por la gracia de su Gurú.

"Ellos tenían una suprema devoción hacia su Gurú", empezó la Madre. "Cuando un discípulo tiene una devoción tan humilde por su Maestro, surge en la mente del Gurú, sin que sea necesario pedírselo, el pensamiento de bendecir al discípulo con la total eliminación de la ignorancia y el consiguiente estado de liberación. Mientras no se alcance ese grado de madurez, no puedo hacerlo y no lo haré, aunque alguien se tienda frente a mí y amenace con matarse si no lo bendigo con la Realización. Cuando estés preparado, pasará por mi mente la idea de hacerlo, pero no antes."

"Entonces, ¿qué debo hacer hasta ese momento?", pregunté. "¿Tendré que esperar sin más?"

"Si sólo te dedicas a esperar, ¡tendrás que esperar bastante tiempo! ¡No esperes, trabaja!", dijo ella enfáticamente.

"¿No me podría sugerir algo que me ayude a obtener esa gracia?", insistí.

La Madre guardó silencio. Pacientemente esperé cinco minutos y le volví a hacer la misma pregunta. Nuevamente se mantuvo callada. ¿Qué iba a decir? Ya me había respondido y no quedaba nada más que decir. Después se levantó y se alejó.

Unos días más tarde, me acerqué otra vez a la Madre y le hice la misma pregunta. Otra vez me respondió con su silencio. Lentamente comprendí que su silencio significaba que yo debía permanecer en silencio. En realidad, la insistencia en la misma pregunta implicaba que mi entrega y mi fe en ella no eran completas y, si tal era el caso, ¿dónde estaba la madurez necesaria? Si me pudiera librar totalmente de deseos, llegaría a darme cuenta, a través de la experiencia directa, que lo que buscaba exactamente era mi Ser más recóndito, oculto bajo una nube de deseos, tanto sutiles como burdos. Al pedirle a la Madre que me revelara la Verdad, estaba engrosando el velo y alejándome más de la Realización. Parecía que la esencia de toda práctica espiritual consistía en mantener mi mente en la Madre interior, y evitar que surjan todos los demás pensamientos. Decidí, de ahí en adelante, buscar con sinceridad y entusiasmo. A pesar de mi decisión, volví varias veces a plantearle a la Madre algunas dudas innecesarias, respondiéndome siempre con su silencio. El silencio era una indicación de que debía controlar mi mente y dejarla totalmente silenciosa. No había otro modo.

Dado que un extranjero no puede vivir en la India más de seis meses, a menos que, con el propósito de realizar algún estudio o negocio, forme parte de una institución, se hizo necesario registrar oficialmente el ashram ante el Gobierno de la India. Más tarde Amma consideró que los devotos que residían allí debían seguir alguna clase de disciplina y, con ese fin, estableció horarios obligatorios para todos los que elegían vivir cerca de ella. En esa época cambió su actitud, y pasó de la actitud de madre a la de guía espiritual. Aunque mantuvo el mismo interés y la misma paciencia maternal, comenzó a aconsejar a sus devotos para que siguieran tal o cual línea de práctica espiritual. De hecho, incluso llegó a decir que los que no desearan meditar ni hacer otras prácticas espirituales podían volverse a sus casas en el siguiente autobús. Este cambio supuso una pequeña sacudida en aquellos que llevaban una vida despreocupada y pensaban que sería siempre así.

Para mí fue un gran alivio, y hasta me sorprendió ver a la Madre tomando las riendas para convertir a sus hijos en santos. Empecé a sentirme más como en casa, y la atmósfera empezó a cambiar, pasando de una gran casa a la de un ashram, lleno de aspirantes espirituales comprometidos con una vida austera y dedicada. La Madre me pidió que me ocupara de la disciplina de los residentes, ya que no le era posible estar con todos continuamente. Yo tenía que informarle sobre cualquier falta de disciplina en la rutina diaria.

Mientras la vida en el ashram sufría enormes cambios, las cosas fuera del ashram también iban cambiando. Más y más gente empezó a reconocer a Amma como una santa viviente que había realizado la Verdad Suprema. Su amor universal inigualable, su paciencia y su consideración por todos se fue extendiendo considerablemente. La invitaban a todos los templos importantes de Kerala y era recibida con todos los honores. También el tipo de gente que visitaba el ashram cambió y eran muchos más los que buscaban una mejora espiritual. Las cosas, por fin, llegaban a ser como yo lo había deseado mucho tiempo atrás. Disfrutando de una profunda paz interior, recordé las palabras que la Madre entonó en un canto que describe el propósito de la vida:

Danzando por el Sendero de Bienaventuranza
desaparecida la atracción y la aversión...
y olvidándome de mí, me fundí con
la Madre Divina renunciando a todos los goces.

Innumerables son los yoguis que, nacidos en la India,
han seguido los grandes principios de Sabiduría Divina
según fueron revelados por los Antiguos.
Numerosas son las verdades desnudas que expresaron
y que pueden salvar a la humanidad de la desdicha.

La Madre Divina me dijo que inspirara a la gente
que tuviera el deseo de la Liberación.
Por tanto, proclamo al mundo entero la
Verdad Sublime que Ella pronunció:
"Oh, Hombre, fúndete en tu Ser.
"Oh, Hombre, fúndete en tu Ser."

www.ingramcontent.com/pod-product-compliance
Lightning Source LLC
LaVergne TN
LVHW050044090426
835510LV00043B/2868